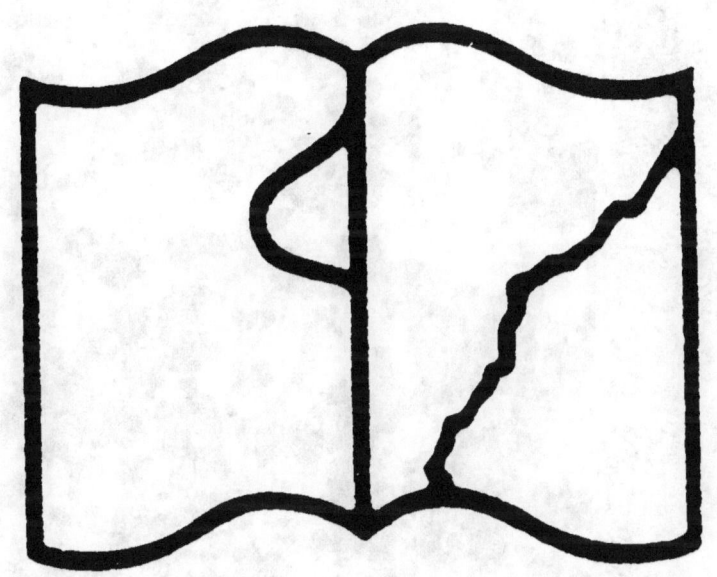

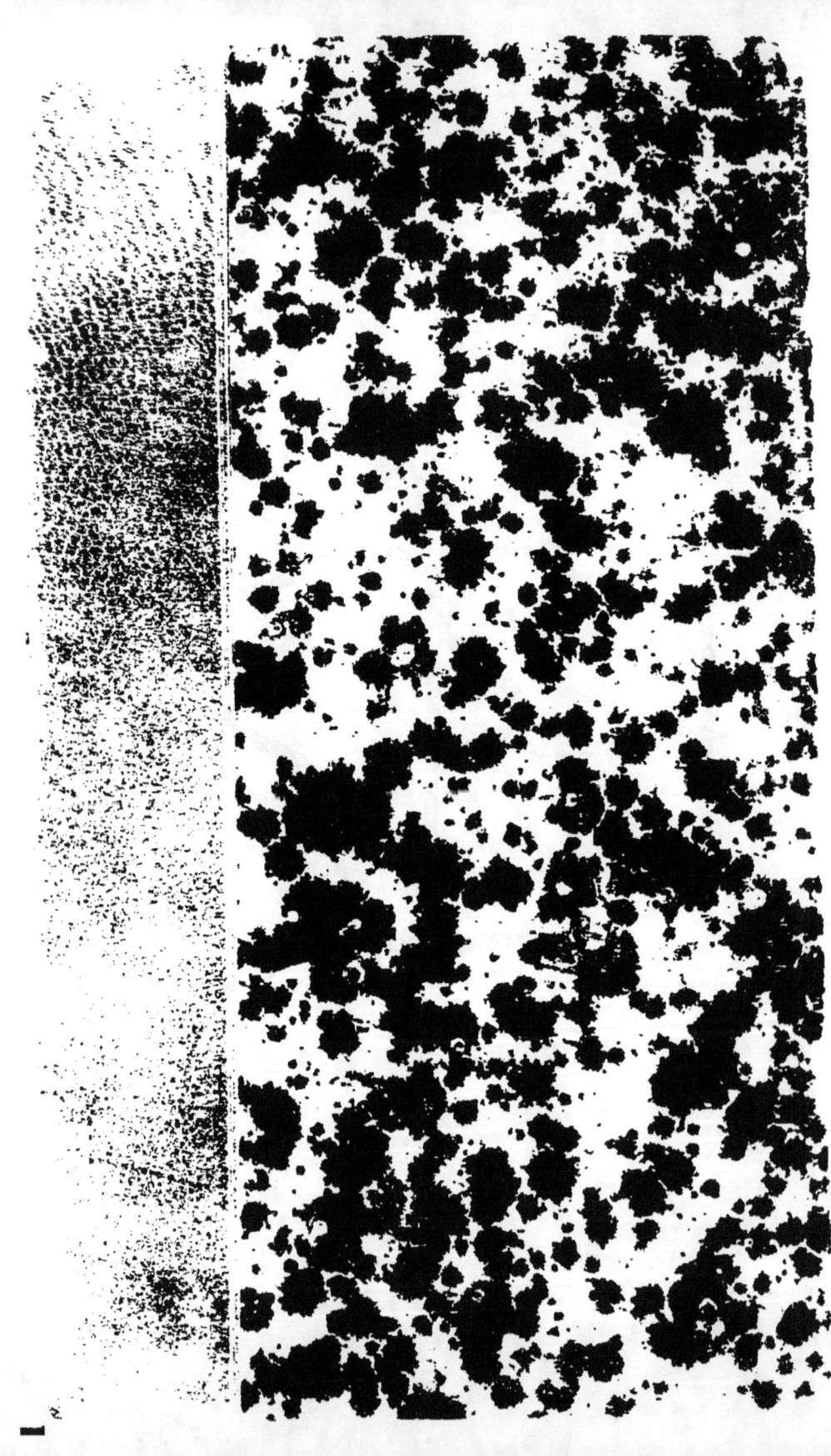

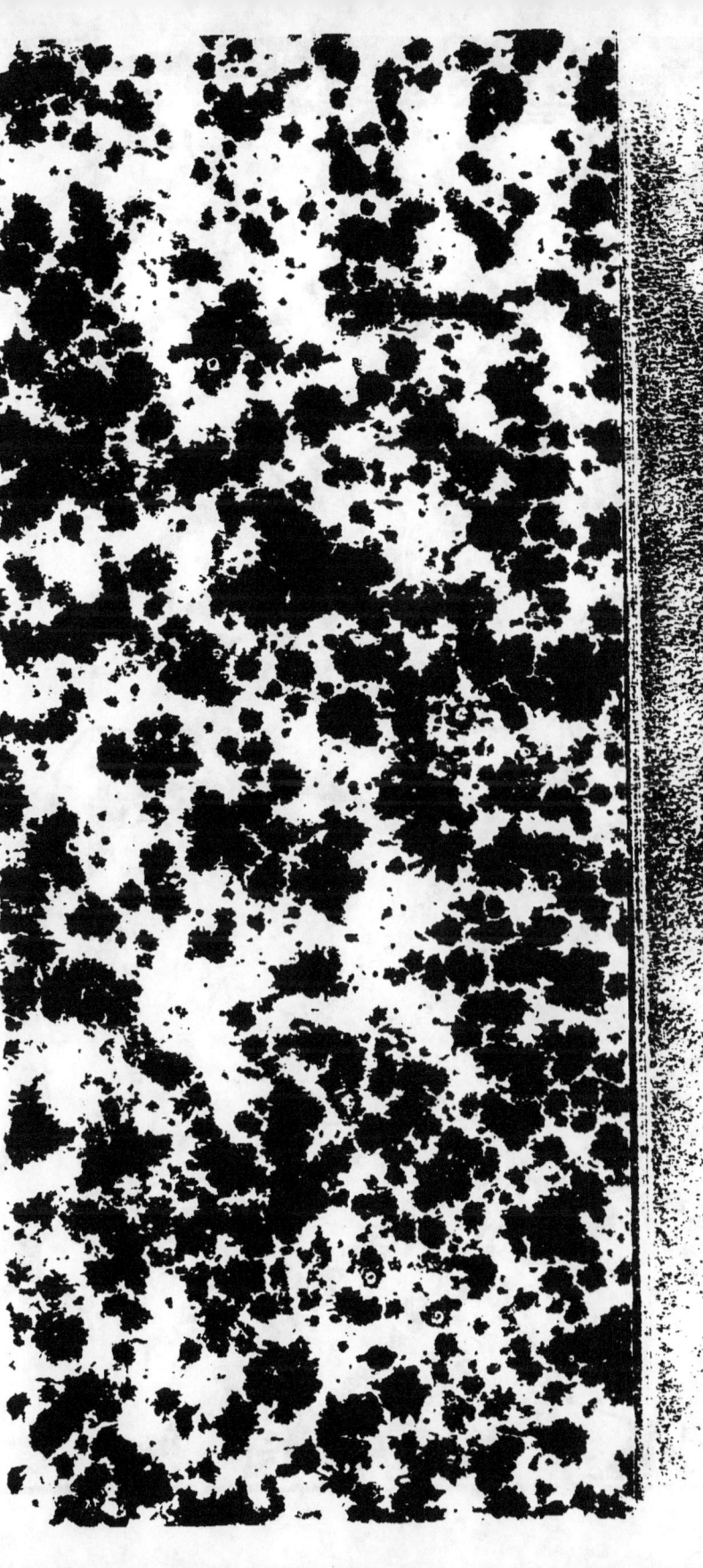

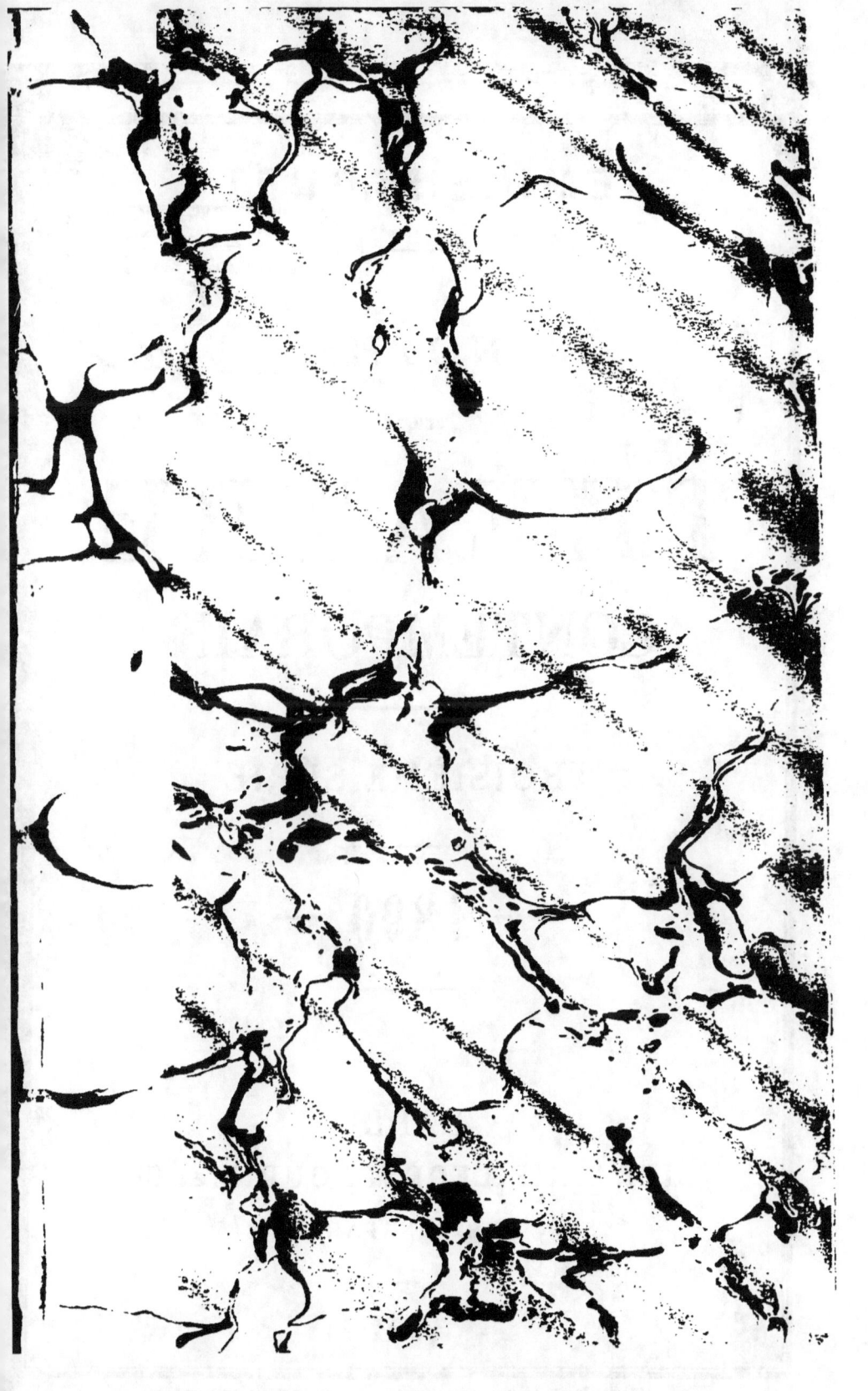

EMILE FAGUET

NOTES

SUR LE

THÉATRE
CONTEMPORAIN

TROISIÈME SÉRIE

— 1890 —

PARIS
LIBRAIRIE LECÈNE, OUDIN et Cie
17, RUE BONAPARTE, 17

1891

Tout droit de reproduction et de traduction réservé.

La Rochelle. — Typ. A. SIRET.

EMILE FAGUET

NOTES

sur le

THÉATRE
CONTEMPORAIN

TROISIÈME SÉRIE

— 1890 —

PARIS
LIBRAIRIE H. LECÈNE ET H. OUDIN
17, RUE BONAPARTE, 17

1891

NOTES
SUR
LE THÉATRE CONTEMPORAIN

I

Porte-St-Martin : *Jeanne Darc,* drame en six tableaux, de M. Jules Barbier.

7 Janvier 1890.

Le poème dramatique de *Jeanne Darc* a un caractère incertain et indécis. L'auteur n'a pas su prendre un parti. Ce qu'il a conçu, en définitive et à tout prendre, c'est un opéra ; mais il n'a pas fait franchement un opéra, et *Jeanne Darc* est un opéra où restent des lambeaux et des procédés aussi de vieille tragédie classique. Ceux qui se rappellent le *Paria* de Casimir Delavigne auront l'idée de ce genre de poème dramatique un peu composite, un peu hybrique, et surtout, c'est le vrai mot, indécis.

On n'a jamais mené à bien, en France, ni ailleurs du reste, ce sujet, si éveillant pourtant, si passionnant, et qui prend toute l'imagination, de la légende de

Jeanne Darc. C'est que ce n'est pas là un sujet dramatique, à proprement parler. Tout drame suppose une lutte, un conflit, et dans « Jeanne Darc », où peuvent bien être le conflit et la lutte? Je ne le vois pas trop. Jeanne est une force sublime qui va devant elle tout droit, comme une colonne de feu guidant et entraînant un peuple, et qui n'a ni hésitation, ni lutte intérieure, ni délibération, ni, par conséquent, de péripétie.

Je vois bien, à la rigueur, une lutte, je vois bien un conflit possible, et c'est celui-ci:

Jeanne est une exaltée et une inspirée, possédée par une grande inspiration et un grand dessein; — mais c'est aussi une fille des champs, très humble, très douce, très bonne, très familiale, qui aime son père, sa mère, ses frères, ses compagnes et sa douce maison. L'être humble, pacifique et timide qui est en elle peut, doit lutter contre l'être héroïque, passionné, enivré, possédé de la folie du sacrifice.

Voilà un conflit, et je reconnais, certes, que M. Jules Barbier n'a point négligé cet élément dramatique, et en a tiré quelques heureux effets. Mais le drame, ainsi conçu, est un drame si purement, si exclusivement psychologique, qu'il est infiniment difficile à traiter. Il constituerait un éternel monologue, malaisé à faire, malaisé à soutenir, malaisé aussi, pour le public, à suivre et à bien entendre. Savez-vous à quoi ressemblerait une *Jeanne Darc* ainsi conçue et traitée? A *Hamlet*, et *Hamlet*, vous savez qu'il n'y a rien de plus difficile au monde à comprendre et à suivre, à tel point que du maître de la scène, de l'homme qui a toujours, même quand il se trompe, le don de mettre les choses *en scène* et sur planches, c'est le seul ouvrage peut-être qui doive plutôt être lu que vu.

Je ne conseillerais donc à personne, sauf à un homme de génie, et à celui-ci je n'ai pas de conseil à donner, de concevoir et d'établir une *Jeanne Darc* de cette façon-là.

Reste que « Jeanne Darc » soit considérée, non comme un sujet de tragédie, mais comme un sujet d'épopée, et je crois bien que c'est la vérité en cette affaire. Jeanne Darc est une épopée. C'est une grande, merveilleuse et touchante histoire, où il n'y a pas de lutte proprement dite, point de conflit, point de délibération ni de discussion ; et une histoire, ce qui est tout à fait caractéristique de l'épopée, où il n'y a, en vérité, qu'un personnage, sur lequel les yeux sont toujours fixés ou toujours ramenés ; et autour de lui de simples comparses, formant plutôt un cadre que tout autre chose.

— C'est une épopée, et par conséquent ce ne doit pas être mis sur la scène... — Je ne dis pas cela ; le théâtre est capable de recevoir et de mettre en lumière autre chose que le drame proprement dit et strictement conforme à sa définition précise. Le théâtre peut recevoir et dérouler devant nos yeux une épopée. Ce n'est pas son office propre ; mais il peut le faire. Il y a, je ne dirai pas des drames, si vous voulez, mais il y a des choses sur le théâtre qui sont des épopées. Il y en a dans le théâtre grec, il y en a dans le théâtre anglais, il y en a dans le théâtre espagnol, il y en a même dans le théâtre français. *Horace* de Corneille, par exemple.

Et je crois même que si jamais une *Jeanne Darc* doit réussir sur le théâtre français, ce sera une *Jeanne Darc* traitée franchement en épopée, ce qui, grâce à l'élargissement du goût français, est devenu et deviendra de plus en plus chose possible.

Seulement il faudra, dans ce cas, se bien rendre compte des conditions particulières de l'épopée. L'épopée est une légende. Elle doit être en son fond très simple, et en son esprit très naïve; elle doit avoir quelque chose de populaire. Il faut toujours que l'épopée ait l'air d'une chose se passant « dans des temps très anciens », racontée par un homme simple, très ancien lui-même, vieux patriarche, vieil aède, ou vieux « broyeur de lin », comme dans George Sand.

Montrez-nous Jeanne Darc marchant à son but, à travers les périls, comme protégée par une force surnaturelle, qu'on sentira toujours présente, et toujours puissante, au-dessus d'elle. Ne séparez jamais le merveilleux du réel, et suivez-la pas à pas, lentement, dans son voyage de la chaumière au bûcher. Vous aurez ainsi un poème pittoresque et religieux à la fois, qui pourra être d'une grande puissance.

Par exemple la chaumière d'abord... cela va sans

dire, et tous les dramatistes qui ont traité ce sujet y ont songé. Mais ensuite le voyage de Vaucouleurs à Chinon est une chose à ne point négliger. La petite troupe de Jeanne perdue dans ces pays vagues et dévastés par la guerre, campant à la belle étoile, inquiétée et assaillie à chaque instant par l'ennemi qui rôde, toujours sauvée, toujours passant à travers les périls, gaiment, avec une confiance absolue dans le Ciel qui la protège et qui la guide, c'est un acte qui peut être admirable. — Vous voyez bien que dans la verrière où je suppose que l'artiste du moyen âge aura déroulé l'histoire de Jeanne, jamais l'artiste populaire et chrétien n'aura oublié cet épisode.

Ensuite Chinon, Orléans, Reims, naturellement ; mais toujours Jeanne en communication directe et accoutumée avec le Ciel. Je voudrais (il faudrait varier l'attitude et le geste, mais enfin il faudrait que toujours la chose fût indiquée au spectateur) je voudrais que dans tout péril, dans toute traverse, seulement dans toute circonstance où un autre qu'elle hésiterait, en présence du roi qui se dissimule et qu'elle doit reconnaître, en présence des docteurs qui l'interrogent, en présence des vieux capitaines qui discutent ses idées, Jeanne eût un regard au ciel, un air d'écouter celui qui toujours l'inspire, une interrogation muette, d'un instant, mais très sensible, vers le guide invisible, et rendu présent et manifeste par l'imploration même qu'on verrait qui monterait vers lui ; — puis que, cette consultation rapide une fois prise, cette grâce demandée et obtenue, d'un pas ferme elle marchât au roi, d'une voix assurée elle répondît, d'un élan comme plus fort que sa propre force elle s'élançât vers les « Tourelles » d'Orléans.

Et dans ce poème mystique, comme doit être tout poème épique, et qui pourrait être superbe, la voici la péripétie, péripétie non *dramatique*, à proprement parler, non *dramaturgique,* pour mieux dire, mais péripétie de poème épique, et qui pourrait relever le poème, le relancer, au moment où sa force initiale commencerait à s'épuiser, d'un mouvement nouveau et d'une nouvelle impulsion.

« Jusqu'à Reims » lui ont dit les voix ; « jusqu'à Reims » a-t-elle dit toujours. Après Reims, on la retient. Elle cède. Je ne sais quelle affection humaine, infiniment pure encore, mais affection humaine, affection pour le roi de France *qu'elle a fait*, pour son œuvre et peut-être pour sa gloire, a succédé en elle à l'amour purement divin et à l'obéissance pieuse que l'*élue* avait pour le Ciel.

Elle cède, elle reste, et..... ses voix, elle ne les entend plus ; et son regard cherchant au ciel l'inspiration accoutumée ne trouve plus rien, et s'égare ; et elle trébuche elle-même, n'a plus le pas ferme et le regard sûr d'autrefois (notez que tout cela est assez historique par parenthèse) et elle se fait prendre, et elle est en prison.

Et, dans le malheur, la protection du Ciel lui revient, les voix recommencent à se faire entendre, et c'est du même pas, pardonnée et soutenue, qu'elle marchait autrefois à la victoire, qu'elle marche maintenant (aussi bien c'est sa dernière victoire, et elle le dira) au martyre.

Voilà le poème mystique, mais franchement et bravement mystique, qui pourrait être écrit sur Jeanne Darc.

Poème mystique, et aussi poème populaire, n'oublions pas cela. L'épopée est merveilleuse et populaire, étant en son fond une légende, et c'est là ses deux caractères essentiels. Ce qui rendra sensible aux yeux du spectateur la « *mission de Jeanne* » ce sera son pouvoir absolu, certain, infaillible et incoërcible sur la foule. Dans un drame de *Jeanne Darc* la foule, le peuple doit jouer un grand rôle. Il faut que, dès qu'il y a quelque difficulté dans la carrière de Jeanne, un contact de Jeanne avec la foule, enthousiaste, énergique, pleinement confiante, saintement « possédée », aplanisse tout, rende tout facile, entraîne tout et tout renverse. Il s'agira de faire vivre la foule sur le théâtre, de lui donner une physionomie vive, tranchée, précise, individuelle ; et ce sera le plus difficile de toute l'affaire. A nous Shakspeare ! Non, je n'ai pas dit que ce fût facile.

Et pourtant, voyez : c'est l'acte où la foule a le plus grand rôle et prend le plus de place, dans le poème de M. Barbier, c'est le premier acte, qui a le plus d'ampleur, de force, de majesté, et c'est celui qui fait le plus grand effet.

— Et enfin il y a une troisième manière de traiter

« Jeanne Darc »; c'est de la traiter en opéra, tout simplement ; de ne voir dans la légende de la bonne Lorraine qu'une occasion à beaux tableaux soutenus de belle musique. La chaumière de Domrémy, la Cour à Chinon, les bastilles d'Orléans, le sacre, le bûcher : voilà les éléments de l'œuvre.

C'est à peu près ainsi que M. Jules Barbier a entendu les choses ; et, à les entendre ainsi, il pouvait composer un très beau spectacle, et c'est ce qu'il a fait, en vérité. Seulement on se sent poète tout de même ; on ne veut pas être un simple arrangeur de beau et pieux et artistique « divertissement » ; et M. Jules Barbier a voulu laisser voir çà et là sa main de dramatiste. Il a mêlé un peu de tragédie à son opéra.

Mais, d'une part, ce n'est pas du tout de la tragédie qu'il fallait faire, et, d'autre part, c'est un peu de la tragédie traditionnelle et conventionnelle que l'auteur a mis à petites doses, çà et là, dans son poème dramatique.

Au premier acte, c'est une scène entre Jeanne et son fiancé. Voyez-vous l'empire des vieilles habitudes ! Il faut une scène d'amour, parfaitement chaste, mais enfin il faut une scène d'amour dans une tragédie. *Jeanne Darc* aura sa scène d'amour. Mais *Jeanne Darc* n'est pas, ne peut pas être une tragédie, une « tragédie française », une tragédie à la XVIIIe siècle ; et personne, de nos jours du moins, ne veut entendre à une scène d'amour quand il vient voir une *Jeanne Darc*.

Voyez encore. Au second acte, scène entre la maîtresse du roi et Jeanne. Voilà bien la scène classique ! Contraste, conflit, lutte et victoire. Le bon principe, le mauvais principe. Conversion de la courtisane par les mépris de la vierge. Une scène comme cela dans l'*Aventurière*. Dans l'*Aventurière* soit, quoique peut-être on s'en passerait. Ici, que Jeanne, notre Jeanne idéale, notre Jeanne de vitrail, avec son oreille toujours tendue aux voix du Ciel, ait seulement l'idée de parler à la maîtresse du roi, sache seulement ce que c'est, voilà ce qui ne va plus aux idées et aux sentiments que nous avons relativement à la Pucelle.

Bien des choses de ce genre, aussi discutables. Les propos de soldats à l'acte de la prison nous paraissent faux. Ils sont bas, vulgaires et cruels. — Pourquoi non ? -- Il est possible, en effet. Cependant, ce que nous nous imaginons des sentiments des Anglais sur la Pucelle d'Orléans, c'est que surtout ils en avaient une peur affreuse. Jeanne était, ce nous semble, pour le populaire anglais ou bourguignon, exactement ce qu'elle était pour le populaire français, avec cette seule différence que le populaire français voyait en elle une force favorable, et que le populaire anglais voyait en elle une force hostile. Pour le soldat français, elle était une sainte ; pour le soldat anglais, elle était une sorcière, et voilà tout ; et si l'un avait en elle une confiance pieuse, l'autre avait d'elle une superstitieuse terreur. Mêlés, au moins, aux propos de brutalité, une peur, un effroi, une « horreur » et un frémisse-

ment, voilà ce que nous attendions, à ce qu'il me
paraît, des soldats anglais chargés de garder Jeanne
dans sa prison.

Une scène vraiment belle, cependant, quoique
encore conçue dans le système « tragique », qui est
l'erreur de cette pièce. Warwik, qui veut déshonorer
Jeanne, ce qui est plus important, pour rompre son
charme, que la brûler, poursuit Jeanne, dans sa
prison, de ses menaces sacrilèges. Jeanne s'échappe,
et, se réfugiant dans les bras de l'inquisiteur qui
entre (autrement dit dans le bûcher) s'écrie : « Venez
me chercher ! » — La scène est vigoureuse et bien
conduite, et le coup de théâtre est puissant sur l'imagination.

En ce même acte les imprécations et « élévations »
de Jeanne, maudissant Warwik et exaltant l'âme
chrétienne et guerrière de la France ne manquent pas
d'une vraie éloquence.

Mais surtout c'est un bel opéra, bien coupé, bien
distribué, bien concerté, que M. Jules Barbier a composé. La pièce est adroitement faite pour présenter
à nos yeux de beaux tableaux, variés, contrastant bien
les uns avec les autres, et, partant, se faisant valoir
les uns les autres.

L'humble chaumière de Domrémy, — et, dans cette
chaumière, qui s'en trouve transformée comme miraculeusement, tout à coup, le ciel, un ciel de moyen
âge, c'est-à-dire une cathédrale d'or s'enlevant sur un
firmament plein d'étoiles, et sur les marches de

laquelle chantent des saintes... Voyez-vous l'opposition, la transfiguration, la subite apothéose, et le grand effet de spectacle.

Puis la Cour fastueuse et molle de Chinon, avec ses chanteurs, ses joueurs de mandolines, ses belles dames drapées d'or et fourrées d'hermine — et, tout de suite après, Orléans, les bastilles, les machines de guerre sinistres et menaçantes dans le ciel sombre, les flèches qui volent, les mines souterraines qui fument...

Ainsi de suite. C'est très bien, très intelligent, très artistiquement conçu. Ce n'est pas seulement un plaisir des yeux, c'est un ébranlement puissant de l'esprit.

Ajoutez la musique de Gounod, partout très distinguée, — dans l'*introduction*, exquise de grâce rustique et de fraîcheur, — dans le chœur « *Nous fuyons la patrie* », très pathétique et émouvante, — dans le chœur des anges, d'une puissance et d'une noblesse admirables ; — et vous concluerez que *Jeanne Darc* est encore la plus belle chose qu'il y ait au théâtre en ce moment.

Je suis de ceux qui n'aiment Sarrah Bernhardt que comme une délicieuse élégie, et qui sont toujours dans un sentiment d'inquiétude et presque d'angoisse quand ils la voient hasarder sa voix charmante dans les choses de force et de violence. Mais le succès justifie tout, et Mme Sarah Bernhardt a dit les fameuses (elles le seront demain) les fameuses imprécations du cinquième tableau avec une énergie ardente et passionnée qui nous ont tous fait frisonner et bondir d'émotion et d'enthousiasme.

Et il faut dire encore, il faut dire surtout que ses attitudes, ses gestes, sa physionomie, toute sa personne réalisent merveilleusement une Jeanne inspirée et extatique, dévorée et possédée de piété, de dévouement, de pitié et de foi. La grande artiste est toujours elle-même, la femme qui porte en elle une poésie, et qui semble une incarnation du lyrisme. Je voudrais seulement qu'elle se décidât à ne plus aborder, à aborder moins souvent au moins, les rôles d'énergie terrible, qui toujours donnent cette impression qu'ils vont la briser. Ce sont les femmes de Shakspeare et de Racine qu'elle devrait toujours nous montrer, puisque, aussi bien, comme la chose est établie et incontestable, c'est pour être jouées par elle, évidemment, que Shakspeare et Racine les ont créées.

II

Gymnase : Reprise des *Danicheff*. — Théatre-Libre : *Le pain d'autrui*, comédie en deux actes de Tourguénief. *En détresse*, pièce en un acte de M. Henri Fèvre.

14 Janvier 1890.

Il est entendu que les *Danicheff* sont une œuvre très brillante, très touchante, intéressante et même élevée, qui donnent à ceux qui l'écoutent de vifs et de nobles plaisirs. Cela est le sentiment de tout le monde, je crois, et c'est le mien. Je voudrais à propos de l'excellente reprise que le Gymnase a faite des *Danicheff* me demander pourquoi, si belle qu'elle soit, cette œuvre n'est pas, à ce qui me semble bien, une œuvre supérieure et destinée à un long prolongement de gloire.

Elle a « l'air de belles choses », comme disait Saint-Evremond, et elle donne l'idée d'une grande œuvre, plutôt qu'elle n'est une œuvre grande. Cela tient, je crois, à ce que, introduisant un héros, un homme sublime, une grande âme, dans une comédie, elle en est comme embarrassée ; et faiblit, gauchit et tergiverse devant la grandeur de sa propre invention, et en vient à amoindrir son héros pour l'ajuster au cadre de la comédie, ou à présenter son héros de profil pour qu'il puisse entrer dans la comédie, — d'où il suit qu'il nous reste le regret de n'avoir pu contempler son héros face à face et dans toute sa grandeur, et aussi un certain doute et une inquiétude sur ce que ce héros pourrait bien être.

Les âmes grandes attirent tellement à elles l'attention de nos faibles âmes, que nous ne permettons point, sitôt qu'on nous en montre une, qu'on ne nous la présente qu'incidemment et avec je ne sais qu'elle discrétion, qui sent la faiblesse. Le « *ostendit tantum terris* » peut être une de ces malignités de la Providence telle que nos théologiens laïques et modernes, en leurs théories malicieuses aussi, aiment à la concevoir ; mais il est très périlleux pour le dramatiste et ne saurait devenir un secret de l'art théâtral.

L'Osip des Danicheff est un héros. Dès qu'il est un héros, place ! place ! il n'y a jamais assez de place pour lui, et le public est étonné qu'on la lui ménage: Il est étonné surtout qu'on ne le lui fasse pas assez connaître et qu'on n'entre point dans le détail des intimes ressorts d'une telle âme.

Une âme grande, si elle est compliquée, doit être expliquée, et même si elle est simple doit être décrite. Il restera toujours dans le public un certain regret à l'endroit d'Osip.

Vous connaissez la situation, et je ne fais que la rappeler sommairement. Nous sommes en Russie, du temps du servage. Le jeune comte Danicheff aime une serve, une serve très bien élevée, et qui lit Balzac et joue du Chopin comme vous et moi, mais enfin une serve. Dès que sa mère le sait, elle éloigne son fils, et dès qu'il a tourné le dos, de son droit souverain sur les « âmes » de son village, elle marie la jolie serve à un joli serf, qui est le cocher Osip.

Or, Osip aime Anna, la jolie serve ; mais Anna aime Danicheff. Tout le drame, de ce seul fait, se concentre et se ramasse sur Osip, et Osip est le seul personnage de la pièce qui nous intéresse, parce qu'il est le seul que nous pouvons espérer qui ne sera pas un morceau de bois.

Les autres sont des morceaux de bois. Ils ne sont pas matière vivante ; ils sont incapables d'évolution. Ils nous sont donnés comme tels, d'abord : la comtesse Danicheff est têtue, le jeune Danicheff est obstiné, la jeune serve n'a d'autre caractère que d'aimer Danicheff. — Ensuite ils n'ont pas de raison d'être autre chose que ce qu'ils sont : la comtesse Danicheff a raison : elle ne veut pas d'une mésalliance monstrueuse ; elle pense comme elle doit penser ; elle n'a pas de motif pour changer. Le jeune Danicheff a raison : il aime ; il veut épouser celle qu'il aime ; il est aimé ; personne ne peut lui donner tort, et l'on ne veut pas qu'il change d'avis. La jeune Anna est exactement dans la même situation, et l'on sent qu'elle ne changera point, et l'on ne veut pas qu'elle change. Sur tous ces personnages, nous avons notre opinion faite et close. Ils n'ont, passé ce premier acte, rien à nous apprendre sur eux.

Osip, c'est autre chose. Il aime, n'est pas aimé ; et il est en possession de ce qu'il aime. Qu'est-il, que fera-t-il, que voudra-t-il ? Sur lui, les questions abondent. Il peut, lui, être le théâtre d'un conflit de sentiments ; il peut, lui, passer d'un sentiment à un autre ; il peut, lui, être en mouvement ; il peut, lui, être matière vivante, partant matière dramatique. Nous ne pouvons donc songer qu'à lui pendant tout le cours de la pièce.

Qu'est-il ? Un homme comme nous, qui, quand nous aimons, sans nous sentir aimés, nous obstinons cependant, comptons sur nous (ah ! pauvres diables !) comptons sur nos droits, sur cette espèce d'empire moral que nous croyons que le mariage nous donne sur une femme, espérons enfin, une vie durant, contre toute espérance ?... « Tu m'aimeras, mignonne, quand je te dis que tu m'aimeras ! — Ah ! docteur, pour un docteur d'esprit !... » Mais nous sommes tous le docteur Bartholo, sur cette affaire. Osip sera-t-il comme nous ?

— Osip est-il un serf, avec une âme de serf ; un homme pénétré d'un respect et d'un effroi religieux devant tout ce qui appartient au maître, et dès lors que fera-t-il ? Entre sa souveraine qui lui ordonne nettement d'aimer Anna et de ne pas faire attendre le prochain baptême, et son maître qui aime Anna, et à qui, par conséquent, Anna appartient, je le vois très embarrassé, et j'entrevois la plus cruelle comédie-bouffe dont jamais l'antiquité et le moyen âge aient pu s'esbaudir.

— Osip est-il une âme noble et élevée ? oh ! alors, mon imagination n'a plus de limites devant elle. Alors le « que fera-t-il ? » devient d'un pressant, d'un vif, d'un intéressant ! Il aime, il n'est pas aimé, un autre est aimé, et il a l'âme noble, et, encore, c'est une âme obscure qui ne démêle pas, sans doute, du premier coup, où est le devoir et l'honneur. Dès lors ce n'est pas un conflit de sentiments, seulement, c'est une évolution de caractère que j'entrevois, la chose la plus difficile, la plus forte et la plus belle qui puisse se présenter à moi au théâtre.

Je le vois d'abord éperdu de joie (puisqu'il aime) au soudain bonheur qui lui arrive ; puis se heurtant aux résistances d'Anna ; puis se disant : « Mais, pourtant, je suis le maître ! » ; puis, peu à peu, se disant que peut-être il ne l'est pas, que le droit de l'un, en pareille affaire, n'est que le consentement de l'autre, arrivant, à travers les ténèbres lentement écartées de son âme simple mais droite, à la découverte de cette vérité éternelle que ceux-là qui s'aiment sont époux, et ceux-là seuls, et triomphant enfin de ses passions, si légitimes en apparence qu'elles soient, et les immolant au devoir, c'est-à-dire à la bonté, à la pitié, à la charité.

Il est impossible qu'on me donne un Osip sans que je pense à toutes ces choses, sans que je pose toutes ces questions, et sans que j'impose à mon auteur le devoir de les résoudre. Je veux entrer dans l'âme d'Osip, parce que je sens que, quelle qu'elle soit d'ailleurs, et davantage si elle est noble, mais même encore si elle est basse, et même encore si elle est médiocre, c'est la seule dans ce drame qui soit intéressante à connaître.

C'est l'âme d'Osip que les auteurs ne nous ont pas très clairement ouverte, et c'est le personnage d'Osip lui-même qu'ils ont un peu dissimulé.

Remarquez la construction de la pièce. Premier acte : révélation faite à Mme Danicheff de l'amour de son fils pour une serve : mariage de la serve à Osip silencieux, mystérieux, fermé. Total : rien sur Osip.

Second acte : révélation faite à Danicheff du coup d'état de sa mère, fureur de Danicheff, Danicheff casse tout et menace de tuer tout le monde (scène magnifique du reste). Total : rien sur Osip.

Troisième acte : Osip et sa femme... Ah ! cette fois !... Scène un peu voilée et enveloppée, ouatée, à dessein, d'un léger brouillard, juste ce qu'il faut pour nous apprendre qu'ils ne sont époux que légalement, nominativement, *pro nomine*, ou *pro nominis umbra*. Mais comment en sont-ils venus là, je veux dire en sont-ils venus à y rester, voilà ce qui précisément nous intéresserait...

Scène entre Osip et Danicheff, et c'est là que l'âme d'Osip se déclare tout entière. Nous voyons qu'Osip a respecté le bien d'autrui par esprit de justice uni à l'esprit de bonté, et que ce n'est pas sans lutte, sans orage, sans une terrible tension de tout son vouloir et de toute son énergie dans la pensée du bien. Mais cette scène (admirable d'ailleurs) c'est à la fois le commencement, le milieu et la fin du rôle d'Osip ; c'est là et qu'Osip se révèle, et qu'il conclut ; c'est le premier pas (visible) et le dernier de sa course.

Car notez bien que le quatrième acte, si joli qu'il soit, car il l'est, n'appartient plus pour ainsi dire, au drame lui même. Il en est un prolongement étranger, et presque une déviation, Le drame c'était : Que se passera-t-il dans l'âme d'Osip ? drame tout psychologique ; le quatrième acte, c'est : Comment le divorce permettant à Danicheff et à Anna de se marier ensemble pourra-t-il se faire ? drame tout matériel. Osip pourrait disparaitre. Son sacrifice est consommé, son rôle est vraiment fini.

Comme les auteurs sont gens très habiles, ils ont, il est vrai, très adroitement relié ce quatrième acte au reste, et à Osip lui-même. Ils ont chargé Osip, qui avait trouvé dans son cœur le dénouement moral, de trouver dans son esprit le dénouement matériel. Après en avoir fait un héros, ils en ont fait un homme d'esprit. C'est lui qui s'avise de cette loi russe permettant le divorce quand un des conjoints se consacre au service divin. Voilà qui est bien, et c'est très ingénieux ; mais le drame c'était l'âme d'Osip, et vous voyez assez que tout le drame dont l'âme d'Osip est la matière tient en deux scènes.

Je vous dis que les auteurs ont eu peur d'Osip —

matrem suus exterruit infans — qu'ils ont reculé devant la nécessité, l'ayant fait grand, de le peindre dans toute sa grandeur, et.que toujours le spectateur leur en voudra un peu de cette timidité.

Tout compte fait ils l'ont presque réduit à un moyen de comédie. La mère marie « l'amante » de son fils à un serf ; mais elle est prise au piège qu'elle tend, parce que le serf se trouve un honnête homme qui rend le dépôt : voilà presque la pièce. Voyez-vous la simple comédie, avec son revirement dont l'honnêteté du dépositaire n'est que le moyen.

Mon Dieu ! la comédie pouvait être très bien faite ainsi ; seulement, à ce nouveau point de vue, c'est tout le contraire de ce que j'ai dit précédemment qu'il faudrait dire. Le sujet pris de ce biais, ce n'est plus Osip que les auteurs n'ont pas assez montré, c'est Osip qu'ils ont montré trop. Pris comme simple moyen de comédie, il fallait qu'il fût plus mystérieux ; que, dès le commencement, nous le voyions comme une ressource possible de dénouement, sans avoir sur lui aucune donnée précise et nette.

Dès qu'un homme devient simple moyen de coup de théâtre, il faut qu'il ne puisse sortir de lui qu'un coup de théâtre qui soit un coup de théâtre, c'est-à-dire qui soit inattendu, mais vaguement soupçonné comme possible. Cet homme devra donc être lui-même quelqu'un dont on n'attend précisément rien, et dont on peut tout attendre, c'est-à-dire quelqu'un de très mystérieux et énigmatique.

A prendre la chose ainsi, il ne faudrait plus qu'un mot dit par n'importe qui au premier acte : « Cet Osip, on ne sait pas à qui s'en tenir avec lui ; il a quelque chose d'étrange. » Puis il faudrait qu'il traversât toute l'action avec le même caractère problématique et inquiétant ; puis enfin qu'il apparût au dénouement pour le faire.

On a vu que c'est à peu près ainsi que les auteurs ont entendu leur œuvre ; mais non point tout à fait, et dès qu'ils ont commencé, ébauché, dessiné en ses premiers traits le caractère d'Osip, il n'y a pas à dire, ils nous ont mis en goût et en droit de leur en demander un peu plus qu'ils ne nous en ont donné, et de regretter de n'en avoir pas plus que nous n'en avons.

Encore est-il que la pièce est originale, vive, intéressante, admirablement construite, chaque acte conduisant naturellement et précisément à une scène maîtresse merveilleusement posée sur laquelle il s'arrête et tombe. On y sent la main d'ouvriers dramatiques de premier ordre. Elle est en possession de faire très longtemps, à chaque reprise qu'on voudra en faire, les délices des plus honnêtes gens.

Elle a été très brillamment jouée par M. Marais, Mme Pasca et M. Masset. Ce sont là trois vrais artistes qui dessinent avec fermeté les lignes principales de leur personnage et qui lui donnent une vraie et pleine réalité.

A côté d'eux il faut citer l'aimable Mme Darlaud dans le personnage de la jeune serve, et M. Valbel.

M. Valbel nous représente un attaché d'ambassade qui était très spirituel il y a quinze ans. Vous savez qu'en quinze ans on vieillit un peu. A qui le dites-vous ?

Les autres rôles sont très honorablement tenus, plus qu'honorablement, par MM. Lagrange et Paul Devaux ; par Mmes Brindeau et Lise Fleury.

On eût pu épargner à Tourguénief, dont l'agréable talent est resté cher aux Français, l'épreuve peu favorable à sa mémoire que lui a infligée le Théâtre-Libre.

Le *Pain d'autrui* était une pièce de sa jeunesse qui n'avait eu à Saint-Pétersbourg aucun succès, et pour laquelle lui-même ne professait aucune espèce d'estime. C'est une chose d'une cruelle insignifiance.

Un haut fonctionnaire russe, M. Eletski, a épousé une petite fille orpheline, Olga Petrowna, et vient, en ménage, s'installer dans le domaine de sa femme.

Il y trouve, installé déjà, un vieux parasite du père de sa femme qu'on a laissé dans le château comme un vieux meuble peu encombrant. C'est le vieux Kousov.

« Qu'est-ce que cette antiquité ? » demande-t-il aux serviteurs et aux voisins de campagne.

— C'est un vieux que l'ancien seigneur gardait auprès de lui... pour rire à table.

— Ah !... Bien ! qu'il reste jusqu'à nouvel ordre.

On dîne. Le bonhomme radote et fait la joie des

invités. On le grise, on lui met un bonnet d'âne, on lui verse du champagne dans le cou. Ce sont mœurs qui ne sont pas loin de nous, et qu'on retrouverait en France et en Angleterre, aussi bien qu'en Russie, au fond des vieux pigeonniers où l'on s'ennuie, pour peu qu'on y soit mal élevé. Elles n'ont rien d'intéressant, mais elles sont vraies. Passons, et voyons ce que l'auteur tirera de là.

Piqué par je ne sais quelle plaisanterie de maçon un peu plus lourde que les autres, le vieux bouffon se redresse et dit au nouveau seigneur :

« Il ne faut pas me mépriser autant que cela ! Ta femme, sais-tu ce que c'est que ta femme... c'est ma fille ! »

Consternation générale, comme il est bien naturel à un tel propos d'homme ivre, et la toile tombe.

Au second acte, nous sommes au lendemain. La consternation continue. Après un tel scandale, on comprend que le vieux Kousov ne peut pas rester dans la maison.

Il le comprend; M. Eletski le comprend; Mme Eletska le comprend.

Eh bien, s'ils sont tous d'accord, c'est fini. — C'est ce qu'il y a de merveilleux dans cette pièce. Ils sont tous d'accord, et avec cet accord, et de cette unanimité on fait un acte qui est très long. Je me demande comment cela est possible.

Cela est possible avec beaucoup d'ennui pour le spectateur, et je ne sais quel piétinement, ressassement et recommencement continuel qui est à pleurer. La chose se passe à peu près ainsi qu'il suit :

Eletski. — Il faut qu'il parte !

Eletska. — Il faut, en effet, qu'il parte.

Kousov. — Il sied que je parte.

Eletski. — Donc, il partira.

Eletska. — Il partira donc.

Kousov. — En conséquence, je partirai.

Il finit par partir. Il y avait longtemps que nous avions envie d'en faire autant.

Il en va ainsi dans les théâtres qui sont dirigés par des acteurs, cela soit dit sans ombre d'hostilité pour M. Antoine, dont personne plus que moi n'apprécie les efforts et l'ardente recherche. Il est probable que M. Antoine avait vu dans cette pièce une scène admirable pour lui acteur, et que là-dessus il s'était laissé entraîner à trouver toute la pièce merveilleuse. Cette scène, c'était la scène d'ivresse de la fin du second acte, terminée par le coup de théâtre : « Ta femme, c'est ma fille ! ». Et, il faut le reconnaitre, cette scène il l'a très bien jouée, avec une progression très savante et une réalité sans surcharge qui lui fait honneur. Du reste du rôle, piteux et geignard, il n'y avait rien à tirer.

Un jeune acteur, qui signe Philippon jusqu'à nouvel ordre, a été très bon dans le rôle d'Eletski. Il en a fait un personnage froid, sec, dur, cassant et rêche, admirablement attrapé. Il y a même trop de perfection dans ce jeu ; car on se demande comment un pareil personnage *permet tout le premier acte,* permet les farces de charretiers en délire qui se passent sous ses yeux, et, d'abord, et avant tout, ne met pas Kousov à la porte dès la première entrevue, longtemps avant d'avoir appris qu'il est son beau-père naturel. Mais ceci n'est pas la faute de M. Philippon ; c'est la faute de la pièce, qui n'a pas le sens commun.

Elle a été écoutée avec beaucoup d'irrévérence par un public qui a pourtant l'habitude de montrer, quand il est au Théâtre-Libre, une invraisemblable indulgence.

En revanche il a trouvé, non seulement toute son indulgence, mais sa faveur, sa dévotion, son enthousiasme, et son fanatisme pour le drame... pour la comédie... pour l'histoire... pour le récit... pour... pour ce qui suit.

Adrien, neveu de M. Andoche et de Mme Andoche, cousin d'Aline Andoche, a quitté le pays et a été chercher fortune à Paris.

Il y a trouvé la misère, parce qu'il n'était que bachelier, et qu'il ne voulait pas être maître d'étude.

Il revient au pays, vêtu comme un épouvantail à moineaux dans un cerisier, et n'ayant pas mangé depuis trente-six heures.

On lui fait la morale, et on lui donne à manger.

Il veut embrasser sa cousine, comme autrefois, et sa cousine le repousse en prétendant qu'il sent mauvais.

On lui fait la morale derechef, et on lui donne à manger de nouveau. Quand il a mangé pour la seconde fois, il demande à son oncle deux cents francs pour aller en Amérique.

Son oncle lui fait la morale, et lui donne cinquante francs.

On va se coucher.

Adrien, après une fausse sortie, rentre en scène et va frapper à la porte de sa cousine.

Sa cousine refuse de lui ouvrir sa porte.

Adrien se promène sur la scène, et ses regards tombent sur le secrétaire où est l'argent. Il y prend 300 francs et se retire.

Sa cousine donne l'alarme, son oncle court après le voleur, le ramène sur la scène et lui fait de la morale.

Adrien répond : « Pourquoi, aussi, ne me donnez-vous pas deux cents francs pour aller en Amérique ?

— Parce que si je te les donnais, tu les mangerais en quelques jours, et tu viendrais m'en demander d'autres. »

Adrien répond : « Non, c'était bien pour aller en Amérique. »

L'oncle dit : « Ah ! si j'étais sûr. »

Adrien dit : « Voyez ces lettres ! Vous voyez bien que j'étais en négociations avec des gens de là-bas pour y aller. »

L'oncle dit : « C'est vrai. Eh bien, je ne donne pas l'argent, mais je paie pour toi. Je paye ton voyage pour Paris. Je paye ton passage pour Buenos-Ayres. Et je te laisse les cinquante francs de tantôt pour les faux frais. Ça te va-t-il ? »

Adrien dit : « Ça me va très bien. »

L'oncle dit : « Partons pour la gare du chemin de fer. »

Ils partent pour.

Voilà.

J'ai raconté toute cette affaire avec la plus scrupuleuse exactitude. Il me reste à demander pardon à mes lecteurs de la leur avoir racontée. Elle a remporté, comme je l'ai dit, un éclatant succès.

III

Comédie-Française : *Margot,* comédie en trois actes
de M. Henri Meilhac.

21 Janvier 1890.

Un premier acte exquis, absolument supérieur à tout ce que j'ai vu au théâtre depuis bien longtemps, un second charmant encore et qui révèle peut-être encore plus de talent, parce qu'il était plus difficile à faire, un troisième confus, incertain, où l'on sent que l'auteur est vaincu par la difficulté de son sujet ou se lasse de lutter avec lui : voilà *Margot.*

C'est une œuvre très distinguée, très brillante, qui fait le plus grand honneur à l'auteur, parce qu'il y a franchement abordé le sujet le plus malaisé et le plus périlleux, et qu'il s'y est tenu pendant deux longs actes sans broncher, avec une sûreté et une habileté prodigieuses ; c'est une œuvre qui laissera toujours une impression pénible, parce qu'on sent que le problème n'y est pas poussé jusqu'au bout, et qu'à un certain moment l'auteur s'est dit : « Arrangeons les choses au plus vite, au mieux que nous pourrons, et n'en parlons plus. »

S'il était difficile, le sujet, jugez-en :

Il s'agit d'Arnolphe et d'Agnès traités à la moderne, avec ce souci de la réalité exacte que n'avait pas Molière, et que nous poussons si loin, avec nos idées modernes aussi sur l'amour des quinquagénaires pour les très jeunes filles, amour que nous ne trouvons plus ridicule, et pour lequel nous n'avons plus les cruautés du rire moliéresque ; il s'agissait de faire un Arnolphe qui ne fut pas burlesque et même qui fût charmant, et une Agnès qui ne fût pas ignorante, et bien au contraire, et qui fût honnête, et qui torturât Arnolphe cependant, tout autant que celle de Molière, et qui se torturât elle-même ; et il fallait sortir de là honnêtement, raisonnablement et vraisemblablement.

L'audace, le courage de l'auteur à essayer une pareille partie, et son habileté, son adresse, sa merveilleuse dextérité à en éviter les écueils, et à la gagner à moitié, sont des choses que je ne saurais assez admirer. Vous allez voir si je me trompe.

Nous sommes chez un vieux viveur de Paris, M. de Boisvillette, quarante-cinq ans au moins, cinquante au plus, bien Parisien, légèrement sceptique, un peu cynique, au demeurant et au fond parfaitement sentimental sans se l'avouer, et capable de toutes les « sottises d'amour » comme dit Bourget, et de toutes les bontés aussi, à la condition qu'elles aient un côté un peu excentrique et quelque chose d'un peu « curieux. »

On vient de dîner avec *ces dames*. Ces dames vont aux Variétés, et, en partant disent : « Où est donc

Margot?... Tiens ! Elle s'est ennuyée et elle est partie. Bast ! Elle n'est pas perdue. »

Margot n'est pas perdue, mais elle est destinée à l'être dans le plus bref délai. Filleule de la belle Carline, elle est tombée sur les bras de cette grande irrégulière, qui l'a reçue très bien, ne lui a donné aucun mauvais conseil et la promène dans le demi-monde en tout bien et tout honneur. Mais il y a des chances pour que le bien et l'honneur ne durent pas longtemps ; et, vous voyez, quand on perd Margot on ne s'inquiète pas plus que cela, et l'on dit : « Elle se retrouvera bien. »

M. de Boisvillette, resté chez lui, cause un instant avec son vieil ami Léridan, avec son neveu Georges, avec son garde-chasse, l'honnête et brave François, fume une dernière cigarette, et il est onze heures et demie, et il se dispose à aller se coucher, lorsque tout à coup, tournant dans le grand salon, derrière un paravent, dans un massif, il aperçoit... Mlle Margot, qui s'était tranquillement endormie sur un canapé. La scène est une merveille de grâce, d'audace en même temps et de mesure, d'horrible scabreux admirablement manié et évité. Je vais la gâter affreusement, mais il faut bien que je la raconte.

« Vous dormiez, petite Margot. Et qu'est-ce que je vais faire de vous maintenant.

— Faites-moi reconduire chez marraine.

— Sans doute... Vous avez hâte de vous y retrouver, chez marraine ? Vous vous y plaisez ?

— Pas du tout.

— Vous préféreriez rester ici... quelques minutes de plus?

— M. de Boisvillette, dites-moi que vous ne me parlerez plus de ce ton !

— Je vous le dis.

— Mieux que ça, sans avoir l'air même d'avoir envie de rire.

— Je vous le dis comme ça.

— Très bien. Vous êtes un homme de très bon cœur.

— Vous voyez cela tout de suite.

— Oui.

— Alors je vous plais ?

— Oui.

— Vous dites cela d'un air bien sérieux.

— C'est que je suis très sérieuse.

— Vous avez même l'air triste, petite Margot.

— Ça tient à ce que je ne puis avoir que deux projets....

— Ah ! ah ! lesquels ? s'il n'y a pas d'indiscrétion...

— Il n'y en a pas du tout. Le premier est de me jeter à l'eau ; le second, est de faire comme marraine, à quoi je tiens autant qu'au premier. Vous voyez qu'il n'y a pas de quoi être folâtre.

— Mais il me semble qu'il y aurait....

— Un troisième parti? Cherchez bien, et si vous n'êtes pas hypocrite, vous ne trouverez pas moyen de me dire qu'il y en a un troisième.

— Hum !...

— Vous allez faire une sottise.

— Pourquoi ?

— Quand les hommes se promènent comme cela, avec un air songeur, et en disant : Hum ! c'est qu'ils vont faire une sottise. Chez marraine, c'est toujours comme ça.

— Eh bien ! non ! Margot, je songe au troisième parti, et je crois que je l'ai trouvé. Vous êtes la plus honnête fille du monde.

— Oui, jusqu'à présent.

— Il faut devenir une honnête petite femme.

— Je ne demanderais que cela.

— Vous allez aller chez moi à la campagne, bien tranquille ; vous y étudierez un peu, vous vous y rafraîchirez beaucoup, et je vous trouverai un bon mari, d'ici à deux ou trois ans, voulez-vous ?

— Si je veux ! Partons !

— Partez seule.

— Vous viendrez me voir ?

— Certainement ! Au revoir. Au revoir mademoiselle Marguerite.

— Oh ! embrassez-moi, monsieur de Boisvillette ! »

Vous n'avez pas idée de cette scène, chaste et tendre, honnête et douce, avec je ne sais quel piment que l'étrangeté de la situation et le péril des conséquences prévues met dans tout cela.

Car ils font là une insigne folie tous les deux, si honnêtes qu'ils se croient et qu'ils soient. Boisvillette va devenir amoureux, et il l'est déjà tout en se croyant paternel. Margot avait raison : il n'y avait que deux partis pour elle, et le troisième trouvé par Boisvillette, n'est qu'une complication dans l'affaire. On s'en aperçoit assez au second acte.

Le second acte pourrait s'appeler « les erreurs de l'amour », les folies de l'amour qui se trompe et qui ne tient pas compte de la réalité et du bon sens. Boisvillette, c'était prévu, aime éperduement Margot, et Margot, de son côté, s'avise d'aimer Georges, le neveu de M. Boisvillette, qui, lui, aime ailleurs. Tous deux se trompent, sortent du bon sens et de la triste raison pratique dont la loi est inévitable. Tous deux sont malheureux et se torturent l'un l'autre. Tous deux sentent qu'ils se heurtent à l'impossible; et ils ne sont pas ridicules, parce que, c'est l'art avisé et charmant de cette pièce, Boisvillette est un Arnolphe qu'on estime, et qu'Agnès n'est pas cruelle et dure, aimant elle-même sans être aimée.

Et c'est une histoire touchante et attendrissante dans une très grande vérité de fond (sinon de tous les détails) que cette situation sans issue où d'honnêtes gens, qui n'ont fait qu'une sottise, et une sottise très honnête et généreuse, se débattent cruellement, en s'aimant, en s'estimant et en se faisant un mal affreux l'un à l'autre. J'ai eu pendant ce second acte la petite larme *à la Meilhac*, la petite larme qui vient de très loin, qui filtre lentement et qui s'arrête en suspens au coin de l'œil.

Cependant, il faut bien sortir de là. L'auteur en est sorti gauchement.

On sort de ces situations que le bon sens condamne, par un gros malheur, ou par un retour, résigné et grave, au bon sens. Il n'y a pas, là non plus, de troisième parti. C'est le retour au bon sens qu'ont choisi nos personnages, ou plutôt qu'a choisi Margot ; mais son retour au bon sens n'est pas suffisamment expliqué, ou plutôt ne l'est pas du tout. Elle a quitté le château, brusquement, en coup de vent et en coup de tête, quand elle a appris que son cher Georges était sur le point de se marier. Elle est folle, à ce qu'il nous semble, beaucoup plus qu'elle n'a jamais été. Nous nous attendons de sa part aux pires résolutions. Brusquement elle s'assagit, redevient la plus soumise à la réalité et à ses lois qui puisse être, sans que rien soit intervenu qui, à nos yeux du moins, visiblement, l'ait pliée et inclinée de ce côté.

François, le garde chasse, que primitivement M. de Boisvillette lui destinait, et qui l'aime, l'a rencontrée, l'a même recueillie, car elle était tombée évanouie dans le parc après son escapade, et lui a parlé un honnête et loyal, et viril langage. Il lui a dit en substance : « Après ces orages du cœur, il vous faudrait un homme énergique, qui vous aimât, qui vous tînt d'une main ferme, un maître presque rude, devant qui votre imagination n'osât point prendre la volée, et vagabonder dans le romanesque. »

Il a raison, François, il est la voix de la réalité qui

se fait entendre. Mais ce que nous ne comprenons pas, c'est qu'à pareil moment, la voix de la réalité trouve le chemin du cœur de Margot. Elle est en pleine crise, et rien dans son caractère, qui est bon, qui est bon cœur et sentiments droits, mais non raison et bon sens, jusqu'à présent, ne nous a montré à l'avance un revirement si brusque comme vraisemblable.

Ce qu'on comprendrait mieux, c'est que Margot se résignât par bonté, par mouvement généreux du cœur. Il y a bien un peu de cela dans son affaire, mais non pas assez net. Voilà M. de Boisvillette qui, vaincu par l'amour qu'il a fini par sentir redoutable et insurmontable dans son cœur, vient dire à Margot : « Voulez-vous m'épouser »? Que Margot se dise, dans un mouvement de sacrifice : « Il faut sauver cet honnête homme d'un égarement dont il se repentirait plus tard. Tranchons dans le vif en épousant François, si honnête homme du reste. — M. de Boisvillette, c'était François que j'aimais ! » Soit, on comprendrait mieux : les coups de tête de générosité sont dans le tempérament féminin, et celui-ci ne pouvant tourner plus tard qu'au bonheur de Margot, on serait satisfait. — Mais c'est *avant* la proposition de M. de *Boisvillette*, et quand Margot n'était que sous le coup de son désespoir d'amour à l'endroit de Georges, que Margot a été à François et lui a demandé : « Si je vous épousais cependant... dites-moi, vous, homme de bon sens, ce qui arriverait. » A ce moment cette démarche de Margot, quelque effort que j'y fasse, et de quelque biais que je m'ingénie à la prendre, m'étonne et me déroute.

Eh! oui! c'est le retour au bon sens, qui finit toujours par avoir raison, ou du moins assez souvent, et que nous désirons toujours qui ait raison; et l'on peut être toujours à peu près sûr de notre complicité en pareille affaire; mais encore faut-il nous aider un peu plus que cela, et qu'un événement, qu'un incident, que quelque chose qui ne laisse pas d'avoir assez de force contraignante, incline les personnages en proie à la passion et jusque-là n'écoutant qu'elle, à entendre la voix de la raison, et les raisons de la réalité, sans les repousser. Le « ferme langage » de François, ici, ne suffit pas, ce nous semble.

Il pourrait, peut-être, y suffire; mais il faudrait qu'il fût explicite, plus clair et surtout plus chaleureux.

Cette scène entre François et Margot, si vous n'avez pas trouvé autre chose pour expliquer — et pour produire — le revirement de Margot, il faudrait alors qu'elle fût une scène capitale, très puissante, très dominante, puisqu'elle doit être de si grand effet. Il faudrait que François, sans perdre son rude langage, fût très éloquent; qu'il montrât énergiquement à Margot que jusque-là elle était dans le faux, dans le faux aussi bien en la maison de M. de Boisvillette qu'en la maison de sa marraine, qu'elle n'avait compris ni son devoir, ni sa dignité vraie, ni le bonheur des autres, mais seulement ses passions un peu condamnables, encore que pures, qu'elle s'est laissée vivre nonchalamment en souriant aux pièges fleuris de la vie, qu'elle a été coupable, un peu coupable, sans gros crime, mais enfin qu'elle a quelque chose à se reprocher; il faudrait qu'il la dominât de la hauteur d'un caractère très fort, très grand et très austère; et, tenez, il lui dit qu'il lui faut un maître, il faudrait que dans cette scène, très nettement et très puissamment, il le fût. — Il ne fallait pas craindre, ici, un peu de déclamation. Les femmes ne détestent pas la raison, le bon sens, la vérité exprimés dans un langage un peu déclamatoire, et ce grain de déclamation, je le dis sans la moindre raillerie, Dumas ne l'eût pas évité; et je crois bien qu'il aurait eu raison.

Pièce charmante du reste, dont le dénouement seul est faible, ou plutôt dont *les moyens de dénouement* sont un peu gauches et indécis, mais qui contient les plus délicieuses scènes que je sache au théâtre.

Elle a été jouée à miracle. Madame Reichemberg a un premier acte qui est ce qu'elle a trouvé de mieux depuis qu'elle existe. Cette honnêteté dans la parfaite connaissance du mal, cette mélancolie vive et prompte de bergeronnette, et cette espièglerie fine et moqueuse, et cette grâce de Parisienne qui commence, et ce reste de sauvagerie rustique qui persiste, vingt traits de caractères divers et discordants admirablement conciliés et fondus dans un personnage d'une vie et d'une réalité saisissantes ; c'est un chef-d'œuvre de l'art comme je n'en connaissais pas jusqu'à présent.

M. Febvre nous a donné un Boisvillette d'une exactitude extérieure admirable. Le viveur fatigué en qui la bonté renaît et que saisit la fameuse « passion du quinquagénaire » était là dans une vérité à souhait. Peut-être l'intensité de la passion et la légère honte qu'on en ressent étaient-ils insuffisamment marqués au troisième acte.

M. Worms nous a une fois de plus donné une leçon de jeu sobre, net, vigoureux et ardent comme un foyer couvert. Cette puissance contenue est d'un effet immense sur l'imagination.

Les rôles secondaires de Le Bargy, de Coquelin Cadet, de Mme Fayolle sont tenus avec un soin et un talent exquis. Les rôles *instantanés* de Mme Rachel Boyer, de Mme Nancy Martel et de Mme Martini sont jolis comme des sourires entrevus.

....
....
....

28 Janvier 1890.

Revenons y, puisque c'est la discussion mondaine depuis quinze jours. On disserte sur le cas de Margot. On se demande ce que ferait Margot dans la réalité. On affirme qu'elle ferait tout autre chose que ce qu'elle fait dans la pièce de Meilhac.

« Et vous, monsieur, que pensez-vous que ferait Margot ? N'est-ce pas (c'est une dame qui parle) qu'elle épouserait Boisvillette ? »

« Et certes (c'est une autre dame) elle aurait raison. »

Le chœur : « Oh ! oui ! Ce n'est pas que Boisvillette... Non, on ne peut pas dire que Boisvillette... Mais ce garde-chasse ! Oh ! un garde-chasse ! Ce garde-chasse ne se peut souffrir ! Voyez-vous un peu ce garde-chasse ! Prenez-vous quelque chose, monsieur ? »

« — Oui madame... une tarte à la crème. »

J'ai reçu la lettre suivante qui résume assez bien les arguments de l'opposition, et qui montre d'ailleurs qu'en province comme à Paris le cas de Margot passionne les esprits et fait aller les langues, voire les plumes :

« Monsieur,

« ... Je n'ai pas vu la pièce, mais on en a tant parlé, j'en ai vu tant de comptes-rendus, j'en ai tant lu d'extraits qu'il me semble que je l'ai jouée ; et je ne puis me tenir de vous exprimer les doutes que m'inspire l'opinion de ceux qui, comme vous, monsieur, approuvent le dénouement et le trouvent juste, naturel, vraisemblable et « de bon sens. »

« Je me creuse la tête, et aussi un peu le cœur, pour deviner quelles raisons Margot peut bien avoir, raisons de raison, ou raisons de cœur (celles que la raison ne connaît point), pour reculer devant le mariage avec le plus honnête homme du monde et le meilleur, et qu'elle aime !

» Car c'est le plus honnête homme du monde, n'est-ce pas ? C'est le meilleur, vous en conviendrez. Et elle l'aime. Elle l'aime de tout son cœur. C'est une fête pour elle quand il revient à la maison de campagne, et elle l'embrasse (m'a-t-on dit) d'une façon où la pruderie pourrait même trouver à redire. Monsieur, si on n'épouse point les hommes honnêtes, les hommes excellents, et les hommes qu'on aime, quand ils vous demandent en mariage, dites-moi qui on épousera sur cette terre ?

» Je sais bien qu'elle en aime un autre, d'amour, comme vous dites, messieurs. Mais c'est précisément pour cela... Certainement c'est pour cela. Du temps de mon arrière-grand'mère, que j'aurai pu connaître si elle n'était pas morte à quatre-vingt-douze ans par un accident imprévu, il arrivait qu'une jeune fille aimât un jeune homme, d'amour, comme vous dites. Et quand ce jeune homme passait à côté d'elle sans faire attention à la chose, ou que des parents barbares s'opposaient à leur union, la jeune fille ne parlait jamais que d'entrer au couvent, et quelquefois y entrait en effet.

« Les couvents pour jeunes filles dégoûtées de l'existence ne sont plus guère en usage à cette heure. Mais ils ont été remplacés par quelque chose. Les Boisvillette sont les couvents d'aujourd'hui. Comme dit la jeune fille d'Emile Augier, dans la *Contagion*, je crois, les jeunes filles aiment toujours quelqu'un, et puis elles en épousent un autre. C'est cela même. Elles aiment un prince charmant, ne l'épousent point, et épousent « *l'homme sérieux et encore sympathique.* » Voilà le couvent moderne. On l'aime moins que le prince charmant ; on ne l'aime pas d'amour, mais on l'aime très pieusement, très honnêtement et très heureusement, pour tout dire. « Autrefois on avait Dieu » ; maintenant on a Boisvillette. C'est une décadence, sans doute, mais dont les jeunes filles s'accommodent avec une résignation qui ne va pas sans douceur.

« Donc Margot doit épouser Boisvillette avec une résignation fort avenante.

« Quelles sont les objections ? J'entends les objections qui peuvent avoir de l'influence sur l'esprit de Margot ; car c'est évidemment de celles-là seules que nous avons à nous occuper.

« Margot n'est pas du monde de M. de Boisvillette, pourra-t-on me dire. Oh ! que voilà bien une objection d'homme, et d'homme qui ne connaît pas les femmes ! Mais, monsieur, une femme qui n'est pas stupide, et encore même quand elle est stupide... mais écartons ce point... une femme qui n'est pas trop sotte, est, de naissance, du monde où les circonstances la placeront, à quelque âge que ces circonstances la prennent. La faculté d'adaptation au milieu, comme vous dites dans votre belle langue, est le fond même de la femme. Je ne veux pas donner plus de deux ans à Margot pour qu'elle tienne le salon de M. Boisvillette, sinon en duchesse, du moins en petite baronne très supportable.

« L'instruction, me criez-vous ! Vous êtes-vous jamais aperçu de l'instruction ou de l'ignorance d'une femme avec qui vous causiez? Si vous me répondez: oui ; je sais, moi, ce que j'ai à vous répliquer : c'est que vous êtes un cuistre. Vous l'aurez entreprise sur Tycho-Brahé ou sur le versant septentrional de l'Hymalaya. Mais si vous êtes un homme vulgairement poli, jamais, non jamais, vous ne vous êtes aperçu ni de l'ignorance ni de l'instruction d'une femme. Vous lui aurez parlé, comme il sied, du dernier roman, du dernier vaudeville, de *Margot* et de *Jeanne Darc*. Sur tout cela elle vous aura répondu avec son bon sens, son esprit et ses sentiments, et, qu'elle ait fait son éducation à l'école primaire ou aux cours de la Sorbonne, vous n'en avez rien su du tout.

« Il y a bien l'orthographe ; mais comme, en effet, l'orthographe est un triste reste de la société hiérarchisée, on va supprimer ce dernier vestige du régime féodal. Et si tant est qu'il subsiste encore quelque temps, ce n'est pas une affaire. Mon arrière grand'mère disait toujours, comme unique précepte de conduite, à ses vingt-sept petites-nièces : « Mes enfants, n'écrivez jamais. » — C'était évidemment à cause des périls de l'orthographe.

« Reste... quoi? quelle objection? Ah ! Margot a peur... cela c'est trop drôle... Margot a peur de tromper M. de Boisvillette... Oui, cela c'est trop drôle. Mais pourquoi le tromperait-elle? Le public n'accueille pas sans quelque protestation ce singulier pronostic. Il a raison. Si toutes les jeunes filles qui ont épousé l'*homme sérieux et sympathique*... ah! monsieur, quel ravage! Mais non, monsieur, mais non, les mariages de convenance, ce qui veut dire de disproportion, car la langue française est d'une rare logique, ne sont point si malheureux que cela, le plus souvent. Il en est de fort bons. Mes meilleures amies n'en ont pas fait d'autres, et je vous prie de croire que mes meilleures amies sont de fort honnêtes personnes. A vous dire tout, même (car cette lettre, étant écrite à un journaliste, est confidentielle par destination) à vous dire tout ce que je sais, *c'est même le contraire*. L'infidélité de la femme, monsieur, mais c'est toujours une mesure de représailles. Toujours, monsieur, ou de beaucoup le plus souvent. Ce mari de comédie qui dit à sa femme : « Pourquoi me tromperais-tu? Est-ce que je te trompe? » ce mari dit une vérité profonde. Le mari qu'on trompe, c'est le mari trop jeune, qui, après vous avoir aimée, court les aventures, et vous donne à la fois l'exemple, le loisir et le droit. Oui, monsieur, le droit. C'est le prince charmant qui a des chances d'être trompé de cette façon-là, qui est la vraie, peut-être la seule. M. de Boisvillette, jamais! Ce n'est pas lui qui donnera l'exemple ; ce n'est pas lui qui donnera le loisir, attaché au foyer comme il sera toujours ; ce n'est pas lui qui donnera le droit.

L'honneur de sa maison est certain, parce qu'il la gardera.

« Et d'ailleurs, *dût-il être trompé*, Margot ne doit pas le prévoir, et c'est cela qui est révoltant. Elle n'a aucune raison d'avoir une telle vision de l'avenir. Cette intuition n'est pas naturelle, cette perspective est invraisemblable, cette prévoyance est un peu extraordinaire. On m'a assuré qu'il n'est femme infidèle qui n'ait dit de très bonne foi : « Avant mon mariage, je n'aurais jamais cru que cela dût m'arriver. »

« Excusez, monsieur, l'ingénuité d'une lettre anonyme, et en quelque sorte impersonnelle, et croyez que le seul souci de la vérité, uni à une réelle sympathie pour votre talent, qui est colossal, m'a donné la fantaisie de l'écrire. »

J'ai répondu :

« Mademoiselle,

« Vous avez trente ans (excusez ma brutale franchise), vous êtes jeune fille, et vous comptez épouser M. de Boisvillette. — Vous ne comprenez pas Margot.

« Margot a vingt ans, beaucoup de bon sens (vous aussi, mais attendez) et, pour avoir passé dix-huit mois dans un certain monde, elle est instruite de toutes choses comme une femme de quarante. Voilà ce qui lui donne un caractère très particulier, et un raisonnement au-dessus de son âge et du vôtre.

« Entendez-bien : bon sens très solide et connaissance de la vie absolue. Vous vous étonnez d'une prévoyance un peu forte pour une jeune fille à un certain moment de son rôle. Mais cette prévoyance ne doit pas être inattendue du spectateur. Elle l'a montrée toujours, dès le commencement. Dès la première scène avec M. de Boisvillette, quand Boisvillette lui dit : « Je serai votre oncle, et je vous trouverai un mari, » elle a répondu : « C'est d'un très bon cœur ; c'est très gentil. Mais ça ne réussit jamais, ces choses-là ». — Et quand l'autre a insisté : « Oui, oui..., dit-elle, et dans six mois vous viendrez me dire que vous m'adorez, que vous m'idolâtrez, que vous êtes fou, que vous êtes bête... Si ! Voyez comme je suis sérieuse en vous disant cela. *Vous me le direz !* »

« La prévoyance qui vient de l'expérience, d'une expérience et d'une information complètes, quoique indirectes, elle l'a absolument, et la montre, dès le premier mot, entièrement.

« Et là-dessus elle fait une sottise, et même deux, parce qu'elle a vingt ans, tout de même, et n'aime pas « se flanquer à l'eau ». Elle accepte la situation incorrecte, encore qu'innocente, incorrecte et périlleuse que lui fait M. de Boisvillette. Elle se laisse installer chez lui. Que voulez-vous ? Elle n'aime pas se jeter à la Seine. Il n'y a pas d'autre raison ; mais celle-là suffit.

« Et vite cette sottise est suivie d'une seconde qui était contenue dans la première. Placée dans le monde

de M. de Boisvillette, elle aime dans le monde de
M. de Boisvillette. Elle aime son neveu. Elle a vingt
ans ! Mais son bon sens reste et sa connaissance de la
vie ; et elle retrouvera l'un et l'autre dans la crise,
comme dans toute crise nous retrouvons le fond de
notre être moral, pour notre mal ou notre bien, selon
que ce fond est mauvais ou bon.

« La crise arrive. La crise, c'est le neveu, le prince
charmant, épousant une autre femme ; et M. de Boisvillette voulant épouser Margot. — Ici Margot, après
l'étourdissement du premier coup, et le transport du
premier moment, retrouve et sa connaissance de la
vie et son bon sens, l'un aidant l'autre. *Elle les
retrouve d'autant mieux* qu'ils ont rencontré à côté
d'elle, là, tout près, un interprète et un évocateur.
L'interprète et l'évocateur, c'est le garde-chasse. Ce
garde-chasse vient de lui parler le langage de la réalité
et du bon sens. Non pas assez fortement et énergiquement et éloquemment, je l'ai dit ; mais enfin il le
lui a parlé. Et ce langage elle peut l'écouter et le
comprendre, parce qu'elle l'a déjà eu elle-même,
seulement étouffé un instant, ou plutôt couvert, par
sa petite folie d'un jour. Nous n'écoutons jamais que
celui qui pense, mieux que nous, notre pensée.

« Et, dès lors, réalité et bon sens vont parler par
la bouche de Margot elle-même, qui du reste est une
jolie bouche. Et, tout naturellement quand Boisvillette lui parlera mariage, elle lui dira tout ce qu'une
femme de quarante ans pourrait dire : « Nous ne

sommes pas du même monde. Il faudrait m'épouser à l'étranger. Vous voyez bien que ce serait là un mariage de contrebande. Ces choses se rêvent et ne se font pas ; ou ces choses se font, et on les regrette. » — Et surtout (songez que c'est une femme de quarante ans qui parle), et surtout, elle lui dit : « Mais je vous tromperai, mon ami... Eh ! certainement je vous tromperai, quelque peu d'exemple et de droit que vous m'en donniez. Je vous tromperai quand nous aurons, vous soixante-cinq ans, et moi trente-cinq, et pour cette raison, qui dispense d'autres. »

« Malgré ses vingt ans d'état-civil, avec son bon sens et sa connaissance de la vie, Margot doit avoir cette prévoyance, et, étant honnête, l'exprimer.

« Et que le garde-chasse se retrouve là, elle l'épousera. Je le crois bien. La voilà Margot comme devant, il me semble, c'est-à-dire dans la situation du premier acte, ayant le choix entre « se flanquer à l'eau » ou accepter un petit hôtel. Le garde-chasse l'aime, l'estime, et lui promet de la protéger contre tous et contre elle-même par une sévère et vigilante discipline. Mais c'est lui qui est le couvent dont vous me parlez, mademoiselle. Elle y entre avec fermeté, gravité et confiance. Elle a raison. Voilà pourquoi j'ai toujours soutenu que le dénouement était très juste et très bon. Margot est une fille qui a manqué un mariage d'amour, qui n'a pas voulu d'un mariage riche... et vieux, parce qu'elle est honnête et clairvoyante, — et qui se réfugie dans un mariage de convenances morales.

« Mais si j'ai dit que le dénouement est bon, j'ai dit que les moyens de dénouement étaient mauvais, parce qu'entre la période de folie (relative) de Margot, et son retour à son caractère, c'est-à-dire au bon sens, à la froide raison et au sens de la réalité, il n'y a pas de transition.

« Savez-vous, maintenant que j'ai le temps d'y réfléchir, savez-vous ce qui manque à cette pièce pour l'*éclairer*, pour que ce qui est très clair et très lumineux aux yeux de ma chère Margot le soit tout autant, ce qui est nécessaire, aux yeux du spectateur et aux vôtres ?

« Ce qui manque c'est un acte de plus, un acte entre le second et le troisième, qui, je ne vous le cache pas, deviendrait le quatrième.

« Le premier acte c'est la situation posée et les caractères tracés, et l'on sait si tout cela est admirablement fait dans la pièce de Meilhac.

« Le second acte c'est la double *sottise d'amour*, celle de Boisvillette qui aime Margot, celle de Margot qui aime le neveu ; et il ne fallait pas moins d'un acte pour nous bien montrer cette double sottise dans tout le détail.

« Par exemple, il eût été bon que l'amourette de Margot pour le petit neveu fût moins en « coup de foudre » et que Margot se prît à aimer le neveu par suite bien réellement de sa première imprudence, parce que placée dans le monde de Boisvillette, elle se serait laissée aller à aimer dans le monde de Boisvillette, sans réfléchir, dans la prompte et douce accoutumance de sa nouvelle vie. Cela eût été plus dans le train des choses, dans le naturel et la réalité.

« Puis tout un acte eût servi à rendre sensibles, et à Margot, qui en a un peu besoin, et surtout au spectateur, qui en a besoin plus encore, la fausseté de la situation de Margot, et tous les obstacles, qui sont multiples, qui empêchent un mariage de Margot, soit avec Boisvillette, soit avec le neveu.

« Ces femmes du monde qui viennent voir M. de Boisvillette à sa maison de campagne, elles auraient servi précisément, représentant le monde et ses lois, à avertir Margot et le public, par mille remarques, par mille petits détails, sans malignité de leur part, de la situation fausse et louche de Margot chez M. de Boisvillette, et, aussi, du parfait ridicule d'un mariage de M. de Boisvillette avec Margot.

« Et en même temps que le public se serait dit (c'eût été affaire à l'auteur de nous forcer à le dire ; nous pensons toujours ce que l'auteur, s'il est habile, veut que nous pensions ; c'est ce que l'Ecole de Nancy appelle la suggestion) en même temps que le public se serait dit : « Non, elle ne peut pas épouser Boisvillette » ; Margot, elle, se serait dit : « Hélas ! Je ne peux donc pas épouser le neveu ! »

« Et à la fin de l'acte, comme cela a lieu en effet dans la pièce de Meilhac, le mariage du neveu avec une autre aurait éclaté comme un coup de tonnerre, et la crise se serait déclarée.

« Vienne le garde-chasse alors, qu'il vienne avec son rude langage, et qu'il ramasse et exprime la moralité de tout cela, qu'il soit la voix de la réalité et du bon sens, c'est-à-dire qu'il dise, étant donné l'acte précédent que j'ai supposé, non seulement tout ce que Margot doit penser, et obscurément pense en effet, mais encore tout ce que le public, suggestionné par l'auteur, pense aussi, très nettement et positivement, depuis une demi heure ; et qu'il le dise avec une certaine énergie et une certaine chaleur ; tout ce troisième acte, si contesté, devient certain, sûr ; — non seulement clair, mais probant, persuasif, convainquant, c'est-à-dire (car convainquant ne signifie pas autre chose) en harmonie préétablie avec la pensée de ceux qui écoutent.

« Voilà, mademoiselle, mon opinion plus explicitement exprimée que la première fois que j'ai eu l'honneur de vous la dire. Il y a toutes sortes de raisons pour lesquelles *Margot* devrait être une pièce plus longue, dont la première est qu'elle est si jolie qu'on voudrait la voir durer plus longtemps, et dont la dernière est qu'à être plus longue elle serait probablement plus expliquée, et qu'à être plus expliquée elle serait plus claire.

« Chose curieuse, ce que l'auteur, ici, avait à enfoncer plus énergiquement dans l'esprit du public, c'est ce dont on pourrait supposer que le public est convaincu sans qu'on le lui démontre. Le public est convaincu « qu'il faut des époux assortis dans les liens du mariage », et les époux assortis, ici, il n'y a pas à dire le contraire, mademoiselle, c'est Margot, fille de Margot, et le garde-chasse. — A la grande rigueur, ce serait plutôt le garde-chasse qui pourrait réclamer.

« Eh bien, il s'est trouvé que l'auteur, peut-être pour avoir trop compté sur cette disposition naturelle du public, pour avoir, comptant sur elle, trop négligé, laissé trop effacé son pauvre garde-chasse, a détourné le public de la disposition d'esprit où naturellement il devait être. Au théâtre il faut tout prouver excessivement. Il faut tout prouver trop, même la vérité. Il faut, quand on sait le public dans telle disposition d'esprit *en général*, ne pas négliger, *dans l'espèce*, de renforcer cette disposition ; et il faut affecter de l'y mettre tout comme si il n'y était pas.

« Du reste, mademoiselle, je puis maintenant vous donner des nouvelles de *Margot*, j'entends de la pièce. Elle va bien, elle va à merveille. Le succès en est éclatant, et il est solide. Tant de grâce, d'élégance et d'esprit ne pouvait manquer de séduire et de retenir le public. « Sa grâce est la plus forte » comme dit l'autre, et « en dépit qu'on en ait, elle se fait aimer, » et « que dis-je ! Comme elle est, le monde l'aime encore. »

« Quant à Margot, la petite fille, si vous en voulez aussi des nouvelles, avec la sûreté de pronostic qui la distingue elle-même, je vous en donnerai, et même de son avenir. Il y aura des moments où elle regrettera de n'avoir pas épousé Boisvillette. Il y en aura même, car nous sommes tous pêcheurs, où elle regrettera de n'avoir pas accepté le petit hôtel de Léridan. Il y en aura, et plus nombreux que les autres, où elle se félicitera d'avoir été une fille de bon sens. On ne se repent jamais complètement de ces choses-là.

« Agréez, mademoiselle, mes très respectueuses salutations et mes remerciements pour la sollicitude avec laquelle vous me lisez et quelquefois me critiquez. Cette lettre, bien entendu, n'est que pour vous seule, comme la vôtre n'est que pour moi. »

IV

Vaudeville : *La Comtesse Romani*, comédie en trois actes
d'Octave de Jalin.

28 Janvier 1890.

La *Comtesse Romani*, que le Vaudeville a très bien fait de reprendre — car je désirais très vivement la voir à la scène, et cette raison me suffit, — est une étude réaliste excellente dont on a voulu faire un drame ; et le drame n'est pas excellent. Il a l'air surajouté et postiche, et il reste gauche, nous le verrons assez tout à l'heure ; mais l'*étude* est bien jolie.

Elle est presque complète ; elle a son personnage central et elle a tous les entours, très réels aussi, et exacts, qui encadrent fort bien le personnage central. Ç'a été fait par un homme qui connaissait bien les comédiens, et peut-être par deux hommes qui connaissaient bien les comédiennes. Cela a de la sûreté et de la certitude. La sensation du réel — et l'on aura beau dire, c'est toujours un plaisir d'une vivacité singulière que la sensation du réel — nous l'avons bien ici à plusieurs reprises.

Je me suis mis à feuilleter la jolie comédie de

Casimir Delavigne, intitulée les *Comédiens*, à cette occasion. Ce n'est point pour jouer à Casimir, qui s'en moque bien du reste, le mauvais tour de traiter sa comédie de conventionnelle et surannée, que je me mets à en parler. Car tant s'en faut que je trouve les *Comédiens* une comédie conventionnelle. Elle est très exacte au contraire, très réelle et bien renseignée. Seulement certaines choses y sont à remarquer, qui sont caractéristiques de la différence des temps.

D'abord, vous souvenez-vous que « l'auteur » dans la comédie de Casimir, le personnage de l'auteur, est très important, occupe une grande place ? Il n'en occupe presque plus dans les *comédiens* de M. de Jalin. C'est une différence sensible ; on sent assez que de 1820 à 1870 l'importance de l'auteur en choses de théâtre a diminué considérablement, et que désormais, dans le monde théâtral, il vient non seulement après les comédiens, ce qui va de soi, mais à quelque distance après le décorateur et le machiniste.

Et cet auteur, remarquez-vous, pendant que nous y sommes, que lui-même n'a pas pour lui la même considération qu'autrefois. Il ne parle que de son œuvre dans les *comédiens*. Il a une foi, une ardeur, un enthousiasme littéraire qui font plaisir. Comme la plupart des hommes de 1820, il est éminemment 1830. L'auteur, dans la *Comtesse Romani*, ne se prend pas fort au sérieux. Il cause de sa pièce avec un reporter : « ... Vous comprenez, on fait prendre à Marie Bébiéna un narcotique.....

— Ah ! c'est original, dit le reporter.

— Hum ! c'est du temps » répond modestement l'auteur.

Cet auteur sent très bien que ce qu'il y a de meilleur dans sa pièce, c'est Sarah Bernhardt, je veux dire la Cécilia, et que c'est Cécilia que le public viendra entendre. Cet auteur est très moderne.

Pour ce qui est des mœurs et travers des acteurs, le bon Casimir, avec toutes sortes de jolies observations, du reste, et de traits piquants, n'a voulu mettre en lumière, et sans doute, n'a vu que leurs vanités, leurs jalousies, et leurs cabales. Un point, c'est tout. Il n'a pas observé autre chose, et ce qu'il a observé suffit d'ailleurs à faire une comédie très agréable.

L'auteur moderne nous a peint des comédiens vaniteux, jaloux et cabaleurs, d'abord, et ce sont là ces *entours* dont je parlais, et qui sont d'un travail très fin et très joli ; — mais certains travers, sans doute plus modernes, nous sont montrés dans la *Comtesse Romani*, dont le bon Casimir ne semble pas s'être douté. C'est d'abord la rage qu'ont les acteurs comiques de vouloir jouer des rôles sérieux. Il a fait notre joie, ce Filippopoli. Il est admirable, quand avec son nez en queue de caniche, il va disant : « Je dois jouer Raphaël... Il faut que je joue Roméo... Don Juan, c'est fait pour moi. »

« On ne joue pas Don Juan avec ce nez-là, lui dit sa directrice.

— Mon nez ne regarde personne !

— C'est ce qui te trompe. Il regarde tout le monde. »

Mais il y tient, Filippopoli. Il y tient essentiellement. Ce travers est, m'assure-t-on, assez répandu au théâtre. On prétend même, ce qui prouve assez que la comédie corrige les mœurs en riant, qu'il a sensiblement augmenté depuis l'époque où la *Comtesse Romani* était dans sa nouveauté. C'est un fléau de théâtre que le filippopolisme.

Mais ce qui est la nouveauté frappante et singulière de la *Comtesse Romani*, c'est l'influence du métier sur le fond de l'âme chez les artistes dramatiques ; c'est le métier dévorant et absorbant l'homme jusqu'à lui faire une âme toute factice, une âme de théâtre qu'il promène dans la vie réelle. Cela n'avait pas été observé du temps de Camisir. Cela est d'observation courante aujourd'hui, et était noté à peu près à la même époque par Daudet dans *Froment Jeune* et par... Jalin dans la *Comtesse Romani*.

Il est à croire que cela est véritablement assez moderne. On dit, mais les renseignements ne sont pas très nombreux, et ne sont pas d'une authenticité écrasante que la chose se produisait au Moyen-Age, que le bon « entreparleur » qui jouait ordinairement Judas dans les *Mystères*, à force d'être en butte aux exécrations et imprécations populaires, finissait par se sentir bourrelé de vrais remords, et par se croire damné très authentiquement.

S'il est vrai, nous retournons à la naïveté d'impressions du Moyen-Age, et avec tout notre perfectionnement psychologique et toute notre complexité moderne, nous perdons la faculté du dédoublement, c'est-à-dire de la maîtrise de nous-mêmes, c'est-à-dire de la liberté intime. Oh! je n'en serais pas autrement étonné, et la force de caractère n'est pas ce qui me semble particulièrement en progrès à l'heure où nous sommes.

Quoi qu'il en soit de ces considérations, dont la hauteur commence à m'effrayer, le *cas* de la comtesse Romani, ou autrement dit de Cécilia, est très curieux, très bien observé, je crois, et fort bien déduit.

La nostalgie du théâtre et l'état d'âme mélodramatique, voilà les deux traits de son caractère.

Ils sont très intéressants à suivre. Au premier acte, elle est bien vraie, descendant de la scène, recevant les félicitations du public d'invités qui l'a écoutée, et disant : « Ah! le vrai public! celui qui paie, qui est sincère, et qui vous laisse tranquille avec vos camarades quand la toile est tombée !... Toffolo, il n'y a que ton opinion qui compte.... Suis-je en progrès ? »

Et cet excellent troisième acte, les préparatifs du suicide théâtral, la dernière lettre écrite d'une main convulsive, le poison préparé, les recommandations sur la robe de dentelles qu'on devra lui mettre... *après*, le règlement des funérailles, la musique de Chopin qu'on devra y jouer, le choix de la sépulture dans un site romantique ; tout cela est vu d'œil de maître et écrit de main de maître. C'est une scène d'un art supérieur.

Nous tous qui, plus ou moins, connaissons le monde du théâtre, nous ne pouvons nous empêcher d'admirer combien tout cela est réel, juste, pris sur le vif, avec le grossissement nécessaire, mais discret encore, et dans une excellente mesure.

Nous tous, oui... mais les autres, le grand public ? Ah ! sans doute, voilà la difficulté et le péril.

C'est du réalisme, tout cela, et du très bon réalisme ; mais l'art réaliste manœuvre au milieu d'écueils sans nombre contre lesquels il lui est bien malaisé de ne pas donner.

S'il est très général, et fait sa matière des grands vices, des grands travers, des sottises communes de l'humanité, il n'a plus l'air réaliste, et, quelque bien informé qu'il puisse être, semble toujours retomber dans le conventionnel.

S'il donne dans le particulier et l'exceptionnel, il n'est plus suffisamment compris de tout le monde, et, chose amusante, c'est alors que le public l'accuse d'être romanesque, parce que les exceptions bien observées semblent des cas inventés par les auteurs et des caprices de leur imagination.

La *moyenne* de l'art réaliste est quelque chose d'excessivement difficile à trouver, et s'y maintenir ne l'est pas moins.

Savez-vous bien ce que l'auteur de la *Comtesse Romani* a fait, certes sans y songer le moins du monde ? Il a fait une application des théories de Diderot sur la comédie.

Diderot voulait qu'on ue peignit plus au théâtre des *caractères*, mais des *conditions*, c'est-à-dire (car il est bien entendu qu'on peindra toujours des caractères et qu'on ne pourra jamais peindre autre chose), c'est-à-dire qu'on montrât sur le théâtre, non plus des caractères généraux, des caractères tels que les hommes les apportent avec eux en venant au monde, des caractères innés ; mais des caractères modifiés, transformés et presque *créés* par la profession exercée par le personnage à peindre.

Il voulait qu'on ne nous donnât plus le *jaloux*, l'*avare*, l'*hypocrite*, mais le *magistrat*, le *militaire*, l'*homme d'église*, l'*homme de collège*, etc.

Au fond, c'était un besoin de réalisme qui poussait Diderot. Il voulait qu'on sortît des généralités, qui trop facilement deviennent des abstractions, et il cherchait uu moyen d'en sortir.

Le moyen qu'il croyait avoir trouvé n'est point précisément mauvais ; il est périlleux. Certaines professions sont tellement mêlées à la vie générale, tellement faites pour être continuellement côtoyées, coudoyées, touchées par nous, connues de nous par conséquent, que nous nous y reconnaîtrons quand elles nous seront présentées sur la scène et que nous saurons nous y retrouver. Ce ne seront point régions inconnues.

Il en est d'autres qui sont plus reculées, plus à l'écart, plus fermées. Elles doivent, celles-là, rester du domaine du roman, qui, lui, a tout le loisir d'expliquer, d'informer, de renseigner sur toutes choses ; elles ne peuvent guère être mises sur la scéne.

Par exemple tel romancier comtemporain fait sur la vie ecclésiastique moderne une vingtaine de volumes qui sont fort intéressants, qui ont un succès mérité, et dont, très évidemment, aucun ne peut-être trans - formé en pièce de théâtre.

La vie des comédiens, sitôt qu'on sort en les peignant, des traits généraux facilement accessibles, reconnaissables, et que supposent comme *a priori* ceux-là même qui ne connaissent point les comédiens, est une vie nécessairement un peu en dehors de la vie commune, et que le public ne connait pas assez pour pouvoir s'y intéresser de prime abord et y entrer de plain pied. C'est là que commence le territoire frontière entre les provinces ouvertes à l'art dramatique et celles qui sont exclusivement réservées au romancier.

Pour mieux comprendre, allez à l'extrême. Un jeune auteur s'avise, au Théâtre-Libre, de nous peindre par le menu la vie des courtisanes du plus bas degré, ce n'est pas assez, la vie des courtisanes du plus bas degré *entre elles*, dans leur privé, portes closes, loin du théâtre ordinaire de leurs exploits. Non seulement il a un singulier goût, ce monsieur, mais il ne sait pas un mot de son métier. Le public ne comprend pas, ne peut pas comprendre la peinture d'une chose dont il n'a pas et ne peut avoir la première idée, sur laquelle tout élément de contrôle et toute faculté d'appréciation lui manque complètement.

Eh bien, l'âme factice des artistes dramatiques, sans être chose aussi fermée et hermétique, est bien déjà un peu région inconnue et incertaine, et devant elle il est probable que, quoique un peu familiarisé depuis une dizaine d'années à cette conception particulière, le public restera toujours un peu indécis.

Voilà pour ce qui est *étude* dans la pièce qui s'appelle la *Comtesse Romani*.

Pour ce qui est du drame qu'elle contient, j'ai dit qu'il était surajouté et postiche, et je m'explique sur ce point.

Le drame en pareil affaire, s'il y avait drame, c'était, sans doute, l'amour d'un homme du monde pour une comédienne, et ce qui s'en suit. Par exemple, ce pouvait être (et cela a été traité) l'amour de l'homme du monde froissé par la vie de théâtre, la jalousie qui s'empare du mari d'une comédienne à la voir possédée, embrassée et comme palpée par l'applaudissement brutal de ce monstrueux amant qu'on appelle le public....

Ce pouvait être encore l'amour du mari rencontrant comme obstacle et comme rival, non plus le public lui-même, mais la seule et simple nostalgie de la scène.

Ceci plus délicat, et vraiment plus intéressant. Pas de femme ayant épousé un artiste, et pas d'homme ayant épousé une artiste (Seigneur ! préservez-moi, préservez ceux que j'aime...) qui n'ait éprouvé ce sentiment que quelque chose dans le cœur de l'être aimé tient plus de place qu'eux, à savoir l'art poursuivi, l'œuvre commencée, le roman en train, ou la toile sur le chevalet. L'*Œuvre* d'Emile Zola, après bien d'autres histoires, est fondée sur cette donnée.

Voilà, je crois, les deux formes que peut prendre le drame entre une comédienne et l'homme du monde qui l'a épousée.

Eh bien! c'est très curieux ; ce n'est ni l'un ni l'autre de ces deux drames qui existe entre le comte Romani et la Cécilia. Ce qui se passe, le voici.

La Cécilia, grande artiste dramatique, a inspiré au comte Romani un immense amour. Il l'a épousée. Elle a abandonné le théâtre. Après quelques mois d'une union charmante, elle a trompé son mari avec le baron de Montecristo. Le comte Romani finit par en être averti, à cause de la liberté de la presse, par un article de *Gil Blas*, et il fait à sa femme « la scène du quatrième acte » comme disent les péripatéticiens. — Et que lui dit-il dans sa grande scène du IV?

Ceci : « Tu ne rentreras pas au théâtre ! Ah! tu m'a trompé, moi, comte, avec un baron, ce qui est anti-hiérarchique ! Tu ne rentreras pas au théâtre ! Ah! tu portes mon nom (et quel nom!) toi la bohémienne, et tu le déshonores dans des relations inavouables ! Tu ne rentreras pas au théâtre ! Ah! tu es coupable, et j'oserai dire adultère ! Je me servirai de ce mot ! Tu ne rentreras pas au théâtre. Si tu rentres au théâtre, je me transperce ! »

Et elle rentre au théâtre ; et il se perfore.

A moi, comte, deux mots! Je vous dirai que vous n'avez qu'une logique confuse. Quel rapport, je vous prie, y a-t-il bien entre l'amour du théâtre chez votre épouse et la mésaventure qui vous afflige? Oui, répondez-moi, quel rapport?

C'est quand elle n'était plus comédienne le moins du monde qu'elle vous a trompé avec Montecristo! C'est à l'état de femme du monde qu'elle vous a infligé cet affront! C'est à l'état de femme du monde qu'elle vous a fait ce que vous êtes! Quel rapport entre cette erreur, condamnable, je le proclame, et sa nostalgie du manteau d'Arlequin? Et pourquoi, parce qu'elle vous trompe, ne trouvez-vous à lui dire que : « Ne rentre au théâtre que sur mon cadavre? »

Pourquoi? Pourquoi?... Je vous comprendrais, cher comte, suivez bien mon raisonnement, si vous disiez exactement le contraire de ce que vous dites :

« Tu m'as trompé! Vois-tu, créature de Dieu, je te pardonne, bien entendu, parce que cela fait toujours plaisir à ces dames, là-haut, dans les loges; et je te donne de plus un bon conseil. Rentre au théâtre. C'est depuis que tu l'as quitté que tu m'as trompé. Il y a des chances pour que, quand tu y seras rentrée... C'est même probable. C'est une vie active qui te manquait. Tu n'avais pas, avec moi, devenue femme du monde, la saine distraction du travail. Rentre au théâtre! Les répétitions, les représentations, les toilettes à commander, à essayer, à corriger, les cabales, les potins, les lettres à écrire aux critiques dramatiques, cela prend toute la journée d'une femme. Elle n'a plus une minute à elle. Voilà une existence saine. Rentre au théâtre ! Occupe-toi. Rentre au théâtre. Si tu ne rentres pas au théâtre, je me brûle la cervelle. »

Voilà un langage logique, raisonnable, et, à tous égards, mon cher comte, digne de votre haute intelligence.

Celui que vous tenez, et qui fait tout le drame, et par suite duquel vous vous plantez un poignard entre les deux médaillons de votre plastron de chemise me semble un peu incohérent.

Eh ! oui ! il fallait faire le drame simplement (quand je dis simplement, ce n'est pas à dire que cela allât tout seul) avec l'amour jaloux d'un mari amoureux, d'une part, et la nostalgie du théâtre chez la femme, d'autre part. Là il était, là il devait être et non ailleurs, et c'est lui qui dans la *Comtesse Romani* n'a pas été fait.

Cependant l'*étude* reste, qui est attachante, originale, curieuse et que je suis bien content, pour ma part, qui ait été écrite. Elle a été suivie au Vaudeville avec beaucoup d'intérêt par le public. Elle est digne d'attention et sollicite la réflexion. C'est une chose à voir.

La pièce est assez bien jouée. Il y a deux rôles excellents et excellemment tenus. C'est celui du comique qui a un nez, et celui du bon régisseur.

Le comique affligé d'un nez qui s'oppose à sa carrière tragique est joué par Peutat. Peutat est excellent. Il a une manière de dire : « Je dois jouer Raphaël » qui est admirable. On comprend que ce nez qui l'entrave est devenu chez lui une idée fixe, et qu'il n'a dans la vie qu'un but, qui est de supprimer son nez à force de volonté. Et il sent qu'il y parvient, de temps en temps. Dans l'entretien avec la comtesse, mère de Romani, entretien qui est pour lui une noble tentative dans l'emploi des premiers rôles, on sent qu'il surveille son nez, le réprime, le maintient dans de justes bornes et le force à rentrer en lui-même.

Quand je songe qu'il en est ainsi dans la vie réelle, et que de nobles élans d'ambition et d'amour ont été contrariés, et que des caractères tout entiers ont été obligés de se transformer, ou d'abdiquer, pour cause de nez. « Le nez de Cléopâtre, dit Pascal, s'il eût été plus court, la face du monde eût été changée » — et surtout celle de Cléopâtre.

V

DÉJAZET : La *Course aux jupons*, comédie en trois actes, de M. Léon Gandillot. — GYMNASE : *Fin de siècle*, comédie en cinq actes, de MM. Blum et Toché.

25 février 1890.

Le jeune et brillant auteur des *Femmes collantes* et de la *Mariée récalcitrante*, sans quitter son genre plein de fantaisie libre et d'allègre bonne humeur, a voulu pourtant un peu hausser le ton avec la *Course aux jupons*, et montrer qu'il pouvait écrire un ouvrage assez voisin déjà de la comédie.

La tentative est intéressante, et l'effort, qui ne sent point l'effort, ne laisse pas d'être assez heureux. Il n'a point pleinement réussi ; il n'a pas échoué non plus. Sa pièce est d'un air un peu indécis et d'une allure un peu incertaine ; mais elle ne manque point d'agrément.

Ce qui paraît le plus probable, au premier regard, c'est qu'en écrivant la *Course aux jupons*, l'auteur ne s'est pas décidé franchement, n'a pris formellement son parti ni sur la *marche* de sa comédie, ni sur le *ton* qu'il y garderait, comptant peut-être, je ne dirai pas un peu trop, il n'y saurait mettre trop de confiance, mais un peu trop exclusivement, sur sa gaîté naturelle, la bonne grâce et son esprit.

L'idée de la *Course aux jupons* est celle-ci, qui n'est point très neuve, mais qui est une idée de comédie tout aussi bonne qu'une autre : « Quelle que soit la maîtresse qu'on ait, on n'en est jamais content » C'est ce que Musset avait exprimé déjà dans ces deux vers, que j'altère peut-être un peu en les citant, les rapportant de mémoire :

De quelque nom d'ailleurs que la femme s'appelle,
L'homme par tout pays en a bien vite assez.

Donc voici l'idée initiale : « Cocotte ou femme du monde, votre maîtresse ne vous donnera bientôt qu'un sentiment vif : si elle est cocotte, le regret de n'avoir pas fait la conquête d'une femme du monde ; si elle est femme du monde, le regret de n'avoir pas pris une cocotte. » — Cela peut se soutenir, surtout dans une comédie bouffe.

Nous allons avoir par conséquent sous les yeux deux jeunes gens, tous deux riches et un peu oisifs, et remarquez ceci, ayant le même caractère, qui est l'inconstance dans les sentiments tendres. L'un, artiste amateur, qui expose tous les cinq ans au cercle dit le « Petit Mazas », a pour maîtresse une simple horizontale d'une intelligence assez limitée et d'une éducation sommaire, qui l'ennuie profondément.

Elle est très philistine cette petite. Quand l'artiste

qui l'honore de sa confiance lui demande un sujet de tableau impressioniste, ne s'avise-t-elle pas de répondre : « Un ruisseau, une passerelle, une paysanne en petit bonnet, et un chasseur en jaquette de velours noir qui l'embrasse... c'est ça qui est gentil ! » — On ne peut pas rester avec une maîtresse pareille, n'est-ce pas ?

L'autre, un avoué fin de siècle, a pour amie une bourgeoise de sentiments très délicats et très distingués, qui lui fait des phrases de roman russe avec un sens très raffiné de l'exotisme. Ah ! que n'a-t-il une petite cocotte pleine de gaîté et qui ait gardé un culte pour Paul de Kock !

Nos deux jeunes gens se confient leurs déboires, et leurs regrets, et leurs rêves. « C'est si simple, s'écrie l'un d'eux, changeons à l'amiable. » Ce sont les *Troqueurs* de La Fontaine. Le troc est des plus faciles, l'auteur, en usant de son droit, du reste, ayant supposé une aimable bourgeoise aussi peu scrupuleuse en fait de fidélité que le peut être, et que l'est, en effet, la petite cocotte. — A ce point de vue la *Course aux jupons* est l'antithèse des *Femmes collantes*. Les femmes de la *Course aux jupons* sont des femmes qui se détachent. Le titre pourrait être, pour faire un pendant exact, les *Femmes qui ne tiennent pas*.

Et voilà ce que nous raconte le premier acte. Quand la toile tombe, l'artiste est devenu l'amant de la « femme du monde », et l'avoué aimable a acquis les bonnes grâces de la cocotte ; car cela s'acquiert.

Le second acte, comme vous pouvez facilement le prévoir, ce sera le revirement. Notre artiste est assez vite las des conversations hautement platoniciennes de la femme du monde et des exigences inattendues, non pas de son avidité, mais de son *high life*. « Ne m'apportez pas de pareils cadeaux, mon ami, non, non ! Un simple bouquet de violettes de deux sous !

— Très bien ! Parfait !

— Il y a des délicatesses, des choses toutes de sentiment qui vont bien autrement loin au cœur d'une femme. Ainsi faites changer votre mobilier par exemple, pour que je ne me sente pas dans le milieu où se sont encadrées tant d'autres femmes. Vous m'avez entendu, n'est-ce pas ? Tout satin cerise, s'il vous plait, cela va à mon teint.

— Diantre ! »

En revanche madame trouve de bien exquises inspirations à donner à *son* artiste : « Votre tableau ! Ah ! oui ! J'ai une idée pour votre tableau. Point de *Place Maubert au soleil levant*, je vous prie, mais... tenez ! Un ruisseau, une paysanne en petit bonnet et un chasseur en jaquette de velours noir qui l'embrasse. Voilà du grand art. » — L'idée est bien jolie. Quand nous avons vu revenir la passerelle et le chasseur, nous avons été saisis d'une vraie joie.

Notez encore ce qu'il y a d'ennuyeux dans une femme du monde, c'est le mari. Le mari s'est pris d'une grande amitié pour le jeune artiste, bien entendu, et lui demande avec obstination de vouloir bien le mener au *Chat noir* et à la *Grand Pinte*. Il faut promener le mari, dans cette profession-là. Voilà qui n'était pas prévu. La situation n'est plus tenable.

Pendant ce temps, vous pensez bien que l'autre coureur de jupes, l'avoué, a ses mésaventures. Dans un restaurant je ne sais quelle incartade de sa nouvelle compagne lui a mis sur les bras un duel avec un Chilien des plus irascibles, et l'a rendu absolument ridicule. Lui aussi en a assez, et un peu plus qu'assez. Les deux aventuriers de l'amour se rencontrent à la fin de l'acte et font le serment des Horaces de ne plus avoir affaire aux femmes sous quelque forme qu'elles se présentent.

Ce second acte très gai, très rempli, très varié, quelquefois assez fin, quelquefois un peu trop opérette, est, somme toute, très joli, et a beaucoup plu.

Mais ne vous semble-t-il pas que la comédie est finie. Elle l'est absolument, bon gré mal gré qu'en ait l'auteur. Ce qu'elle avait à nous dire est dit, et l'histoire qu'elle avait à nous conter est complète. Les deux amoureux n'ont qu'à rentrer chez eux et à s'occuper de fondations pieuses. — Ou à se marier ! — Oui, ou à se marier ; mais ceci, évidemment, est une autre comédie ; c'est, non plus : « On n'est jamais content de la sienne » ; mais : « Il faut faire une fin ». C'est un tout autre proverbe.

C'est pourtant cette seconde comédie que l'auteur

a ajoutée à la première, pour nous donner les trois actes auxquels nous avons droit. Dans cette nouvelle comédie, il nous montre l'avoué et l'artiste tombant amoureux de la même petite fille qui a circulé çà et là dans la pièce précédente, et l'un finissant par supplanter l'autre, en lui persuadant qu'il n'est pas fait pour le mariage.

Vous voyez que c'est toute une nouvelle pièce, et pour laquelle, notez-le, il faudrait que nos hommes eussent des caractères, et des caractères très différents l'un de l'autre. Il faudrait que l'un fût un étourneau et l'autre un diplomate. Or, de caractères, l'auteur n'en avait donné aucun à ces deux jeunes gens jusqu'ici, ou il leur avait donné un caractère commun d'étourderie et d'inconstance fantasque. Cette nouvelle pièce n'est donc nullement préparée et le spectateur la suit avec un complet étonnement et un peu d'inquiétude. C'est un hors-d'œuvre assez gauche et maladroit. Comme il arrive toujours, du reste, quand le plan manque, le talent de l'auteur faiblit lui-même, et tout ce troisième acte est aussi vide qu'il est mal amené. On n'y a remarqué qu'une scène entre deux mères, l'une de cocotte, l'autre de jeune fille à marier, qui ont tellement les mêmes allures de quêteuses à domicile qu'elles se prennent mutuellement chacune l'autre pour ce qu'elle est elle-même. L'idée était fort jolie, mais l'auteur l'a maniée de la main la plus lourde qui se puisse.

Malgré ses défauts, la *Course aux jupons* est encore

une pièce qui vaut par quelques détails, et devant le public peu difficile de Déjazet, elle peut aller assez loin. Il y a des mots amusants, et un air de gaîté répandu dans tout l'ouvrage. C'est beaucoup trop jeune, ce qui est un défaut, mais c'est jeune, ce qui est un mérite.

Nous sortons du Gymnase tout heureux et charmés. Ah ! la jolie pièce que cette pièce où il n'y a pas de pièce ! J'exagère. Il y a une petite pièce, très nette, très précise, que les auteurs n'oublient jamais, qui est bien posée dès le commencement, à laquelle on revient de temps en temps pour ne la point perdre de vue, et qui se dénoue facilement à la fin ; et puis, sur cette petite trame, court continuellement une broderie riche, variée, brillante et abondante de scènes épisodiques, de tableaux mondains et de drôleries divertissantes. Autant dire que c'est une comédie moderne, et ultra-moderne, faite précisément, en son fond, comme on les faisait autrefois, avec une intrigue très nette et très suivie, mais très simple, lente à dessein et laissant dans les interstices de son développement s'étaler des scènes de la vie courante et des tableaux de la vie mondaine. Le *Méchant* est fait ainsi (sans compter que Molière, comme composition, ne procède guère autrement).

Quand on procède ainsi, on prend dès le premier acte l'engagement envers le public d'avoir infiniment de qualités d'observation, et infiniment d'esprit. Les auteurs de *Paris fin de siècle* ont gagné leur gageure.

Au début (dois-je le dire, moi qui tout à l'heure vais chanter *Hosannah* ?.... N'importe, mes éloges n'en seront que moins suspects) au début j'ai eu un froid dans le dos, un vrai froid. Dans une salle de restaurant, où se fait l'exposition sommaire de la pièce, ne voilà-t-il pas Noblet qui fait une tirade sur les mœurs fin de siècle, sur ce tourbillon, ce piétinement, ce ventre à terre, cet affolement ! Une chronique ! miséricorde ! et une chronique dans le goût de celles qu'il était de mode de mettre dans les comédies vers 1850 ! Renaissance de Desgenais, vision des *Filles de marbre !* J'ai eu un frisson. Ça n'a rien été ; merci. Seulement il eût été bien facile de supprimer ce premier-Paris du *Corsaire,* et de le réserver pour l'édition de province.

Ensuite, je n'ai plus guère eu qu'à savourer. Le ton de toute la comédie est d'une justesse et d'une sûreté admirables. C'est vrai, c'est actuel, c'est vu, c'est photographie instantanée, c'est malicieux, c'est même méchant ; et ce n'est ni amer, ni cinglant, ni virulent, ni grossier, ni noir, ni « *fort* » ni « *hardi* », ni prétentieux en aucune manière. Des Parisiens qui se moquent des Parisiens, entre Parisiens, à la parisienne, voilà. Rien qui sente l'école, le cénacle, le parti pris, ni aucune manière de sentir le renfermé. La comédie, la jolie comédie, vive, enjouée et légère, sans peser, sans rester, et qui croit avoir fait son office quand elle a enlevé gaiement quatre ou cinq croquis vrais et curieux des mœurs du temps. — J'étais charmé.

L'histoire en elle-même, comme je l'ai dit, est des plus simples. Un petit Breton (vous nous accorderez le petit Breton ; pour nous faire un tableau de mœurs parisiennes, l'on sait bien qu'il faut d'abord un provincial) un petit Breton, ayant appris que sa cousine, qu'il a aimée depuis l'enfance, est devenue veuve, vient à Paris dans le dessein de voir s'il ne pourrait pas, cette fois, réparer la faute qu'il a faite autrefois de trop attendre pour se déclarer.

La première chose qu'il fait, et la seconde, et la sixième, c'est de ne pas la trouver chez elle. Toujours sortie, Mme Claire de Chancenay.

« C'est que tu t'y prends mal, lui dit un vieux camarade, M. de Mirandol, Parisien endurci ; tu vas chez elle. Quand on veut voir une femme, on va où elle est, chez les autres ; chez Mme de Boissy-Godet, par exemple. »

Le lendemain *cinq-heures* chez Mme de Boissy-Godet. Femmes du monde présidentes de quatorze sociétés de bienfaisance, causant de la dernière du *Théâtre-Libre* et se disant à l'oreille le mot à effet, en pouffant de rire avec des airs scandalisés ; — M. de Mirandol apprenant successivement à la maîtresse de maison : 1º que c'est le jour où elle reçoit ; 2º que c'est le jour où sa fille sort du couvent ; 3º qu'il est, lui, le fiancé de Mademoiselle ; 4º qu'il l'épouse dans quinze jours ; 5º qu'il ne l'a jamais vue ; 6º qu'il désirerait la voir : « Que voulez-vous, mon cher enfant, tant d'affaires ! j'oublie toujours quelques détails ! » — Mlle de Boissy-Godet arrivant du couvent, demandant où est son fiancé, s'il est jeune, désolée d'apprendre qu'il n'a que trente-cinq ans, et s'écriant : « Mais il ne faut pas qu'il ait moins de la cinquantaine. Epouser des jeunes gens, ça ne se fait plus. C'est ridicule. Maman vous voulez faire mon malheur ! »

Au milieu de tout cela, le petit Breton rencontrant enfin sa cousine, se déclarant entre deux potins, et très bien accueilli par elle, qui lui demande seulement six mois de congé pour « achever son veuvage ».

Tout ce second acte est délicieux de verve et d'entrain.

Et notez que la pièce, en sa trame légère, est engagée ; car, entre deux cancans, nous apprenons que la jolie veuve, pour payer une forte note, a fait une imprudence : elle a emprunté de l'argent à quelqu'un qu'elle ne connaît pas, à quelqu'un qu'elle prend pour un usurier vague ; elle a donné une lettre reconnaissant sa dette et acceptant toutes les conditions de paiement que l'on voudra. Or le prêteur n'est autre que le duc de Linarès, un de ces messieurs qui soldent les notes des « femmes du monde dans l'embarras », comme disent les *Petites Affiches*.

Troisième acte. Contraste. Chez une grande cocotte nouvelle manière. On s'amusait chez les femmes du monde ; chez Judith Tripier, c'est funèbre. Là on est convenable, ultra convenable. Pas un mot risqué, s'il vous plaît. C'est le demi-monde moderne, le demi-monde où l'on s'ennuie. On joue des jeux graves. Le petit Mirandol lui-même, avec toute sa verve, ne peut galvaniser personne. Au milieu de cette société, qui ressemble à une société savante, une pauvre petite femme frémit et bout d'impatience juvénile et de gaminerie comprimée ; c'est la mère de Judith Tripier, une cocotte du second Empire. « Ah ! le second Empire, mes enfants ! Les Variétés du second empire ! Mon rôle dans l'*Allumette bougie !* Mes enfants, vous n'avez pas connu le second Empire. Vous ne pouvez pas savoir ce que c'était qu'un sénateur ». — Que c'est amusant encore, ce troisième acte lugubre et, que c'est vrai, que c'est vrai !

Remarquez que l'action y fait encore son pas, son petit pas, pour qu'on ne l'oublie point. C'est là que le petit Breton apprend, par propos de cocottes, que sa cousine est compromise avec le duc de Linarès.

Et peu à peu les invités se retirent, à dix heures et quart, comme il sied dans une maison de plaisir. On éteint toutes les bougies. On ne laisse que la lampe de famille. Judith Tripier demande qu'on lui apporte son livre de comptes et « la camomille. »

« — Allons ! s'écrie la maman Tripier, sablons la camomille ! »

Quatrième acte : retour au grand monde, redoute chez Mme des Eglisottes, arlequins, pierrettes, farandoles, chansonnettes d'amateurs, pantomimes (non, il n'y a pas de pantomime ! Blum, voilà une faute ;

Toché, voilà une lacune !), rage de plaisir, agitation exaspérée...

Au milieu de tout cela, une scène exquise de fantaisie en même temps que de vérité bien moderne. M. de Mirandol, en habit rouge, rencontre pour la première fois, sans la connaître et sans être connu d'elle, sa fiancée, en pierrette. Ils flirtent, ils se plaisent.

« Très gentil, cet habit rouge.

— Exquise, cette pierrette ; elle ressemble à Depoix. »
Ils flirtent de plus en plus.

« Savez-vous que nous voilà très bons camarades?

— Je crois bien.

— D'où vient que je ne vous avais jamais vue ?

— C'est que je sors du couvent... pour me marier.

— Ah ! Il est gentil votre fiancé ?

— Je n'en sais rien. Je ne l'ai jamais vu. Mais ça m'est égal.

— Tiens ! c'est comme moi !

— Comment ?

— Je ne sors pas du couvent, mais je vais aussi me marier.

— Ah ! Elle est bien votre fiancée?

— Je ne sais pas. Je ne l'ai jamais vue. Mais ça m'est égal.

— C'est étonnant comme nous sympathisons.

— Ah ! certes !

— Quand je serai mariée, je dirai à mon mari de vous inviter à dîner.

— Mademoiselle !... Je le crois, que j'irai dîner chez ce mari-là. »

Et ils se quittent. Ah ! la jolie scène !

Et cependant l'action fait son petit pas de plus, tranquillement, Mme Claire de Chancenay, se rencontrant avec le duc de Linarès, apprend dans quelle sorte de guet-apens elle est tombée, elle appelle au secours ; le petit Breton se trouve là, bien entendu, et provoque le duc de Linarès. Il y aura un cinquième acte mélodramatique.

Ah ! bien oui ! avec ces auteurs-là, pas de danger qu'on sorte du ton. Trop de sûreté et de légèreté de main. Trop de ressources, trop d'ingéniosité et trop d'esprit. Ce duel, cet affreux et banal duel, que je redoutais (le frisson me reprenait), c'est la chose la plus joliment drôle, la plus piquante, la plus spirituellement bouffonne qu'on puisse imaginer.

Nous sommes chez le petit Breton, grave, énergique et décidé. Ses témoins arrivent, puis les témoins du duc. On est grave, on est correct, on est compassé. On s'assied autour d'une table verte. On règle les conditions de l'affaire.

« M. de Kerjoël, dit Mirandol, désire que le motif de la rencontre reste inconnu.

— Du public, soit, dit un témoin ; mais des témoins, ce n'est pas correct.

— Inusité, tout au plus, dit Mirandol ; il y a des précédents. Tenez, l'an dernier, à l'Esbrouffant. Vous savez, le Valaque ?

— Parfaitement.

— Coup douteux. Il avait levé la carte avant de dire...

— Oui, oui, il était dans son droit.

— Non !

— Si !

— Tenez ! je vais montrer le coup.

— Montrez. »

Et chacun tire un jeu de cartes de sa poche pour montrer le coup. Et à la vue des cartes, par un mouvement reflexe, chacun tire son portefeuille : « Vingt louis !..... Trente louis !..... Banco !.... Neuf !..... Huit !.... Sept !... » Les voilà qui jouent comme des enragés.

« Eh ! messieurs, s'écrie Mirandol, et le duel que nous oublions. » — Et tous reprennent un air boutonné et des mines longues.

Ah ! la bonne folie ! Nous sentions-nous bien chez nous, en plein Paris. C'était une joie.

On conçoit ce que peut être un duel engagé sous des auspices si graves. On va se battre dans le jardin. Le petit Breton rentre frais comme l'œil.

« Et le duc ?

— Le duc est le plus galant homme du monde. Il a eu un geste bien élégant en se faisant piquer au bras par mon épée, et un autre bien gracieux en déchirant la lettre compromettante, et toutes sortes de bonnes grâces en me disant qu'il allait faire un petit voyage aux Indes. »

Les amoureux n'ont plus qu'à tomber dans les bras l'un de l'autre.

Et Mirandol ? Eh bien, voici la marquise de Boissy-Godet qui arrive avec sa fille. Celle-ci, apercevant Mirandol, court à lui : « Tiens, mon habit rouge d'hier soir. Ça va bien ?

— Très bien ! Et vous ?

— Vous vous connaissez donc ? dit la marquise.

— Intimement ! nous avons flirté un quart-d'heure hier. Voulez-vous nous présenter l'un à l'autre.

— Hein ?... Mais c'est ton fiancé ! Mais c'est votre fiancée !

— Ah !... moi qui l'avais invité à dîner chez mon mari.

— Ne retirez pas votre invitation, ma chère fiancée. L'amoureux dînera toujours chez le mari. Il n'y aura...

— Qu'un couvert de moins. »

Quand je vous dis que c'est exquis, cette pièce-là.

Une pièce bien faite, très bien faite, en son allure volontairement lente, mais très surveillée et bien ordonnée, des scènes épisodiques charmantes, des inventions drôlatiques d'une originalité et d'une nouveauté surprenantes, et tout cela dans le vrai ton, dans la mesure juste. C'est une des jolies choses de ce temps-ci.

VI

Théatre-Libre : *Les Frères Zemganno*, drame en trois actes, tiré du roman de M. Goncourt, par MM. Alexis et Méténier ; *Deux Tourtereaux*, pièce en un acte par MM. Guérin et Ginisty. — Vaudeville. *Feu Toupinel,* vaudeville en trois actes de M. Alexandre Bisson.

4 mars 1890.

Les *Frères Zemganno*, que nous a donné le Théâtre-Libre, sont assez ennuyeux. C'est l'histoire de deux acrobates amoureux de leur art et forcés, par un accident arrivé à l'un d'eux, d'y renoncer. C'est navrant, si vous voulez, ce n'est pas d'un puissant intérêt.

L'un des deux frères est un inventeur dans sa partie. Il a inventé un saut perpendiculaire de quinze pieds de haut à travers un tonneau. Les plus hardis et habiles artistes en saut perpendiculaire n'ont jamais, vous le savez très bien, dépassé quatorze pieds et demi, et sans tonneau.

Le plus jeune des deux frères s'est entraîné suffisamment et jure à son aîné d'exécuter le saut de quinze pieds. Mais une écuyère du cirque, amoureuse du jeune homme et méprisée par lui, remplace le tonneau en toile par un tonneau en bois, et le jeune Hippolyte se casse les deux jambes. Il guérira, il ne boitera même pas, mais il ne pourra jamais plus sauter en hauteur, assure le médecin, « à moins d'un miracle ».

Voilà où commence le drame. Le frère resté sain et sauf continuera-t-il son métier, ou ne le continuera-t-il point? Voilà le drame, le voilà.

Il voudrait bien ne pas continuer, pour ne pas chagriner son frère; mais peut-il « renoncer à l'art ». En a-t-il le droit? Puissant combat, non pas entre le devoir et la passion, mais, remarquez-le, entre deux passions qui sont en même temps deux devoirs, d'un côté amitié fraternelle et devoir de ne pas chagriner un frère malheureux, de l'autre amour de l'art, et devoir, quand on est grand artiste, de ne pas déserter l'art.

Qui l'emportera, dans le cœur du Zemganno aîné, de ces deux grandes forces?

Il y a incertitude, et il y a péripétie. Un instant le spectateur croit que Zemganno aîné continuera à sauter. On le voit quitter le chevet de son frère, et, sournoisement, se diriger vers la barre fixe. Mais son frère blessé se relève, se dirige, chancelant sur ses béquilles, vers la fenêtre, voit son frère faisant le « soleil » à la barre fixe, et tombe foudroyé de désespoir en s'écriant: « La barre! Il me préfère la barre! »

Mais ce cri a été entendu. Zemganno aîné arrête le soleil, comme Josué, revient à son frère, étouffe l'amour de l'art en son cœur, et jure solennellement au pauvre dépossédé qu'il renonce à la barre pour toute sa vie.

C'est un beau dénouement et c'est un beau sacrifice. Seulement c'est notre faute, à nous, si nous ne comprenons pas assez les âmes d'artistes, pour entendre pleinement l'immensité du sacrifice et par conséquent les affres de la lutte. Les auteurs ont trop cru que nous étions un peuple capable de sympathiser de prime abord et de plain-pied avec la passion du tremplin. Ils se sont trompés en ce point. Malgré quelques apparences, il n'y a pas encore parmi nous assez de sauteurs.

Les artistes du Théâtre-Libre jouent les *Frères Zemganno* avec la solennité de conviction qu'ils mettent toujours dans les plaisanteries considérables.

Une autre pièce, celle-là purement et franchement bouffonne, et se donnant pour telle, a terminé la soirée. C'est les *Deux Tourtereaux*. Le deux tourtereaux sont deux forçats de Nouméa qui ont obtenu, par leur bonne conduite, de se marier ensemble, de bâtir une petite chaumine, et de cultiver un enclos. Ils roucoulent. Ils ont des métaphores sucrées et des périphrases sirupeuses.

Tout à coup, pour une infraction au règlement, ils sont condamnés à retourner au pénitencier; et alors, furieux, ils s'accusent l'un l'autre de leur malheur, et se jettent, avec une verve vraiment pittoresque, tout leur passé à la tête. La scène est drôle.

Revirement. Il y a amnistie pour les fautes commises dans tous les établissements pénitenciers. Le calme renaît, et avec le calme les propos doucereux et les roucoulements. La toile tombe.

Prolongée, cette plaisanterie serait ennuyeuse ; mais elle est très courte, lestement et gaîment menée, et elle témoigne d'un véritable sens du burlesque. Elle nous a franchement amusés.

Feu Toupinel est amusant aussi. C'est « une bonne histoire ». Comme elle ne vaut que par la disposition ingénieuse, il faut bien que je la raconte au moins sommairement.

Feu Toupinel était un farceur. Vous vous rappelez ce conducteur de diligence qui était marié à Strasbourg et à Paris, et également dévoué à sa femme de Paris et à sa femme de Strasbourg. Mme de Girardin avait fait de cela le conte le plus extraordinaire comme bouffonnerie que j'aie jamais lu. La mort du conducteur entre ses deux femmes est une chose épique. Vous trouverez cela dans un des volumes intitulés *Le Vicomte de Launay*. Vous vous ferez une pinte de bon sang, comme disaient nos pères.

Toupinel était ce conducteur à un degré un peu supérieur de la hiérarchie sociale. Courtier en vins, il était marié à Paris, et à peu près marié à Toulouse. Il y avait à Paris une femme brune qui s'appelait légitimement Mme Toupinel, et à Toulouse une charmante blonde qu'on appelait par courtoisie Mme Toupinel.

Mme Toupinel de Paris était une fort honnête femme ; Mme Toupinel de Toulouse... Dame ! pourquoi Toupinel ne l'avait-il pas épousée ?

Maintenant Toupinel est mort, et ses deux femmes se sont remariées. Mme Toupinel de Paris a épousé M. Dupeyron, et Mme Toupinel de Toulouse, *Caillette*, comme on l'appelait familièrement là-bas, a épousé M. Valory. Et M. Dupeyron et M. Valory habitent précisément la même maison, et sont fort amis, et très unies aussi leurs charmantes femmes.

Là-dessus Mathieu arrive du Tonkin. Mathieu est un capitaine, grand ami de Dupeyron, qui autrefois, a été en garnison à Toulouse. Il survient brusquement chez Dupeyron, apprend qu'il s'est marié, s'invite à déjeuner chez lui, et les voilà qui causent :

— « Avant le Tonkin, où étais-tu ?

— A Toulouse.

— Ah ! Garnison gaie ?

— Assez !... Jolies femmes... Bons souvenirs... Caillette...

— Caillette ?

— Oui, une petite femme délicieuse...

— Cocotte ?

— Par les mœurs, oui ; d'état-civil non. Il y avait un mari, un nommé Toupinel...

— Hein ? Tu dis ? Toupinel !

— Toupinel oui ; un courtier en vins.

— C'est bien cela ! Miséricorde !

— Tu dis ?

— Rien... Alors, ce Toupinel ?

— Pas gênant. Mme Toupinel, dite Caillette, joie de Toulouse. Il y avait... Toupinel d'abord, puis moi, puis un nommé Valory.

— Hein ?

— Valory, oui ; tu ne connais pas ! Un professeur de musique...

— C'est bien cela ! Mon Dieu ! mon Dieu !

— Tu dis ?

— Rien, je m'amuse. Tu vois bien ce que je m'amuse !

— Oui !... Tu as un drôle d'air, quand tu t'amuses. »

Vous voyez toutes les scènes qui peuvent sortir de là. D'abord la grande scène de jalousie conjugale. Quand Mme Dupeyron rentre à la maison, vous imaginez comme elle est reçue. Il faut voir Jolly, interrogateur et machiavélique, Jolly juge d'instruction. Il est d'une adresse extraordinaire :

— « Madame... hum ! Madame, je viens des Halles centrales.

— Tiens !

— Oui, comme cela, en me promenant, je viens des Halles centrales. J'y ai vu... j'y ai vu des cailles. Des cailles toutes petites... Si petites qu'on les appelait des caillettes...

— Ah !

— Elle n'a pas bronché. Est-elle forte !... Madame ?

— Quoi encore ?

— *Tiens, voilà Mathieu, comment vas-tu ma*

vieille ? Tiens, voilà Mathieu... MATHIEU !... Elle n'a pas bronché ; est-elle forte !

— Mon ami, vous me paraissez un peu agité ce matin. »

Et puis c'est le déjeuner de Mathieu. Mathieu, cette bonne vieille, a été invité à déjeuner. Il s'agit de faire qu'il ne se rencontre pas avec Mme Dupeyron, ancienne Caillette. Dupeyron éloigne sa femme et déjeune seul avec Mathieu, toujours craignant que Mme Dupeyron ne rentre, et pressant Mathieu de déjeuner vite comme si le feu était à la maison.

Mathieu, homme doux et placide, se laisse mener à toute vapeur, mais en se permettant une petite observation : « Mon cher ami, j'ai peur de déjeuner un peu vite. Quand je déjeune aussi vite que ça j'ai une attaque de ma gastrite tonkinoise. »

Je n'ai pas besoin de dire que ça ne manque pas. A peine le déjeuner fini, et quand Dupeyron entraîne déjà violemment Mathieu du côté de la rue, Mathieu tombe foudroyé par la gastrite tonkinoise, et Dupeyron est plus désespéré que jamais.

Inutile d'ajouter que si, du côté de Mathieu, Dupeyron est dans les transes, du côté de Valory, son voisin, il est dans l'exaspération du soupçon continuel, et le reçoit avec des airs féroces et rébarbatifs qui plongent dans la stupéfaction l'honnête professeur de musique. Ce second acte a été un long et franc éclat de rire qui a rappelé à tous les spectateurs la soirée à jamais célèbre des *Surprises du Divorce*.

Le troisième a amusé encore, et beaucoup, mais m'a semblé moins original et moins dru que les deux premiers. Vous comprenez bien que dans ce troisième acte, c'est Mme Valory, la vraie Caillette, qui sera le fond du sujet. Elle a reçu autrefois du galant Toupinel un magnifique collier d'émeraudes qui n'a jamais été payé par Toupinel. L'honnête Dupeyron a reçu la facture, qu'on le prie de solder comme second mari de Mme Toupinel. Mme Dupeyron a trouvé cette facture en fouillant jalousement dans les poches de son mari, et est resté persuadée que c'est Dupeyron qui a offert un collier de dix mille francs à une cocotte.

Or, à une soirée chez Mme Valory, qu'aperçoit-elle ? Le collier d'émeraudes au cou de Mme Valory. Nul doute, la maîtresse de Dupeyron, c'est Mme Valory. D'où il suit, comme vous le voyez d'où vous êtes, que voilà Mme Dupeyron convaincue des relations coupables de Dupeyron avec Mme Valory, tout autant que Dupeyron est persuadé des rapports adultères de sa femme avec M. Valory. Et allez donc ! Si vous aimez le vaudeville on en a mis à triple dose.

C'est même un peu le défaut de ce troisième acte, qui décidément complique, surcharge et violente un peu les choses. Il est moins clair, sans devenir précisément obscur, que le reste de la pièce, et fatigue légèrement l'attention du spectateur.

« Comment tout ça finira-t-il ? » est le mot classique des personnages de vaudeville. « Comment tout cela a-t-il fini ? » est le mot des personnes de bonne volonté à qui l'on raconte un vaudeville. Vous savez que dans ce genre de pièces, c'est nouer qui est tout ; dénouer n'est pas une affaire. Il suffit que quelqu'un dise enfin le mot que, dans la réalité, il aurait dit depuis le commencement de l'histoire. Ce n'est pas tout à fait ainsi que se dénoue *Feu Toupinel,* et le moyen de dénouement est véritablement assez ingénieux.

Par une suite d'incidents assez habilement disposés au cours des trois actes, il se trouve que deux portraits de feu Toupinel finissent par se rencontrer chez Mme Valory, chacun d'un côté de la porte du fond. Mais l'un est le Toupinel de Paris, le Toupinel du foyer conjugal, le Toupinel sévère, austère et de physionomie profondément mélancolique. L'autre est le Toupinel de Toulouse, *té*, le Toupinel souriant, aimable, vainqueur, conquérant et satisfait. Ce n'est pas du tout le même homme.

« Précisément, s'écrient ceux qui dans la pièce ont intérêt à s'écrier ainsi, précisément ! Il y avait deux Toupinel ! » Et tout le monde de reprendre en chœur : « C'est cela, il y avait deux Toupinel ! » Ceux qui peuvent le croire, le croient, ceux qui désirent le croire le croient bien davantage, et tout le monde se réconcilie en portant un toast aux deux Toupinel.

Il y a de la gaîté et de l'ingéniosité dans cette folie de carnaval ; il y a surtout de l'imagination drôlatique, beaucoup d'imagination drôlatique et bouffonne. On s'est amusé énormément le premier soir. Quelque chose me dit, je ne sais quoi, mais en fait de vaudeville il faut s'en rapporter à cette espèce de flair, qui, du reste trompe assez souvent, un je ne sais quoi me dit donc que le succès de *Feu Toupinel* sera moins éclatant, prolongé et formidable que celui des *Surprises du Divorce*. Mais il comptera encore parmi les grands succès de l'année.

VII

Variétés. — *M. Betsy*, comédie en quatre actes de MM. Paul Alexis et Oscar Méténier.

11 Mars 1890.

Vous rencontrez un de vos amis sur le boulevard, qui, bien vite en vous abordant, vous dit : « Ah ! mon cher, je vais vous régaler. J'en sais une bien bonne.

— Vraiment ! commencez !... Titre ?

— Titre ?... Titre : *Une Vocation*, si vous voulez.

— Je veux bien. Allez.

— *Une Vocation*. Vous connaissez Betsy ?

— De par les affiches, oui. Une écuyère ?

— Cirque d'automne, oui. Vous savez qu'elle avait pour amant Laroque, le coulissier.

— Non ! mais, mon Dieu, faites comme si je le savais.

— Elle avait pour amant Laroque, le coulissier, et comme, Laroque étant marié, il était utile pour leur sécurité à tous deux, qu'elle fût mariée elle-même...

— Elle s'est mariée.

— Vous connaissez l'histoire !

— Non, mais je la vois d'ici.

— Pas tout entière, j'en suis sûr. Elle s'est donc mariée. Elle a pris, vous devinez à peu près qui.

— Je sais toujours son prénom.

— Evidemment ! Un garçon du café du cirque, qui ne s'est pas fait prier pour accepter rondement les choses. Le lendemain nous l'appelions tous *M. Betsy*. Ça a duré longtemps, très longtemps. Ils vivaient ensemble dans un petit hôtel du quartier des Champs-Elysées. Jamais une querelle... Si ! à la fin, ils en sont arrivés à se disputer.

— A propos de Betsy ?

— Non, à propos d'une certaine Angèle, dont tous deux étaient devenus amoureux, ce qui faisait dire à Betsy : « Pouah ! Tous deux poursuivant la même femme ! » Nous avons ri du mot de Betsy pendant huit jours.

— Si vous n'aviez pas autre chose à faire...

— Non. Enfin Laroque est mort. Et savez-vous ce qui est arrivé ? C'est que « M. Betsy » en a été inconsolable. Sérieusement il se sentait dépareillé. Il lui manquait quelque chose. Il regardait avec mélancolie le fauteuil vide de Laroque. C'était un vide dans son existence. Que voulez-vous ? Cet homme avait la vocation. Il en est arrivé à essayer du suicide...

— C'est ici qu'intervient l'imagination du narrateur.

— Non !

— Oh ! si ! si !

— Enfin, il n'a peut-être pas été jusqu'à un commencement d'exécution, mais on a pu craindre pour sa santé, et par conséquent pour ses jours. La vocation, mon cher, la vocation ! La vocation des employés de chemin de fer est de tuer. Tendance irrésistible. Il suffit d'entrer dans une Compagnie de chemin de fer pour avoir la démangeaison incoercible d'égorger sa femme, d'empoisonner sa femme, d'éventrer sa maîtresse, d'assommer son ami ou d'assassiner n'importe qui. Cela vient d'être démontré dans la *Bête humaine* de Zola. C'est la vocation spéciale des grandes Compagnies. « M. Betsy » en avait une autre, aussi impérieuse et inévitable. Il regardait le fauteuil vide. Betsy, elle, ne tenait pas du tout à le remplir. M. Betsy a tant fait qu'il a fini par pourvoir à la vacance. La vocation ! Le poste est occupé à cette heure. Je vous préviens pour que vous ne posiez pas votre candidature. La vocation de M. Betsy est réalisée. Que dites-vous de mon histoire ?

— Elle est bonne, elle est très bonne...

— N'est-ce pas ?... J'en vais faire une pièce.

— Miséricorde !

— Hein ?

— Je dis : faites pas ca ! L'histoire est bonne ; mais la comédie est détestable, mon pauvre ami.

— Pourquoi cela ?

— Mais parce qu'une comédie dure deux heures et que votre histoire dure cinq minutes, et ne comporte pas plus de cinq minutes. Elle n'est drôle qu'à être courte. Elle tient toute dans votre mot : *une vocation*. Hors de cela, rien, rien du tout, pas un caractère, pas un évènement, et pas même une *situation*. Votre mot, « une vocation », délayé en trois ou quatre actes, voilà ce que vous allez me donner. Resserré dans les limites d'une nouvelle à la main, il est amusant, étendu en quatre actes il sera très monotone et très fastidieux. Et vous essaierez, nécessairement, de tracer un caractère ; et comme le caractère de M. Betsy tient tout entier dans la vocation singulière que vous lui attribuez et que vous avez observée en lui, je vous défie bien de pouvoir en faire quelque chose. Il ne sera que répugnant, sans l'intérêt qui s'attache aux grandes passions, et même, à peser ainsi, à creuser et à souligner, il deviendra parfaitement invraisemblable. Il n'est drôle qu'esquissé, qu'indiqué d'un coup de crayon. Une nouvelle à la main, vous dis-je. Vous avez trouvé une jolie nouvelle à la main et à cette nouvelle à la main un joli titre. Répandez l'un et l'autre dans Paris. Il vous feront honneur. Rien de plus. Je vous en supplie, rien de plus ! »

L'ami que je me supposais n'a pas suivi mon conseil. Il a écrit la pièce, et c'est *M. Betsy*, en quatre actes, joué, lundi dernier, aux Variétés.

Et vous voyez d'où vous êtes ce qui en a pu p'aire ; c'est le point du départ et le dénouement ; parce qu'eux seuls montrent la vocation particulière de l'estimable M. Betsy. Non, vos pudeurs peuvent s'alarmer, vos susceptibilités de conscience, infiniment honorables d'ailleurs, se gendarmer ; votre goût d'homme de bon ton protester avec indignation, je leur rends justice et hommage ; mais quand on a vu Betsy, en conversation sérieuse avec son respectable palefrenier de père, dire tout à coup : « Oui, il faut que je me marie..... Joséphine ? — Madame ! — Allez-moi chercher en bas, au café du cirque, le grand blond, Jules... Non, plutôt le gros brun Alfred... Oui, Alfred. Vite, c'est très sérieux. » cette aimable désinvolture n'a pas été sans nous divertir extrêmement.

Je ne dis pas que ce soit du grand art ; non, je ne songe pas à aller jusque-là ; mais, sans trop savoir pourquoi, j'affirme que c'est divertissant.

Et de même, sauf la tentative de suicide, qui est drôle comme paradoxe bouffe de conversation, mais qui, au relief crû du théâtre, prend un air d'invraisemblance lourde et déconcertante, quand M. Betsy, au quatrième acte, erre comme une âme en peine sous le poids affreux de la solitude, et enfin accueille avec un élargissement de tout son être le nouveau tiers qui complètera la trinité, désormais nécessaire à M. Betsy, du système conjugal, vous me direz ce que vous voudrez, mais l'*humour* énorme, la gigantesque bouffonnerie anglaise, le *swiftisme* solide, à biceps gonflés et à poings compacts, nous en avons eu la sensation forte et vigoureuse. Taine dit quelque part : « Aimez-vous l'*ale ?*... » Je dirai plutôt : « Aimez-vous les sels anglais, qui vous piquent le nez à vous

faire éternuer amplement, non sans un vrai plaisir ? »
C'était à peu près cela.

Mais tout le reste est d'un languissant, d'un traînant, comme une plaisanterie qu'on prolonge sans s'en amuser soi-même. Cela sent la gageure péniblement poursuivie, le parti-pris laborieusement soutenu et l'absence d'imagination dans le grotesque. C'est bien fâcheux, plus qu'on ne saurait dire.

Une exception, la scène finale du troisième acte. Cela, c'est bon, c'est très bon. Un grain de vérité d'observation et beaucoup de fantaisie amusante tout autour.

Oubliez un peu, je crois que ce n'est pas inutile, le genre particulier d'association qui unit « M. Betsy » et M. Laroque.

Figurez-vous simplement deux camarades, pour une raison quelconque, habitués depuis huit ans à pouvoir ne pas se passer l'un de l'autre.

Or, M. Laroque amène au café du Cirque la grande Angèle, dont « M. Betsy » est, de son côté, le soupirant. Une querelle, admirablement réglée, dans tout son détail, éclate peu à peu entre les deux camarades. Ils en viennent très vite à se dire leurs vérités, et, dame, les vérités que peuvent échanger M. Laroque et M. Betsy, quand elles seraient très atténuées, sont encore des injures à faire frissonner des montagnes. Ils en arrivent à se prendre à la gorge, et... n'est-ce pas qu'ils doivent, un petit quart d'heure après, s'en aller bras dessus, bras dessous ? N'est-ce pas qu'étant donné ce genre de personnages, cela doit advenir, il est nécessaire que cela advienne ?

Oui, mais le revirement, la transition, c'est cela qui est à trouver.

Excellent ce qu'ont trouvé les auteurs. Un revirement brusque et, par conséquent, d'un effet de contraste comique beaucoup plus fort, et avec cela naturel. Vous allez voir.

Au milieu de la querelle, le patron du café s'écrie : « Si ça continue, messieurs, j'éteins le gaz ! » Ça continue. Il l'éteint. Silence de mort. « C'est fini, messieurs ?... Je rallume ! » C'est l'effet d'une douche soudaine. Victor Hugo eût appelé cela la douche d'ombre.

Les adversaires tout penauds sont là, de chaque côté du théâtre. Et, lentement, Laroque, d'une voix conciliante : « Non ! Alfred vous avez eu tort. »

Et Alfred avec un reproche amical dans la voix : « Vraiment, Jules, vous avez été un peu loin ».

Non, vraiment, on peut se tromper sur ce que doit être ou ce que ne peut pas être une pièce de théâtre ; mais il ne faut pas être des sots pour trouver cette scène-là.

Ce qu'il fallait c'est que *M. Betsy* fût beaucoup plus court. Deux petits actes au plus devaient faire l'affaire. Ils auraient parfaitement diverti, pendant trois quarts d'heure, les honnêtes gens, qui ne sont pas trop bégueules, et qui ne détestent pas une « bonne histoire », quand les petites filles sont couchées, à la condition qu'elle soit vite contée, sans lourdeur et sans insistance désobligeantes.

M. Betsy est fait pour le « grand public » comme une pomme pour un poisson, et n'aura, je le gagerai, qu'un très petit nombre de représentations. S'il devait se prolonger sur l'affiche, il faudrait attribuer cette fortune au jeu, excellent de sobriété et d'adresse, des inimitables Baron et Dupuis. Et, certes, il faudrait ajouter à ces noms celui de Mme Réjane, si, réellement, elle avait un rôle. Mais elle n'en a aucun, quoique toujours en scène, et il n'y a talent d'actrice qui tienne, il faut encore un rôle à la plus grande comédienne du monde pour qu'elle montre ce qu'elle peut faire d'un rôle.

———

VIII

Théâtre-Libre : *Le Maître*, étude de paysans en trois tableaux, par M. Jean Jullien. — Palais-Royal : reprise du *Roi Candaule*, de Henri Meilhac et Ludovic Halévy ; *les Miettes de l'année*, revue de l'année en trois actes, de MM. Blum et Toché.

25 Mars 1890.

Le Théâtre-Libre nous a donné *Le Maître,* « étude de paysans », dit l'affiche, de M. Jean Julien. Ce drame, qui ne manque pas de certaines qualités, m'a paru avoir le défaut général d'être inintelligible. Il n'y a rien de désobligeant dans cette critique, puisqu'elle ne veut rien dire, sinon que je n'ai pas compris, ce qui peut parfaitement être de ma faute.

D'autant plus que vous savez comment parlent les acteurs du Théâtre-Libre. Ils ne parlent pas ; parce qu'il n'est pas naturel de parler. Qu'est-ce qui est naturel ? C'est de bafouiller. On n'articule pas dans la nature.

Deuxièmement, ils parlent le dos tourné au spectateur, ce qui augmente un peu la difficulté de les entendre.

Troisièmement, dans l'espèce, c'est-à-dire dans la

pièce de M. Jullien, ils parlent patois, ce qui complète la chose.

Un acteur qui n'articule pas, qui vous tourne le dos et qui parle patois, c'est intéressant, mais cela gène quelquefois furieusement pour l'intelligence d'une œuvre d'art. Il arrivait que telle conversation entre Mme Barny et M. Janvier, conversation dont tous les détails devaient être compris minutieusement, parce qu'il s'agissait d'une machination financière très compliquée, nous arrivait au second rang de l'orchestre à l'état d'une série de gloussements sur deux tons. Ce n'était plus de l'art dramatique; c'était de la musique élémentaire, mais ce n'était plus de l'art dramatique.

Si donc je n'avais rien compris à la chose, il ne faudrait pas trop m'en vouloir. Voici ce que j'ai compris:

Jean Fleutiaut, riche paysan, est bien malade. Il est là au fond, dans son lit, et tousse à pierre fendre. On n'a pas été chercher le médecin. Il est bien entendu n'est-ce pas, qu'on n'a pas été chercher le médecin. Vous êtes Parisien, vous qui me lisez, et vous avez cette idée à l'état de dogme que jamais paysan n'envoie chercher le médecin. Contre les dogmes, je ne m'insurge jamais. Je sais bien que l'érudition rurale d'un Parisien, puisée dans les albums de Baric, lui défend de croire qu'un paysan envoie chercher le médecin. Que gagnerais-je à vous dire qu'il y a des médecins de campagne, et que le paysan, rarement pour les maladies chroniques, qui pour lui ne sont pas des maladies guérissables, en quoi il n'est pas si sot, mais toujours pour un accident, toujours pour une « mauvaise fièvre, » et toujours pour une fluxion de poitrine, envoie chercher le docteur ? Vous ne me croiriez pas. Vous avez votre dogme. Je ne blesserai pas vos convictions.

Donc Jean Fleutiaut agonise, ce que sa famille constate avec douceur et espérance. Car, voilà du moins ce que j'ai compris, ce père Fleutiaut est un tyran domestique très rigoureux et très lourd. « Lui mort, nous serions des bourgeois, dit le fils Fleutiaut Gervais, à sa mère ; nous ne serions plus les esclaves, les chevaux de labour du père Fleutiaut. On marierait Françoise, en s'arrangeant pour ne lui rien donner, car elle est sotte en affaires, on garderait tout le bien, et l'on se donnerait du bon temps. Il faut qu'il meure. »

Raisonnons. L'intérêt de la mère Fleutiaut ne me paraît pas très évident dans cette affaire ; car avec un fils de cet acabit, je ne vois pas qu'elle gagne beaucoup à ce que le bien soit partagé. Elle n'en aura jamais que la moitié, elle peut en être sûre, et cette moitié pour la faire exploiter, c'est encore à son fils qu'il faudra bien qu'elle la confie, et en définitive, la chose devrait lui être évidente, c'est sous la domination de ce bandit de fils qu'elle va tomber.

Nous autres, ruraux, de deux vieux de campagne, mari et femme, qui ont du bien, que l'un souhaite la mort au profit des jeunes, et surtout la vieille femme celle de son homme, nous n'avons jamais vu ça. D'ordinaire, le veuvage est au contraire la terreur des vieilles dans nos campagnes. J'ai souvent demandé pourquoi les filles, aux champs, souhaitent un mari plus jeune qu'elles. Ne riez pas; ce n'est pas pour une raison de café-concert. On m'a toujours répondu: « C'est pour que, plus tard, le mari ne la *laisse* point. Faut point que le mari parte avant la femme. Une veuve c'est toujours malheureux. »

Et, de fait, très souvent, la fille qui a un peu de bien, la fille qui *apporte* une bonne pièce de terre, la fille qui peut choisir; attend très bien ses vingt-sept ans, et épouse un très jeune homme.

Cette aspirante veuve Fleutiaut m'étonne donc un peu. Mais admettons. Je n'ai peut être pas bien entendu ce qu'elle raconte. Elle a peut-être des raisons particulières. Poursuivons.

Pendant que le vieux agonise, et que le fils et la mère font leur rêve de bel avenir fondé sur sa mort, et que la petite Françoise va et vient dans la maison, on frappe à la porte.

« A cette heure de nuit ! Quoi donc ? »

C'est un « *chemineux* », un « voyageur », un « coureur », un de ces hommes qu'on rencontre sur les routes, le bâton sur l'épaule et un pauvre petit paquet de je ne sais quoi dans un mouchoir noué au bout d'un bâton. Il demande le morceau de pain et l'abri.

Le fils Fleutiaut l'envoie au diable. Le père, de son lit, commande au fils de le recevoir.

Il a raison, il est dans la vérité rustique. Jamais, dans une ferme isolée, on ne renvoie un *chemineux*. Ce n'est pas charité, c'est intérêt bien entendu. On a trop peur qu'il ne mette le feu à quelque chose, par vengeance. On lui donne le morceau de pain, on le fait coucher, non point dans la grange, crainte de sa pipe, mais sous un hangar, où il n'y a à peu près rien à gâter, et on le renvoie le lendemain.

Le père Fleutiaut a donc raison. Le fils lui obéit. On fait manger l'homme.

Le père Fleutiaut veut davantage ; que l'homme se chauffe au feu, qu'il boive du vin, qu'il soit de la famille. Nous commençons à nous étonner. Ce père Fleutiaut est bien donnant. Ce n'est pas très rustique, cela. Et s'il est donnant, lui riche, comment se fait-il qu'il se soit laissé aller ainsi à la maladie, sans appeler le médecin ? Ce n'est pas l'avarice qui l'a retenu.

— Mais ce sont ses enfants qui n'ont pas voulu !

— Mais remarquez donc que femme et fils, malgré leurs mauvais sentiments à son égard, lui obéissent ponctuellement, cèdent à tous ses caprices. Il est « le maître. » Il le dit, et de son lit gouverne despotiquement sa maison. Cela fait bien des contradictions, apparentes au moins, qui laissent dans l'esprit du spectateur des incertitudes.

Poursuivons.

On cause. « Je m'en vais mourir » dit le vieux au *chemineux*. — Bah ! pourquoi ça ? Vous avez une fluxion de poitrine. On revient de çà. Qu'est-ce que vous prenez ?

— De la tisane de chiendent.

— Pas plus mauvais qu'autre chose ; mais c'est un emplâtre qu'il vous faut, un bon emplâtre. Tenez ! je vais vous en mettre un.

— Vous en avez ! Vous êtes un rebouteux ?... ou un sorcier ?

— Pas plus l'un que l'autre. J'ai un bout de vésicatoire qui m'est resté. J'ai été dans des pays perdus où il faut toujours avoir une petite pharmacie, quinine pour les fièvres, emplâtre pour quand on tousse de trop.

— Donnez !

— Voilà, père. Ça va vous mettre sur pied. »

Singuliers paysans et bien conçus par une cervelle de Parisien ! Paysans qui n'appellent pas le médecin, qui ignorent « les mouches, » et qui du reste en acceptent une du premier bonhomme qui passe. Ah ! quel réalisme !

Enfin le vieux se fait poser son emplâtre qui a un effet immédiat, mais, là, instantané ; et il déclare qu'il veut rester seul, seul toute la nuit avec le *chemineux*.

Bizarre idée, étrange confiance ! On le lui fait remarquer. Le fils Fleutiaut, avec raison au fond, mais avec une imprudence de naïveté, ou une naïveté d'imprudence, qui n'est guère rustique non plus, lui fait remarquer *devant le chemineux*, qu'il y a de l'argent dans la chambre. Rien n'y fait. Le bonhomme veut rester tout seul, on lui obéit, on le laisse seul avec le voyageur.

Et nous nous disons, écartant les mille contradictions et invraisemblances de détail, pour nous faire une idée d'ensemble du caractère du vieux Fleutiaut : « Voilà. Ce qu'on a voulu nous peindre, c'est le despotisme du chef de maison dans nos campagnes. On a voulu nous peindre *le maître*. Ce bonhomme qui agonise, il est l'homme nonobstant même qui a fait trembler toute sa famille sous son joug, dont la femme et le fils, ils l'ont dit, étaient les esclaves, toujours haineux, toujours soumis et terrorisés. Maintenant, mourant, il a des caprices, des caprices un peu fous ; on rechigne, on se rebiffe ; mais on obéit. En gros ce n'est pas faux, c'est intéressant ; et voyons quels seront les effets du développement de ce caractère. »

Le développement du caractère, aux deux actes suivants, consiste en ceci que le père Fleutiaut est une chiffe molle, une girouette à tous vents, et un être absolument dépourvu de volonté.

J'ai été bien attrapé, et je ne savais plus du tout où j'en étais.

Le père Fleutiaut a guéri, comme vous vous en doutez. Il est tout gaillard et tout pénétré de reconnaissance à l'égard du *chemineux*, dont on connaît le nom maintenant, qui s'appelle Pierre Boulas, et qui est horticulteur de son état. Il l'a gardé à la ferme, il le choie, il le dorlote, il le caresse ; il s'aperçoit avec plaisir que la petite Françoise le voit de très bon œil, et il finit par la lui accorder. Pierre Boulas est fiancé de Françoise Fleutiaut.

Voilà qui est bien. Pourquoi pas ?

Mais la femme Fleutiaut et son fils voient là-dedans l'écroulement de leurs espérances. Mariée à ce gaillard-là, qui est un malin, Françoise ne pourra pas être dépouillée, par adresses et tromperies, de sa légitime. Il s'agit donc de détacher le père Fleutiaut de Pierre Boulas.

Ils s'y essayent, et en un tournemain ils y parviennent.

Ils y parviennent avec une facilité qui tient du prodige.

Le père Fleutiaut passe tout un acte, le second, à ne jurer que par Pierre Boulas ; il passe tout un acte, le troisième, à envoyer Boulas au diable. Sur quoi ? Sur rien du tout. Rien n'est intervenu. Pas un incident donnant un peu de corps, au moins, aux aigres propos et insinuations et criailleries du fils Fleutiaut contre Pierre Boulas. Fleutiaut était pour lui, il n'est plus pour lui, voilà tout. Il faisait rentrer sous terre sa famille en disant « je suis le maître » et faisait taire toutes les résistances. Il les accueille maintenant, et voilà tout.

Certes, ce paysan n'est pas têtu.

Chose curieuse, on le dit dans la pièce, qu'il n'est pas têtu. Le fils Fleutiaut dit à un moment : « Oh ! le père ! il est toujours pour le dernier qui parle ».

Mais alors, c'est au Fleutiaut du premier acte que je ne comprends plus rien. Il n'est donc despotique que quand il est malade, celui-là, et chose plus étrange, ce n'est donc que quand il agonise que sa famille, qui du reste souhaite sa mort, lui obéit au doigt et à l'œil, dans ses fantaisies les plus déraisonnables ! J'ai perdu pied, je n'y ai plus rien vu.

Toujours est-il qu'au dernier acte Fleutiaut ne peut plus souffrir Boulas. Tout à la fin, un incident (mais après que le revirement inexpliqué et inexplicable s'est déjà produit, et depuis longtemps) tourne en fureur l'aversion de Fleutiaut pour son sauveur. Une vache meurt, et on dit au maître que c'est Boulas qui l'a fait mener à l'herbe de marais.

« Ça n'a pas le sens commun, dit Boulas, puisque je ne commande pas ici. Vous savez bien que je ne donne aucun ordre. On l'a menée où on a voulu, cette bête ».

C'est évident, ce que dit Boulas ; mais Fleutiaut, sans que jamais on puisse savoir pourquoi, jamais, jamais on ne le saura, a passé entièrement sous la domination de sa famille, et il chasse Boulas. — La petite Françoise, Camille de ces Horaces rustiques, éclate en imprécations, déclare qu'elle va le rejoindre, et en effet le rejoint.

Cette pièce est bien incohérente, et laisse dans l'esprit l'incertitude la plus complète.

J'ai eu une idée, une idée très simple, une idée de bas-breton, comme dirait Caliban, pour m'expliquer à moi-même ce petit rébus.

« Eh ! tout bêtement, *me suis-je pensé*, cela veut dire que le père Fleutiaut, tant qu'il a eu dans la poitrine la souvenance de la maladie dont l'a tiré Boulas, lui a gardé de la reconnaissance et de la considération. Forces revenues, il n'y songe plus, et bonsoir au sauveur ! Point besoin n'est de revirement. Un peu de temps qui s'écoule en fait l'office ».

Au fond je crois bien que voilà toute l'affaire. Mais pourquoi diable l'auteur n'a-t-il donné aucune indication, ah ! mais ! j'en jure, absolument aucune, pour mettre l'auditeur sur cette voie-là ? C'est au point, qu'encore que tout fier de ma découverte, je ne suis nullement sûr que ce soit là la pensée de l'auteur, nullement. D'une façon ou d'une autre, et de quelque biais qu'on le prenne, il faut bien convenir que la pièce est manquée.

Il y a de bonnes choses dedans. Certains mots sont heureux, sentent le terroir, ont de la réalité. Quand le vieux veut l'emplâtre de Boulas, et que Gervais Fleutiaut l'en détourne, le dialogue est bon.

« Il veut vous tuer, ce coureur-là !

— Quel intérêt aurait-il à me tuer ?

— Quel intérêt aurait-il à vous guérir ? »

Guéri, ou en voie de guérison, le père Fleutiaut a un mot bien paysan : « Je me disais bien que le bon Dieu ne voulait point la mort d'un homme qui aime tant les bêtes ! »

La partie amoureuse aussi (trop courte) est bonne, vraiment bonne. C'est bien la manière dont une fille de village aime et parle d'amour. Quelques propos et répliques de Françoise Fleutiaut sont excellents.

Tout compte fait, M. Jean Jullien est en progrès, et je ne serais pas étonné qu'un jour il fit du théâtre. Mais il en est loin.

Sa pièce a eu du reste, il n'est que loyal de le déclarer, puisque personnellement je la trouve médiocre, un très grand succès, et le mot de chef-d'œuvre a été prononcé. — J'enregistre.

IX

Nouveautés. — *La Vocation de Marius*, pièce en trois actes, de MM. Fabrice Carré et Albert Débelly, musique de Raoul Pugno.

1ᵉʳ Avril 1890.

Est-ce qu'on craint que le mot opérette ne porte la guigne maintenant, et ne soit un fétiche en sens contraire, pour qu'on l'évite si soigneusement ? « *La Vocation de Marius*, pièce en trois actes de MM. Fabrice Carré et Albert Debelly ». Voilà ce que porte l'affiche des Nouveautés.

Vous entendez bien, pièce, et non opérette, pièce tout simplement ; c'est au lecteur à trouver la désignation selon son impression. Ailleurs on évite le mot opérette en le remplaçant par « opéra comique » et quand on fait remarquer que « opéra comique » c'est bien un peu ambitieux, et que, peste, ce n'est pas un petit mot qu'opéra comique, comme disait le bourgeois gentilhomme ; quand on fait cette observation, on vous répond : « Mais c'est le vrai opéra comique, c'est l'opéra comique gai, c'est l'opéra comique sans prétentions, *c'est l'opéra comique de nos pères* ».

Le mot passe au cliché. Un de ces jours il prendra place sur l'affiche, et l'on verra, toujours pour éviter le mot opérette, sur la façade du théâtre des *Folies Amoureuses* : « *Bobichon et Bobichonnette*, opéra comique de nos pères, en trois actes, paroles de Boucheron et Raymond, musique de Roger. »

Les auteurs de *La Vocation de Marius* ont mis « pièce », ce qui n'est pas compromettant. C'est qu'opéra comique eût été vraiment tout à fait impropre, la musique n'ayant pas, dans leur petite œuvre, une place très considérable ; et opérette, non, non, ça porte malheur ; défense de se servir du mot opérette.

Il y aurait bien eu le mot « vaudeville à couplets », qui se rapprocherait fort de la chose à définir, mais vaudeville à couplets cela ne s'emploie plus, et puis la *Vocation de Marius* n'est pas tout à fait cela non plus. C'est plutôt une comédie à couplets et à chœurs, ce qui n'est pas, en soi, une si mauvaise chose, si elle est traitée congrûment.

Une comédie très légère, je veux dire sans affectation de profondeur, traversée de temps en temps par un couplet agréable, un petit duo gentil, et finissant à chaque acte par un petit chœur divertissant, cela ne serait pas, je crois, pour déplaire au public. Ce ne serait pas l'opérette : l'auteur serait comme averti par son titre qu'il aurait à n'être pas tout à fait inepte ; ce ne serait pas le vaudeville : l'auteur serait comme averti par son titre qu'il aurait à ne pas verser dans l'imbroglio facile, le quiproquo scolaire et le chapeau pris obstinément pour une pantoufle par des gens n'ayant aucun intérêt ni disposition innée à prendre une pantoufle pour un chapeau.

Ce serait quelque chose d'analogue au *Bourgeois gentilhomme*, la comédie-ballet, moins le ballet. Or la comédie-ballet, surtout moins le ballet, est une chose aimable, légère, piquante, que rien n'empêche d'avoir une vraie valeur, et qui serait tout à fait à sa place dans ce joli petit théâtre des Nouveauté, en plein boulevard des Italiens, un théâtre où l'on va passer deux heures, entre le dîner et le cercle. C'est un genre que M. Brasseur fera bien d'acclimater chez lui. Il y poussera comme en pleine terre.

Ce premier spécimen du genre n'a pas été très heureux hier. Il n'a pas remporté un très franc succès. Je ne vois pas encore très bien pourquoi. Je le verrai peut-être mieux à la fin de cet article. La raison doit être plutôt dans le détail, dans l'insaisissable détail ; car je vais vous raconter la chose tout tranquillement, et votre impression sera très probablement que voilà une assez jolie comédie légère. Pourquoi, à l'entendre, n'avons-nous été qu'à moitié émoustillés ? Je le répète, je ne le vois pas trop, et cela ne tient pas, évidemment, au fond des choses. C'est le tour de main probablement, qui n'y est pas, ou qui n'y est pas assez.

Mœurs de Paris et mœurs de province, voilà ce que les auteurs ont voulu nous peindre. Rien que cela ?

Rien que cela ! Oh ! petites mœurs de Paris et petites mœurs de provinces ! Un petit coin de la vie de Paris et un petit coin de la vie de province. Pas davantage. Mais enfin ils ont eu l'intention de nous faire deux petites peintures de mœurs en trois tableaux.

Premier tableau : Une brasserie de Paris. Vous savez ce que c'est qu'une brasserie de Paris. C'est un lieu de consommation et de contemplation. On y ingurgite des choses liquides qui ont des noms de liqueurs, et l'on y regarde des femmes de quarante ans déguisées en sauvages, en cantinières de la Grande-Armée, ou en grandes dames de la *Tour de Nesle*. « Ce sont de grandes dames ! de très grandes dames ! »

C'est un des plaisirs de la capitale des plaisirs. Il y a beaucoup de plaisirs comme celui-là à Paris. De tous les plaisirs de Paris celui-là n'est même pas le plus assommant. Oswald, dans un roman récent, nous a fait une peinture, peut-être poussée au noir et au mélodramatique, de ces lieux de débauche à se décrocher la mâchoire. Il y aurait peut-être à faire quelque chose encore sur cette matière, une espèce d'*Assommoir* de la petite bourgeoisie. Cela et le café-concert, ce sont les deux *high life* du petit monde. Il en est même un troisième : le pari aux courses. Voilà les trois façons particulièrement idiotes qu'a la petite bourgeoisie de Paris de prendre du plaisir, c'est-à-dire de dépenser son argent. Car à quoi s'aperçoit-on qu'on prend du plaisir ? A ce qu'on a moins d'argent dans sa poche qu'une heure auparavant, pas à autre chose.

MM. Fabrice Carré et Albert Debelly ont fait un petit croquis de cette institution démocratique. Un bon monsieur pacifique, M. Grisaille, vient tous les jours dans un café solitaire du quartier latin prendre son bock méditatif dans la plus silencieuse retraite. Il est le seul client de ce modeste établissement. Il y accapare tous les journaux, comme tous les hommes méditatifs qui restent quatre heures au café pour y prendre un bock, mais sans crainte de mécontenter personne par ce blocus ; car jamais, au grand jamais, autre que lui n'entre en ces lieux.

Nous le voyons, au commencement du premier acte, se livrer à ses passions solitaires, lorsque sa nièce vient le retrouver.

Sa nièce, jeune personne sans fortune, prépare ses examens de l'Hôtel de Ville, comme toutes les jeunes personnes sans fortune, et devait, aujourd'hui même, rapporter à son oncle le fameux brevet élémentaire d'institutrice qui est, comme chacun sait, l'indépendance, la fortune et la gloire assurées à celles qui ont su le conquérir.

Elle revient sans gloire, sans fortune et même sans indépendance, car elle a été abominablement « retoquée à l'oral ».

Son oncle s'occupe à maudire les féroces examinateurs, lorsque la patronne de l'établisssement, Mme Charles, vient lui faire part d'un projet immense.

Elle est honnête, Mme Charles, et excessivement délicate dans ses sentiments. C'est l'honorable Mme Charles. Elle a lutté de tout son courage contre l'invasion des mauvaises mœurs ; mais elle est à bout de courage, comme de ressources. L'unique clientèle de M. Grisaille ne suffit pas à maintenir son établissement sur un grand pied. Elle se décide, elle se résigne, elle s'humilie. Elle transforme son café en brasserie. Les tabliers à dentelle vont remplacer les serviettes nouées à la ceinture.

M. Grisaille la console tout en la désapprouvant ; et, tout en la désapprouvant, trouve là une occasion de se débarrasser de sa nièce distinguée et retoquée à l'oral.

— « Vous avez besoin d'une caissière ? Prenez ma nièce.

— Parfaitement ! répond Mme Charles. Votre nièce avait une vocation, celle d'être entourée de petits élèves. Elle la réalisera. Une brasserie à femmes, c'est toujours plein de collégiens. »

Voilà la chose faite. La jeune Estelle trône déjà au comptoir entre les liqueurs variées et les soucoupes de métal blanc pleine de petits moellons de sucre.

Sur quoi arrive Marius. Ah! Marius, c'est le fruit d'une faute de jeunesse — unique faute et unique fruit — de Mme Charles. Elle l'a eu, en un jour d'abandon, d'un monsieur qui s'appelait Clovis, qui, était de Lille et qui avait l'accent du Midi, et que, du reste, on n'a point revu depuis ces temps reculés.

Elevé loin du tumulte et des entraînements de Paris, à Poitiers, qui est une ville pacifique et morale, où les brasseries sont inconnues, il y était doucement clerc de notaire.

Mais un jour, le grand homme est passé à Poitiers. Il est passé à Poitiers le grand homme. Vous avez nommé Coquelin. Et la vocation de Marius s'est révélée. Marius a eu la sublime vision de l'avenir. Il sera Coquelin, ou il ne sera pas. Il vient à Paris par le coche pour être Coquelin.

Sa mère le maudit ; mais il sera Coquelin tout de même. Mademoiselle Estelle le trouve très bien, et rêve de fonder avec lui une école libre mixte ou une brasserie tout aussi libre et encore plus mixte ; mais il sera Coquelin, nonobstant. Il sera toujours temps de faire attention à Estelle. Comme M. Renan le fait remarquer avec infiniment de justesse, les femmes n'en aiment que mieux les hommes qui ont pour eux la gloire artistique.

Et chassé par sa mère, suivi d'un long regard langoureux par Mlle Estelle, il se rend chez M. Grisaille, qui, j'ai oublié de vous le dire, mais il est parfaitement temps encore, est précisément le chef, l'employé, le caissier et le garçon de bureau d'une agence de placement dramatique.

Second acte : l'Agence.

M. Grisaille, toujours méditatif et solitaire, rêve au milieu de son agence mélancolique, Marius survient, et lui fait part de ses nobles ambitions.

« Parfaitement, répond Grisaille, époussetez !
— Hein ?
— Je dis : époussetez. Veuillez épousseter.
— Mais...
— C'est votre éducation qui commence. Les grands valets du répertoire n'ont pas commencé autrement. Ils n'ont pas pu commencer autrement... Voilà qui est bien. Votre éducation avance. Votre vocation s'accuse... Maintenant, frottez.
— Mais...
— Frottez. C'est votre éducation qui continue. Les grands valets du répertoire ont tous commencé par être frotteurs. Qu'est-ce que c'est que l'habitude des planches ? On n'acquiert pas l'habitude des planches sans les avoir frottées. C'est élémentaire.
— Oui, mais, je ne croyais pas être forcé de me mettre aux éléments.
— A quoi vouliez-vous être mis ? Frottez ! »
Il frotte.
C'est sur ces entrefaites que survient M. Lantarède. M. Lantarède n'est ni plus ni moins que le doyen des amateurs de Castres. Il est le doyen des amateurs éclairés (par le lustre) du théâtre de Castres. C'est lui qui fait la pluie, le beau temps, la prospérité et la faillite du Théâtre-National de Castres. Les amateurs sont sous ses ordres et à ses ordres. Ils ne jurent que par lui, et vous savez comment l'on jure dans le Midi.
— « Ah ! vous êtes bien méridional !

— Pas du tout ! Je suis de Lille. Seulement j'ai pris l'accent du Midi.

— Et vous vous appelez Clovis ?

— Oui, *té !* Comment diable le savez-vous ?

— Parce que j'ai entendu parler de quelque chose comme cela. Je l'ai lu probablement dans un feuilleton.

— Possible ; mais il ne s'agit pas de cela pour le moment. Ça ne servira qu'à la fin de pièce. Pour le moment, je viens chercher une troupe. Nous manquons de troupe à Castres ; nous voudrions une troupe d'opéra, d'opéra comique, d'opérette, de vaudeville, de comédie-vaudeville, de comédie, de tragédie, de drame et de monologues.

— Tout cela !

— La troupe du **Théâtre-National de Castres** n'a jamais été composée autrement.

— Très bien. J'ai votre affaire. Je sors pour m'en occuper activement. Vous aurez votre troupe ce soir. »

Marius qui a écouté ces propos, tout en frottant, saisit au bond cette occasion admirable, et, soutenu par son amie Estelle, il vient réciter à l'amateur éclairé diverses scènes de tragédie classique. Car l'amateur a cette idée très juste sur l'art dramatique qu'un acteur doit savoir jouer, à volonté, ou selon les exigences des situations, les Paulus et les Taillade ; mais que son éducation doit être faite par la tragédie. La tragédie, il n'y a que cela. Il faut une tragédie, non pas pour le peuple, comme dit le général du

Monde où l'on s'ennuie, mais pour l'éducation artistique des jeunes acteurs. Marius vient donc dire à M. Lantarède la *Mort d'Hippolyte* et le *Songe d'Athalie*. Mais il a un défaut. Il ne peut pas faire les gestes en même temps qu'il dit les vers.

« Si vous voulez, je ferai les gestes avant ou après.

— Ce n'est pas l'usage, répond l'amateur, ce n'est pas l'usage. D'autant qu'il y a dissentiment sur ce point. M. Legouvé et M. Sarcey prétendent qu'il faut faire le geste *avant*. Le geste annonce la chose. Mais tous les conférenciers qui apprennent leur conférence par cœur font le geste *après*, comme on souligne le mot, naturellement, après l'avoir écrit. J'en ai conclu personnellement qu'il faut faire le geste en même temps. J'ai pris une moyenne. Voilà mon opinion, jeune homme, et je m'y tiens. »

Estelle intervient. Elle est conciliante, Estelle.

« Si vous voulez, il y a un moyen d'arranger les choses. Il dira les vers, et moi je ferai les gestes. Les auteurs que nous préparons pour le brevet élémentaire nous apprennent que cela s'est fait dans la Rome antique. Un vieil acteur qui n'avait plus de voix était si aimé du public, qu'on exigea qu'il continuât de mimer pendant qu'un autre dirait le rôle. Tel acteur adoré du public contemporain, va être, sous peu, obligé d'en faire autant, et comme on ne l'a jamais entendu, il n'y aura rien de changé. »

Lantarède accepte cette combinaison en admirant

l'érudition de Mlle Estelle ; et il faut voir le *Songe d'Athalie* récité par Brasseur fils avec la voix d'or qu'on lui connaît, et mimée en charge par Mademoiselle Théo. C'est très divertissant.

Inutile de vous dire que Lantarède est enchanté : « Jamais ce morceau-là ne m'avait fait tant d'effet » s'écrie-t-il avec enthousiasme.

Et une fois parti, lui, « homme de théâtre », voit du théâtre partout et s'emballe à fond. La mère de Marius, la respectable Mme Charles, vient relancer son fils et lui « faire une scène ». — « C'est la scène à faire, se dit Lantarède. Eh ! eh ! elle la joue bien ! Elle manque un peu de sincérité, mais elle joue bien. Ce Grisaille a de bons acteurs. » Finalement il les prend tous, Marius, Estelle, Mme Charles, et le personnel de la brasserie, et jusqu'à M. Grisaille, qui est trop bon recruteur d'artistes pour ne pas être un excellent directeur du Théâtre-National de Castres. Cet acte est vraiment bon, et marque de très heureuses qualités d'invention.

Au troisième acte, nous sommes à Castres, où l'on donne la fameuse troisième représentation. Vous ne voyez pas en quoi la troisième représentation peut être si fameuse. C'est que vous n'êtes pas de province. C'est à la troisième représentation que le public porte son jugement sur les *débuts* de la troupe. C'est le jour de proclamation des résultats de l'examen. C'est le jour où les artistes sont reçus ou « retoqués ». Donc, ce jour-là, comme c'est l'habitude à Castres on a donné la *Tour de Nesle*, le *Maître de Forges*, et *Faust*, et l'on attend avec anxiété le résultat.

La *Tour de Nesle* a bien marché. Marius s'y est montré inepte ; mais « l'ensemble » est satisfaisant. Le *Maître de Forges* a été fort bien. Marius s'y est révélé comme idiot, mais les pièces d'Ohnet sont si belles qu'elles ne peuvent pas être mal jouées. *Faust* occupe la scène, et Lantarède, pour le corser, a eu une idée de génie.

Il sait son public, lui, l'amateur éclairé. Il sait que, pour accrocher le public, il faut des pages. Des pages, c'est l'essentiel, des pages en maillot de soie gris, il n'y a rien de tel pour enlever les suffrages des amateurs. Or, comme il n'y a qu'un page dans *Faust*, ce qui est bien maigre, il en a mis quatre. Quatre Siebel, s'il vous plait, quatre Siebel, qui viennent chanter à l'unisson : « Faites-lui *nos* aveux, portez-lui *nos* vœux ; *nos* cœurs et nuit et jour, languissent d'amour. » L'effet a été si grand, que tout le succès en est venu. Et sitôt que les dispositions du public paraissent moins favorables : « Vite ! les pages ! les pages ! s'écrie Grisaille, les pages en scène !

— Mais nous n'avons rien à dire !

— C'est cela qui a de l'importance par exemple ! En scène les pages !

— Mais nous sommes déshabillées.

— Tout à fait ?

— Presque.

— Parfait ! En scène les pages ! »

Cette petite trouvaille a fort amusé.

Finalement *Faust* a eu un grand succès et l'on procède au vote. Marius est refusé avec enthousiasme. « Moi! s'écrie-t-il, moi le seul de la troupe qui eût la vocation! » Mais le reste de la troupe est tout entière reçue avec acclamation. Cependant M. Lantarède est un peu mélancolique. Voici pourquoi. C'est une tradition à Castres, comme dans toutes les provinces, que chaque amateur éclairé, abonné de fondation au théâtre et contribuant à la subvention, ait pour protégée une des « chefs d'emploi » de la troupe. Et jamais aucun d'eux ne sort de l'emploi qui lui est attribué par la tradition. M. le receveur d'enregistrement a droit à la forte chanteuse, et M. le principal à la duègne. Cela est réglé. M. Lantarède, lui, de toute antiquité, a droit à la dugazon. Il ne voudrait pas rompre la tradition, presque séculaire, comme lui. Mais cette fois c'est un peu dur. La dugazon, comme dans *Faust* la voisine de Marguerite, est un peu mûre; c'est l'honorable Mme Charles.

Ils ont une explication sur ce sujet délicat. Je n'ai pas besoin de vous dire qu'au cours de cette explication, Mme Charles reconnaît dans Lantarède son ancien séducteur, le beau Clovis, qui était de Lille et qui avait l'accent du Midi. Lantarède réparera son ancienne faute. Il serre dans ses bras son fils Marius, mauvais Coquelin, mais fils excellent, et la chose se terminera par deux mariages.

On le voit, cette petite comédie n'est pas maladroite,

et il y a des imaginations assez heureuses. Si elle a été écoutée froidement, c'est, ce me semble, qu'elle manque de verve et de gaîté dans le dialogue. On voit à chaque instant, ou on soupçonne ce que pourrait être chacune de ces scènes, assez bien trouvée et assez bien venue en soi, si elle était maniée d'une façon plus vive, plus alerte et avec de l'imagination bouffe dans le détail. C'est le détail qui est froid et le dialogue qui est terne. Il y a là une gentille comédie-bouffe qui a été trouvée, qui a été *faite*, et qui n'a pas été écrite.

X

RENAISSANCE. — *La Clef du Paradis*, vaudeville en trois actes de MM. Chivot et Durut. — CLUNY. — *L'Enlèvement de Sabine* par M. Léon Gandillot.

8 Avril.

La Renaissance a donné avec succès un petit vaudeville intitulé la *Clef du Paradis*. C'est une assez jolie pochade. M. Préfleuret, coiffeur enrichi, et encore fort aimable de sa personne, vient d'épouser la sémillante Mlle Césarine de Valmontès. Mais Madame de Valmontès, après la cérémonie, bien entendu, lui déclare avec une admirable loyauté que sa fille a eu jadis une petite passion pour son professeur de piano. On a exilé le professeur de piano, comme il convenait, et aucun danger n'est à craindre de ce côté-là ; car le croque-notes fait les délices, actuellement, de San-Francisco ou de Buénos-Ayres.

Inutile de vous dire que pendant que cette confidence est faite par la mère loyale à l'époux un peu déconfit, le professeur de piano est dans la chambre nuptiale à accorder un Pleyel rétif. Quand Mlle Caroline, émue et rougissante, se dirige vers le paradis conjugal, ce qu'elle aperçoit qui en sort avec tranquilité, c'est le pianiste Plumard.

Il lui fait l'effet d'un spectre. « Quoi ! Pas mort !
— Il paraît !
— Marié ?
— Non ! Et nos serments !... Et vous ?
— Moi, voyez sur mon front cet emblème de l'innocence qu'on ne porte jamais que quand on va la perdre. Mariée de tout à l'heure !
— Misérable !
— Non ! trompée ! abominablement trompée ! On m'avait dit que vous étiez mort !
— Le fussé-je !
— Vous dites ?
— Moins brièvement : Plût à Dieu que je le fusse !
— Et moi donc !
— Irréparable !
— Quel mot !
— Irrévocable !
— Quel vocable !
— Perdus l'un pour l'autre... Au moins je demande une réparation.
— Celles du piano vous sont acquises.
— Mieux que cela !
— Quoi ?
— Mariez-moi. Ça arrangerait bien mes affaires ; et je vous aimerai en *elle*.
— Ça vous est dû. Voilà qui est dit. Je vais en

charger mon mari. Tant qu'il ne vous aura pas marié, je garde la clé de ma chambre nuptiale.

Et le mari entrant : « Vous voyez cette clé...

— La clé du paradis.

— Coiffeur ! Enfin vous voyez cette clé ! Vous ne l'aurez que quand M. Plumard, mon fiancé d'autrefois, mon Sévère, (relisez *Polyeucte*) sera mort ou marié.

-- Je la trouve... sévère.

— Mort ou marié. Je ne sors pas de là. »

Et par conséquent toute la pièce sera faite des efforts de M. Préfleuret pour marier M. Plumard.

M. Préfleuret a sous la main une cousine à lui, de complexion très incandescente, qui, précisément ne désire qu'épouser un artiste, peintre, sculpteur, architecte, ou au moins pharmacien. Les choses vont comme de cire. Mais Plumard est bien professeur de piano retour d'Amérique. Il est horriblement dépenaillé. M. Préfleuret l'envoie dans un magasin de confection ! « Vous êtes bien bon ! » répond Plumard. Plumard revient du bouillon Duval de l'élégance avec uu complet exquis. Il n'a pas de montre. M. Préfleuret lui donne son remontoir. « Que ce monsieur est bon ! » s'écrie Plumard.

« Et maintenant faites votre demande », dit M. Préfleuret.

« Soufflez-moi », réplique Plumard.

La demande de mariage soufflée fait une bonne scène.

« Mais, s'écrie le père de la demoiselle, tout cela est

bien; seulement vous n'avez pas le sou, jeune homme. Vous êtes bien mis, oui ; ne vous rengorgez pas, vous êtes bien mis. Vous avez une belle montre, oui ; ne la tirez pas, c'est de mauvais ton. Vous avez une belle montre, mais vous n'avez pas le sou. Il nous faut trente mille francs, la moitié de que je donne à ma fille ».

Plumard se retourne vers Préfleuret :

« Il ne me manque que trente mille francs. Passez-moi trente mille francs. Allons, passez-moi trente mille francs ».

Préfleuret fait la grimace.

Etc., etc. Vous voyez suffisamment la suite des choses. Les exigences de M. Plumard deviennent insupportables. Préfleuret finit par le giffler : « Qu'est-ce que c'est que ça ? » demande avec étonnement le doux Plumard.

Tout finit par s'arranger après un troisième acte un peu vide et un peu faible, et la clé du Paradis est rendue à M. Préfleuret qui l'a bien gagnée.

M. Léon Gandillot a réalisé un rêve de sa jeunesse. Il n'est plus joué à Déjazet. Il est joué à Cluny. Le public est tout désorienté. Les cochers, quand on leur dit : « A Gandillot ! » prennent le chemin du Château-d'Eau. Il est besoin de l'intervention des sergents de ville pour les aiguiller vers la Sorbonne. Enfin, c'est chose faite. Ils s'y habitueront peu à peu.

M. Gandillot n'a pas moins bien réussi à Cluny

qu'à Déjazet. Sa pièce de mercredi est un peu faible comme sujet ; il n'y a même presque point de sujet ; mais elle abonde en détails heureux. M. Gandillot a beaucoup d'imagination. Il manœuvre dans le vaudeville excentrique comme dans son élément. Il crée, chemin faisant, avec le plus grand naturel et sans aucun effort, des types bouffes, des caricatures vraiment fortes qui restent dans la mémoire. Il est très bien doué. Il prend plaisir, pour son compte, à son métier de faiseur de charges. C'est le secret du succès.

Figurez-vous tout simplement, car M. Gandillot n'a pas cherché midi à quatorze heures pour ce qui est de la *fable* de sa petite drôlerie, que Mlle Sabine, fille de M. Michonneau, honnête bourgeois riche, a remarqué l'architecte, le jeune architecte, M. Adrien, et qu'on veut lui faire épouser M. Rigobin, riche imbécile. Voilà tout.— Après cela, Molière n'en cherchait pas plus long, à ce qu'il me semble, les trois quarts du temps.

Seulement c'est le riche imbécile qui est un type, un type que M. Gandillot a conçu avec amour, a composé avec complaisance et a caressé avec dévotion. Il est présenté à la famille Michonneau par sa sœur, Mlle Rigobin, vieille fille, à son grand désespoir, et la présentation, et la demande de mariage, sont des choses hautement savoureuses.

« M. Rigobin, dit M. Michonneau, vous êtes sans doute célibataire ?

— Actuellement, oui, monsieur, je vis dans le célibat, dans le célibat le plus complet. Mais j'estime que le mariage, sauvegarde de la société, sanctuaire de la morale, et source, au moins dans une grande mesure, de la postérité, est une chose dont un homme sérieux doit avoir le culte, et donner l'exemple.

— Ces sentiments vous honorent. Mais pourquoi avez-vous tardé, je ne songe pas à dire longtemps, mais un peu plus cependant que quelques personnes, trop pressées peut-être, à donner un exemple si salutaire ?

— Vous errez, monsieur ; vous êtes dans l'erreur. J'ai été marié, et comme je demande la main de mademoiselle votre fille, veuillez conclure que je suis veuf.

— Ah ! monsieur ! Mme Rigobin est...

— Mesdames Rigobin, monsieur, mesdames Rigobin.

— Ah ! monsieur, vous avez été marié deux fois ?

— Trois fois, monsieur, trois fois, d'un triple lien, si j'ose m'exprimer ainsi.

— Et vous avez trois fois été séparé de votre épouse par... par la phtisie peut-être ?

— Non !

— Par la fièvre typhoïde, sans doute ?

— Non !

— Par la fièvre puerpérale ?

— Non !

— Mais par quoi donc ?

— Par le divorce, monsieur. Trois fois j'ai été marié, trois fois j'ai été trompé, trois fois j'ai vu le divorce prononcé à mon bénéfice. Voilà pourquoi je demande avec confiance la main de mademoiselle votre fille. Je puis vous protester que mes beaux-pères sont toujours restés avec moi dans les meilleurs termes et que si, comme il est probable, encore que je ne le souhaite nullement, pareil dénouement intervenait dans mon union avec mademoiselle votre fille, ce ne serait qu'un ami de plus, le plus cher peut-être, que je me serais fait en vous.

— Ce monsieur est admirablement élevé, dit M. Michonneau à sa femme.

Ce premier acte, fait tout entier de la présentation de M. Rigobin dans la famille Michonneau, est une merveille de drôlerie.

Le second acte est très joli, très bien disposé, très ingénieux. C'est au moment même où l'on se dispose à aller à la mairie, que Mlle Sabine se fait enlever avec une aimable désinvolture par M. Adrien. M. Rigobin arrive, escorté de ses trois beaux-pères dont deux lui servent de témoins. On s'aperçoit de l'enlèvement de Sabine, et tout l'acte est fait des efforts que font M. et Mme Michonneau pour cacher la disparition de la jeune fille. « Elle est souffrante. Chut! chut! Ne faites pas de bruit. Elle a une petite fièvre. Elle repose. Chut! chut! »

— J'ai observé ce phénomène, aussi intéressant pour la science que douloureux pour un fiancé et gênant pour l'officier de l'état-civil, deux fois sur trois, fait observer M. Rigobin. Une certaine émotion inséparable d'un premier début, et qui désormais m'est interdite, mais à laquelle je sais compatir encore que j'en sois affranchi... »

A la fin de l'acte on n'a pas encore retrouvé la trace des fugitifs, et M. Rigobin, sa sœur et ses beaux-pères se sont installés dans la maison « où les retient une sollicitude attendrie encore que malheureusement inutile. »

Le troisième acte est un peu faible. On comprend bien que, malgré toute la fécondité de ressources de l'auteur, il devait l'être. Le sujet c'était l'enlèvement de Sabine et ce qui en résulte de tribulations pour sa malheureuse famille. Le sujet est épuisé. Maintenant, c'est entendu: Sabine reviendra, et comme toute fille qui s'est fait enlever et qui revient, on sera forcé de la donner à son ravisseur. Reste à se débarrasser de M. Rigobin ; mais cela va tout seul. « Vous ne voulez plus d'une fille compromise, n'est-ce pas ?

— Non.

— Allez-vous en.

Ou bien : « Vous ne voulez pas d'une fille compromise ?

— Si !

— Eh bien, nous ne voulons pas d'un homme qui veut d'une fille compromise. Allez-vous en!

Rien autre. Donc, il n'y a plus de sujet. C'est pourtant sur les moyens à employer pour se débarrasser de M. Rigobin que l'auteur a fait porter son troisième acte. Il y a là des inventions de lettres anonymes, qui, quoique ingénieuses encore, ont ennuyé, parce que tout le monde sentait que c'était choses de remplissage. Mais on était admirablement disposé par les deux premiers actes, et l'on a fait très bonne figure jusqu'au bout. Le nom de l'auteur a été acclamé.

XI.

ODÉON. — La *Vie à Deux*, comédie en trois actes de MM. de Courcy et Henry Bocage.

15 Avril.

Peut-être eût-il suffi, pour que la *Vie à Deux*, à l'Odéon, remportât un grand succès, qu'elle fût jouée plus lestement, plus cavalièrement, et que les entr'actes fussent plus courts. Elle est trop longue, évidemment, cette comédie, mais surtout elle n'a pas été jouée dans le mouvement (sauf par Mme Réjane); elle n'a pas été bousculée comme une pochade excentrique, paradoxale et fantasque devait l'être.

A la vérité, tout le monde s'est trompé. D'abord les auteurs sur leur œuvre : ils ont couvé un œuf de canard; ils ont conçu un vaudeville, ou une petite comédie bouffe, et ils ont cru avoir affaire à une grande comédie. Ensuite, renchérissant, les acteurs ont joué la petite comédie, devenue grande comédie par ses prétentions, comme si ç'avait été le *Misanthrope*. Et, ma foi, de tout cela il est résulté qu'il y a eu des quarts d'heure où l'on s'est ennuyé un peu.

L'idée initiale est quelque chose d'intermédiaire

entre *Divorçons* et un *Mari dans du coton*. C'est toujours la lune rousse, ou plutôt la crise de la lune de miel. Monsieur et madame en sont à s'aimer au fond. Mes amis, Dieu vous garde de vous aimer « au fond ! » Mieux vaut encore s'aimer superficiellement.

Monsieur, comme tous les messieurs, s'est marié pour faire une fin, et madame, comme toutes les demoiselles, pour commencer. Monsieur s'est marié pour se reposer, et madame pour entrer dans la période d'agitation, comme on dit à Saint-Anne. C'est l'histoire de tout le monde.

Il en sont maintenant aux propos aigres et à la petite guerre. Il s'aiment bien, « au fond » ; ah ! comme ils s'aiment au fond ! mais à la surface... C'est le contraire du vers de Corneille :

Le *dehors* n'est que trouble et que séditions.

Monsieur ne peut supporter le piano de madame. Madame ne peut supporter le maître d'armes de monsieur. « Do, ré, mi ». — « Pan ! pan ! » — « Une, deux », — « Mi, fa, sol ». C'est à rendre fou. Ils le sont. Ils se disent des choses extraordinaires. Il se font des niches atroces. Non content de son maître d'armes, monsieur amène tout son cercle à la maison. Très contente, mais non contente de sa maîtresse de piano, femme du meilleur monde tombée dans le malheur, madame amène à la maison tout son syndicat de « l'œuvre des veuves immoralement abandonnées ». C'est une maison inhabitable.

Il est assez drôle ce premier acte ; mais déjà il est

trop long. Il y a des scènes épisodiques qui ne mènent à rien, et peu importe ; mais qui, en outre, ne se rattachent pas au sujet et ne servent pas à le faire entendre et à le mettre en lumière.

De plus, à mon avis, pour plus de vivacité peut-être, il est mal construit. Ce qui devait être au commencement, ce me semble, est mis à la fin. C'est à la fin que, dans une grande scène d'altercation, monsieur et madame se reprochent leur mutuelle déception: « Je vous aimais. Vous m'avez excédé par votre agitation de colibri enragé. — Je vous aimais, vous m'avez assommé par votre infâme besoin de repos et vos somnolences d'invalide. » Voilà qui est bien, et c'est le sujet ; mais c'est à la fin de l'acte que cette explication, cette « exposition » morale nous est donnée. Jusque-là monsieur et madame se sont chamaillés comme oiseaux en cage, sans que nous vissions pourquoi, comme pour le plaisir. Il nous avaient l'air d'être deux malades, et fêlés du cerveau, tout simplement. Un moment même nous avons pu croire que toute la cause de la grande discorde était que la dot n'avait pas été payée.

Enfin, vaille que vaille, le premier acte marche à peu près.

La suite de la comédie, c'est ceci : Madame et monsieur ont reconnu comme irréparable leur incompatibilité d'humeur, et madame s'est chargée de trouver une seconde épouse à monsieur pour lui permettre de divorcer.

L'idée n'a pas le sens commun, et nous sommes ici en plein vaudeville. C'est là, par conséquent, qu'il fallait un mouvement endiablé, un emportement de charge à outrance, une furie d'agitation écervelée, et c'est précisément là que l'ouvrage prend des airs de comédie posée, réfléchie, consciencieuse, qui pense et qui fait penser. Le ton est complètement manqué.

Complètement, non. Il y a, traversant cette comédie sérieuse et de belle démarche, des scènes bouffes fort bien venues et qui étaient les *vraies*, celles dont tout l'ouvrage devait être fait. Par exemple, madame veut marier monsieur avec sa cousine, petite ingénue charmante, qui aime un petit cousin (un autre) et dont les amours enfantines ne sont un secret pour personne ; voilà qui n'est pas dans le ton et qui déplaît au public, parce que cela suppose une comédie sérieuse, à complications importantes et à conséquences graves.

Mais madame a l'idée folle — à la bonne heure — de marier son mari à je ne sais quelle Espagnole excentrique, bizarre, et très singulière à la vérité ; car c'est une Espagnole qui a l'accent Anglais, comme ce monsieur du vaudeville de l'autre jour, qui était de Lille et qui avait l'accent de Carcassonne. L'idée est de comédie-bouffe, comme l'Espagnole est une Espagnole d'opérette, et la scène est très bonne.

Mme Miralès y Rena arrive chez Mme la marieuse pour divorce.

« Comment allez-vous, chère madame, depuis que

j'ai eu le plaisir de vous voir à Nice... avec M. Miralès... qui semblait bien fatigué...

— Rodriguez ! Oh ! ce n'était rien.

— Ah !... Chère madame, je ne veux pas vous retenir. Vous avez vos courses... »

Et elle la reconduit doucement vers la porte :

« Mes amitiés à monsieur votre mari.

— Mais... je suis veuve !

— Comment ! vous disiez que ce n'était rien ?

— Ce n'était rien. Mais il suffisait d'un rien pour l'emporter.

— Mais restez donc, chère madame, pourquoi vous sauvez-vous si vite? Asseyez-vous !... Vous êtes veuve ! Asseyez-vous donc !... Heu !... Ne songez-vous pas ?...

— A me remarier ? Si, madame. J'en ai l'habitude. Du temps d'Alphonso...

— De Rodriguez !

— D'Alphonso ! Rodiguez était après Alphonso.

— Hé ?

— Oui, je vais vous expliquer. Antonio était le premier, Alphonso était le second, Rodriguez était le troisième.

— Oh ! vous les prenez donc bien malades ?

— Non ! mais le sang espagnol, madame !...

Là dessus survient monsieur. Madame s'élance au-devant de lui : « Jules ! ne regarde pas cette femme ! Je t'en supplie, ne la regarde pas ! »

L'Espagnole s'en va. On donne l'ordre au domestique de ne jamais la recevoir.

Le fait est que cette Espagnole est une femme à éviter. Ce n'est pas une femme qu'on épouse ; c'est une femme où l'on se pend. Ce n'est pas une Espagnole, c'est une espagnolette.

Le troisième acte, confus et languissant, contient pourtant une jolie scène encore ; c'est, comme bien vous pensez, la scène de réconciliation. Elle est assez bien traitée, et Réjane l'a jouée à ravir. Mais on était légèrement fatigué de cette fantaisie un peu lourde, laborieusement promenée autour de rien, ou de peu de chose, et la fin de la représentation a été froide.

De l'esprit il y en a dans cette pièce, et quelquefois du meilleur. Beaucoup de mots, dont quelques-uns vraiment jolis. Beaucoup de petits détails très plaisants et parfois très fins. Mon Dieu qu'il y a une jolie réplique au premier acte ! Madame la marieuse, la divorceuse, tout ce que vous voudrez, enfin madame, a pour père un bonhomme qui l'a mariée pour se débarrasser d'elle, bien entendu, et pour se débarasser, du même coup, d'une nièce qui s'en est allée avec sa cousine. On lui explique l'état des choses, et qu'il n'y a plus qu'à divorcer.

— « Qu'à divorcer ! Miséricorde ! mais qu'est-ce que tu vas devenir ?

— Je retournerai chez toi, mon cher père.

— Oh ! mes enfants, mes chers enfants, restez unis. Faites cela pour moi.

— Mais...

— Faites cela pour moi. J'ai bien fait quelque

chose pour vous. Je vous ai unis. Je suis resté seul, bien tranquille... bien désolé et mélancolique, pour assurer votre bonheur. Assurez le mien.

— Mais...

— Ne rendez pas douloureuse la fin de mes jours. Je n'en ai pas... Ah ! je le sens là... je n'en ai pas pour si longtemps.

— Oh ! cher père ! Vous êtes d'une jeunesse, d'une santé... Vous nous enterrerez tous !

— *Vous dites ça pour me faire plaisir !* »

Plus on réfléchit à ce « Vous dites ça pour me faire plaisir » ; plus on le retourne et plus on le scrute, plus on l'admire. Il est grand comme le monde. C'est un trait classique.

On voit qu'on a très bien fait, en somme, de monter la *Vie à deux*. Elle était digne d'être vue. Il serait fâcheux qu'elle eût été repoussée de l'Odéon. Il est vrai que, repoussée de l'Odéon, elle aurait été jouée au Théâtre-Libre, et que là elle eût été écrasée d'applaudissements par ce même public qui l'a écoutée froidement, hier ; car, ainsi vont les choses, on n'a jamais bien su pourquoi. Mais enfin elle était digne d'être représentée sur un grand théâtre, et peut-être même, en l'allégeant, en l'abrégeant, en y pratiquant courageusement de fortes coupures, et en la jouant d'un mouvement plus rapide, obtiendra-t-on qu'elle fournisse à l'Odéon une assez honorable carrière.

XII

Nouveautés : *Les Ménages Parisiens*, comédie en trois actes de M. Albin Valabrègue.

22 Avril 1890.

M. Albin Valabrègue n'est point un amer. Il n'a rien de corrosif. C'est la bonne humeur personnifiée. Il est allègre et tout plein de bonhomie narquoise. Quelquefois, comme jeudi dernier il se hausse — que vais-je dire là ? et M. Valabrègue a-t-il jamais eu rien de guindé dans sa manière ? — il se laisse aller au ton de la comédie à demi-sérieuse. Mais comme il le fait de bonne grâce, et comme on voit bien que ce n'est qu'une échappée, un hasard de promenade, et qu'il n'y a rien de prétentieux ni même de prémédité dans cette démarche, et comme il revient bien vite à son bon joyeux vaudeville !

Il a eu, jeudi soir, un très franc succès.

La nouvelle pièce de M. Albin Valabrègue s'appelle *Ménages parisiens*. Je n'aime pas beaucoup le titre. Il annonce trop une étude. On s'attend à de l'observation, à du *vécu*, à du *coudoyé* et à de l'amertume.

On s'y attend, ou du moins, si on ne connaissait pas le joyeux M. Valabrègue, on pourrait s'y attendre. Mais voilà ! Trois pièces comiques sur quatre, depuis cinq ou six ans, roulant sur le divorce, ses suites, ses surprises et les situations absurdes qu'il fait aux honnêtes gens vis-à-vis les uns des autres, on ne peut plus guère mettre le mot de divorce sur une affiche de théâtre, tant on l'y a mis.

On a mis : « Divorçons », et « Nous divorçons » et « Vous divorcez », et « Divorcez » et « Ils divorcent ». La conjugaissn est épuisée. On a employé toutes les formes de ce verbe essentiellement irrégulier. Il faut bien trouver autre chose comme titre. Alors on met quelque chose comme « *Ménages parisiens* ». Le public apprendra dans l'exposition que « *Ménages parisiens* » veut dire « ménages de divorcés ». C'est une synonymie discutable. Mais après tout l'hyperbole est permise. Va pour *Ménages parisiens*, encore que ménages de Bohême serait plus juste.

Donc... Ah ! c'est compliqué ; suivez-moi bien... Donc, M. de Faverolles a divorcé, parce qu'il trompait sa femme encore que l'aimant de tout son cœur, comme il arrive, paraît-il, quelquefois.

Et, là-bas, ailleurs, dans un autre quartier, M. Pont-Gaudin a divorcé parce que sa femme le trompait avec le joli Galinard, comme il arrive aussi, à ce que je me suis laissé dire. Cela fait deux messieurs parfaitement disponibles. Non pas deux, trois, car Galinard qui n'aimait le jeu qu'à trois, s'est très vite débarassé, par consentement mutuel, de l'aimable Mme Pont-Gaudin.

Qu'est-il arrivé dans la suite des choses ? Que M. Galinard a rencontré Mme de Faverolles et l'a épousée ; que M. de Faverolles a rencontré Mme Pont-Gaudin et, sans l'épouser précisément... enfin vous m'entendez bien. Ils se promènent, et Mme Pont-Gaudin est connue dans le monde sous le nom de Mme de Faverolles.

Enfin Pont-Gaudin, lui, est resté bien tranquille, en gardant à Galinard, occasion ou prétexte de sa libération, une reconnaissance attendrie.

Tout ce monde se rencontre à Nice à un certain moment.

Pont-Gaudin y est venu pour se promener.

Faverolles y est depuis longtemps, menant avec Mme *ex*-Pont-Gaudin une petite vie mêlée d'amabilités contraintes et de propos aigres. Ils en sont à la lune rousse.

Galinard, marié d'hier avec Mme *ex*-Faverolles, notez ce point, n'a pas encore consommé ce mariage de dépit amoureux, notez ce point encore, et attend avec impatience le lever de la lune de miel.

Rencontres et surprises. Pont-Gaudin d'abord se trouve nez à nez avec Galinard : « Ce cher ami... Gratitude éternelle... » On échange avec tendresse ces bons souvenirs. Mme Galinard, *ex*-Faverolles, survient. Compliments sincères : « Vous connaissez M. Galinard, monsieur ?

— Si je le connais ! Il m'a rendu un de ces services...

— Ah ?

— Oui, il m'a débarrassé de... de ma jument bai brun, qui avait failli me faire casser le cou. Il s'est jeté à sa tête. Il lui a fallu du courage, allez ! Ce qu'elle était insupportable ! Enfin, il m'a sauvé.

— Ah ! Et vous vous êtes défait de cette vilaine bête ?

— Hé ?... Oui, madame, sans doute, parfaitement ! »

Pont-Gaudin rencontre Mme *Ex*-Pont-Gaudin, actuellement Faverolles morganatique : « Ah ! c'est vous, chère madame ! En excellente santé à ce que je vois. Qu'êtes-vous devenue depuis une brusque séparation qui... Toujours Galinard ?

— Oh ! Galinard !... Une simple station !...

— Dix minutes d'arrêt, buffet !

— Mauvais buffet !

— Il ne fallait pas descendre du train. »

Et enfin tout le monde se trouve réuni.

— « Quel est ce monsieur ? dit Pont-Gaudin en désignant M. de Faverolles.

— Monsieur ? dit la morganatique, c'est mon second.

Et Galinard se désignant lui-même : « Au-dessus de l'entresol ».

Et voilà, à peu près le premier acte.

Le second, c'est le retour ; ou plutôt les retours, le

double retour. Dès que Mme Galinard, *ex*-Faverolles a revu M. de Faverolles qu'elle n'a jamais cessé d'aimer, el s'est senti saisie d'un vrai remord, né des douleurs,

<blockquote>Un je ne sais quel charme encor vers lui l'emporte,</blockquote>

et elle a refusé formellement au jeune Galinard la nuit de noces que, conformément à la loi, il s'était promise.

Aussitôt que Mme soi-disant de Faverolles a retrouvé M. Pont-Gaudin elle a commencé à se repentir et de Galinard et de Faverolles. Et voilà déjà M. Pont-Gaudin qui, sans penser encore à un revenez-y, est pour elle d'une galanterie très chevaleresque. Il lui envoie un bouquet, un beau bouquet, un bouquet de fleurs de Nice. Il y met sa carte. Machinalement il la corne. Galinard le regardant faire, dit philosophiquement : « Une de plus ! »

— « Vous êtes de très mauvais goût » répond Pont-Gaudin, en décornant.

De son côté M. de Faverolles a une entrevue très touchante avec son ancienne femme, et il y apprend bien des choses. Cet affreux petit Galinard, ce n'est point par ses charmes, encore qu'appréciables, qu'il a séduit Mme de Faverolles ; c'est par de machiavéliques médisances, et de diplomatiques calomnies. M. de Faverolles a toujours été aimé de son ancienne femme ; ce n'est que par dépit qu'elle a épousé Galinard, et, du reste, ce mariage n'étant pas encore consommé, peut, à la rigueur, être considéré comme nul. Bref les anciens conjoints, disjoints par des malentendus, manifestent de fortes dispositions à se rejoindre, aussi bien du côté Faverolles que du côté Pont-Gaudin.

Reste le petit Galinard qui commence à être insupportable à tout le monde.

C'est ce qu'on lui fait comprendre au troisième acte.

Pont-Gaudin qui au premier acte, aimait si fort son cher Galinard, commence à lui dire des choses désagréables, à quoi Galinard ne comprend rien. « Pourquoi me traitez-vous ainsi? Ne suis-je plus votre sauveur? Pont-Gaudin, Pont-Gaudin, vous ne me remerciez plus d'avoir séduit votre femme ; c'est que vous vous êtes remis à l'aimer !

— Quant ça serait, monsieur !
— Ça serait idiot.
— Monsieur, je n'aime ces appréciations sur mon compte qu'exprimées par moi-même.
— C'est une querelle que vous me cherchez?
— Quand ça serait ?
— Ce serait idiot.
— Ça fait deux fois, j'en ai assez.
— Moi aussi ».

Un peu plus ils se battraient. Mais le petit Galinard préfère se retirer des affaires. Il s'efface discrètement. Une épouse qui ne veut pas être sa femme, un ami qui lui cherche des querelles d'Allemand, tout cela l'agace. Il s'enfonce dans le brouillard. Les deux couples désunis restent seuls en présence et vous devinez le dénouement. Mme Galinard, *ex*-Faverolles divorcera et redeviendra Faverolles. Mme Pont-Gaudin ne demande pas le *remariage* à M. Pont-Gaudin ; mais elle s'attache à lui. Elle le suivra dans la vie. Etre la maîtresse de son mari lui paraît original. Original et logique : « Je n'avais rien contre vous. Vous n'aviez d'autre défaut que d'être le mari...

— Naturellement.

— Et du moment que vous ne serez pas le mari...

— Chère femme ! »

Cette petite pièce n'est pas d'une très solide et forte étoffe ; mais elle est vive, pleine de verve, et toute pétillante de mots drôles. M. Valabrègue a l'esprit très original. Sa plaisanterie n'a rien de laborieux. Elle part, file et éclate comme une fusée. Je remarque, de plus, quelque chose qui est un progrès. Il me semble que M. Valabrègue qui, autrefois, prenait bourre et balle, et lançait dans le torrent de son dialogue impétueux, aussi bien des mots très connus que des mots inédits, est plus sévère maintenant pour lui-même et ne nous sert strictement que ce qui n'a jamais servi. Le dialogue de sa dernière pièce a tout à fait cet air de nouveauté et de fraîcheur authentique. Il y en a de bien jolis, de ces mots de théâtre, dans les *Ménages Parisiens*. J'en ai cité beaucoup au courant de mon analyse. Voyez donc encore celui-ci. Mme Pont-Gaudin épanche dans le sein de son ancien mari l'expression de ses déceptions et de ses demi-mords : « Cette pension que vous me faites...

— Oui, eh bien ?

— Cet argent me pèse, mon ami.

Pont-Gaudin distrait : « On vous paye en or ? »

M. Valabrègue est vraiment spirituel. Il a le sens du dialogue scénique aussi bien et mieux que personne. Quand composera-t-il avec sûreté et solidité une vraie pièce de théâtre ! Je ne sais trop. Il y a du Valabrègue dans M. Georges Feydean. Il y a aussi du Feydeau dans M. Valabrègue.

XIII

Théatre d'Application : L'*Infidèle* drame en un acte, en vers, de M. G. de Porto-Riche, musique de scène de Francis Thomé.

29 Avril 1890.

M. de Porto-Riche est très aimé du public mondain, du public littéraire, et surtout de ce charmant public, moitié mondain, moitié littéraire, qui est une des plus agréables provinces de Paris. Dans tout ce qu'il a fait on sent quelque chose de bien rare, la sincérité, la spontanéité, l'expression directe d'un tempérament et d'un esprit, je dirai presque une sorte d'imperméabilité intellectuelle, qui fait que modes, écoles, courants littéraires ou philosophiques n'ont absolument aucune influence sur son art, sur sa conception, sur sa manière de travailler. Il dit absolument ce qu'il veut dire, et ce qu'il a personnellement besoin de dire.

Disposition d'esprit très extraordinaire en France, et surtout à Paris, et très distinguée. Ce n'est pas encore l'originalité proprement dite, mais c'en est la condition essentielle.

M. de Porto-Riche s'est fait connaître du public par une petite chose dramatique tout à fait exquise, et, par ci par là, assez profonde même, qui s'appelle la *Chance de Françoise*, et qui a été jouée l'année dernière d'abord au Théâtre-Libre, puis au Gymnase, avec le plus grand succès.

Il a publié, dans le courant de l'été dernier, un petit poème, quelque chose comme une nouvelle en vers, intitulé *Bonheur manqué*, et il y avait infiniment de talent dans cet ouvrage. Personne plus que M. Porto-Riche ne rappelle Alfred de Musset. Il a la même susceptibilité et tension nerveuse, le même art subtil et acharné à se torturer lui-même ; dirai-je aussi, et certainement je le dirai, ayant l'habitude de tout dire, un certain fond de brutalité, que l'on sent sous les grâces et les distinctions d'une forme très fine et très élégante. Cela fait un composé très curieux et très attachant.

Ce *Bonheur manqué* a des parties qui sont d'un maître, et auxquelles il ne manque qu'une science plus sûre et un art plus achevé de style. Voyez donc ce billet du matin, ces trois mots sur une carte, envoyés, glissés plutôt en passant, à l'amie de la femme qu'on aime :

> Vous qui savez mes désespoirs,
> Vous souriante aux imprudences,
> Vous qui gardez les confidences,
> Vous qui mettez dans vos yeux noirs
> Une ombre de mélancolie,
> Afin d'être encore plus jolie,

> Vous qui la connaissez, je crois,
> Qui prouvez qu'on peut à la fois
> Etre clémente et rester forte ;
> Oh ! dites-lui que je l'attends,
> Et qu'il faut bien de temps en temps
> Qu'elle passe devant ma porte.

Ce rien charmant, ce menu propos de frôleur, cette confidence où l'on sent qu'il y a beaucoup d'amour pour l'aimée, et un peu d'amour, en attendant, pour la confidente, ne nous rappellent-ils point les lettres exquises de « M. Phosphore de Cœur-Volant » à sa « marraine ? »

Tout le livre est ainsi, d'une sensualité pénétrante et hardie, et en même temps, presque en même temps, d'une mélancolie amère, d'un désenchantement prompt et rude, d'un scepticisme subtil sur l'amour même, au moment même qu'on en est plein. L'amoureux, au moment de « réussir », comme on dit, sent admirablement que la première minute du bonheur, sera la première de la déception ; et on le voit qui voudrait retenir l'heure douloureuse et précieuse, celle où l'on espère, et qui est la seule où l'on aime :

> Oh ! sois plus lente à me chérir.
> Sois méprisante, sois changeante ;
> Tu ne sais pas, chère indulgente
> Comme je peux longtemps souffrir.
>
> Est-ce bien sûr que je t'adore ?
> D'amers plaisirs m'ont perverti ;
> J'ai peur de moi, j'ai tant menti.
> Il ne faut pas me croire encore.

> Laissons grandir mon sentiment
> Sous ta cruelle résistance ;
> Songeons tous deux à l'importance
> De ton premier consentement.
>
> Si ton bonheur allait périr,
> Parce qu'un jour tu fus trop brave ?
> Hélas ! m'aimer, c'est chose grave...
> Oh ! sois plus lente à me chérir.

Et enfin, quand le moment tant attendu, tant espéré, et déjà craint, est arrivé, quand on a dans sa poche le billet, le fameux billet, vous savez : « Venez à telle heure » ; quand on regarde sa montre, vous savez, quand on s'habille ; rappelez-vous comment les anciens poètes ont chanté cette heure-là, avec quelle belle ivresse d'amour et d'amour-propre satisfaits : « *Elle est à moi, Divinités du Pinde !* » De nos jours, je ne sais pas si c'est parce qu'il n'y a plus de Pinde, mais cette heure-là est plus mélancolique, et un grand vide se fait, à ce que j'ai entendu dire, dans toute la pensée et dans tout le cœur, à cette idée que c'est maintenant que c'est fini, à cette idée que le roman est terminé, et que les ennuis, les amertumes, la désillusion nécessaire vont commencer.

Cette anticipation sur la déception, et cet avant-goût des dégoûts, qui est la chose du monde la plus désagréable, en soi-même d'abord, et parce qu'à la sentir c'est notre infirmité secrète et notre impuissance à réaliser nos rêves et à remplir nos désirs, que nous sentons, M. de Porto-Riche les a notés avec une précision tranchante, une vigueur brève et un ramassé, qui, pour mon compte, me ravissent. Jugez-en. Ce n'est pas folâtre; mais comme on sent que *ça doit être ça* :

> Je dois la voir, demain peut-être.
> Est-ce bien moi, l'homme ingénu
> Qui pleurait tant pour la connaître ?
> Nous causerons, c'est convenu.

Est-il juste ce « *Est-ce bien moi ?* » et n'est-ce pas le mot nécessaire ? L'attaque du morceau pouvait-elle être plus nette, plus franche, plus vraie ? — Et « *Nous causerons, c'est convenu* », quel joli geste las et tombant ? Mais je poursuis :

> Je sens partir l'immense joie
> D'espérer et de demander ;
> Et sur elle je m'apitoie,
> En songeant qu'elle peut céder
> . . . .
> Nos victoires sont leurs défaites.
> Sa chute proche l'amoindrit :
> Je pense aux choses imparfaites
> De son corps et de son esprit.
>
> Des épreuves qui furent nôtres
> Je ris, depuis qu'elle consent.
> Sera-ce comme avec les autres ?
> Mon cœur n'est-il pas impuissant ?
>
> Je ne suis plus de connivence
> Avec le sien qui frémira ;
> Hélas ! je les connais d'avance
> Tous les mots qu'elle me dira.
> . . . .

Il y a bien du talent dans tout cela. Ce qui charme et ce qui étonne dans ces vers si simples de forme, c'est qu'on sent qu'il y a quelque chose dedans. Depuis Musset et Lamartine, nous sommes tellement déshabitués de cette sensation, qu'elle nous est toute charmante et chère. Le grand, surtout le *profond* succès de Sully Prudhomme vient tout simplement de là. Certains poèmes de Coppée, avec moins de profondeur, donnent aussi cette impression que l'homme qui nous parle a senti quelque chose avant d'écrire, et qu'il n'a écrit que parce que ce qu'il avait senti l'y contraignait.

Dans le poème de M. de Porto-Riche, nous retrouvons quelque chose de cette réalité, de cette solidité de la manière poétique, et nous sentons cette pesée impérieuse de l'homme qui sent sur le poète qui écrit.

Voilà pourquoi l'on attendait avec impatience la représentation de l'*Infidèle*.

Je ne puis pas dire que l'attente ait été déçue, puisque l'*Infidèle* a eu un éclatant succès ; mais je suis ici pour dire mon sentiment, et mon sentiment est que l'*Infidèle* m'a horriblement déplu.

C'est l'histoire d'une amoureuse séduite par un poète, et qui cherche la mort, et qui la trouve, parce que le poète ne l'aime plus. Nous sommes à Venise. Le poète Renato a enlevé à Trieste et amené chez lui une jeune fille de bonne maison, la jolie et spirituelle Vanina. Ils ont vécu ensemble quelque mois, à ce qu'il me semble, et Renato aime encore Vanina.

Vous entendez bien : il l'aime encore. Vous connaissez la locution française : « une femme encore jeune ». Vous en connaissez très bien le sens. Renato aime encore Vanina, comme la belle Mme X... est jeune encore. Cela veut dire, à peu près, que Renato n'en est pas encore à ne plus aimer du tout Vanina.

D'abord c'est un artiste ; c'est un poète. Un poète ne sait jamais au juste s'il aime son art plus que « ce qu'il aime », comme on disait au grand siècle, où s'il aime « ce qu'il aime » plus que son art.

Ensuite il y a une certaine duchesse, marquise, où je ne sais quoi, sous le ciel vénitien, qui a pour Renato quelque faiblesse d'âme ; et les artistes sont bien vaniteux...

Enfin Renato annonce qu'il va partir. Je ne sais quel service, militaire ou diplomatique, l'y contraint. Il va partir, et précisément sur le même vaisseau que la duchesse. La pauvre Vanina comprend très bien. J'ai dit qu'elle était spirituelle. Il ne faut pas beaucoup d'esprit, du reste, pour comprendre ces choses-là.

Très fière, elle ne se plaint pas. Le poète doit revenir, d'ailleurs. Le pigeon reviendra au pigeonnier.

Trois *mois* au plus rendront son âme satisfaite.

Là-dessus un certain Lazzaro, peintre-truand, ami de Renato, vient incontinent, offrir ses consolations à la belle.

Je n'ai jamais pu parvenir à voir quelles sont les intentions vraies de ce Lazzaro. Est-ce une épreuve qu'il veut faire de la fidélité de Vanina ? Est-ce bon jeu, sans ajouter bon argent, qu'il agit ? Je n'ai pas pu parvenir à le comprendre.

Ce que je sais, c'est qu'en deux cents vers, au moins, il lui fait des déclarations soldatesques dans le langage le plus cru, et avec, je ne dirai pas les obscénités, quoique encore je pourrais le dire, mais au moins les impudeurs de pensée, de langage et de peinture les plus fortes que j'aie jamais entendues.

Cette longue scène a été littéralement acclamée avec enthousiasme. C'est donc moi qui ai tort. C'est une question d'âge, probablement. Les gens du mien n'ont pas été habitués à cette forme de littérature dramatique, et ne s'y habitueront jamais. Autant la gauloiserie spirituelle nous agrée, autant la peinture violente et appuyée du libertinage nous révolte.

D'autant que si nous y réfléchissons, nous ne sommes pas moins choqués, mais nous sommes en outre très étonnés. Cette Vanina nous semble très haute de cœur, d'intelligence et d'esprit (et on verra à la fin qu'elle l'est jusqu'à une manière d'héroïsme). Comment donc peut-elle écouter trente secondes le langage de corps-de-garde de cet ivrogne ?

Elle semble n'avoir aucune raison de rester là, à le savourer. Elle semble ne l'écouter pour que nous puissions l'entendre. Merci bien, mademoiselle !

Quand Vanina, à travers tous les propos de ce Lazarro, a bien compris que celui qu'elle aime ne l'aime plus guère, elle forme un projet. Renato doit avant de s'embarquer revenir une dernière fois à la maison de la bien-aimée. Il faut, pour qu'il soit puni, qu'il y trouve quelqu'un, un soupirant, un amant sans doute. « Tu veux que je me venge, dit Vanina à Lazzaro. Je me vengerai certes, mais non pas avec toi. Ce soir j'aurai un nouvel amant !

— Ah ! bah ! reprend le saltimbanque, je t'en défie bien ! On ne trouve pas comme cela un amant. (J'adoucis un peu le texte.) Va te promener par la ville à la nuit tombante et tu verras si... »

Et il recommence, dans le langage élégant dont il a le secret, à débiter de ces choses dont M. Feuillet dit quelles font rougir les orangs-outangs.

Mais Vanina a atteint son but. Elle sait que Lazzaro va prévenir Renato de la chose, que Renato reviendra pour la surprendre, et que...

En effet, la nuit tombée, Lazzaro, puis Renato, reviennent rôder sous le balcon de Vanina. Ils y trouvent un petit guitariste qui chante à Vanina une petite chanson très leste, dont le texte ne laisse aucun doute sur le degré d'intimité du chanteur avec Vanina. Le chanteur c'est Vanina elle-même, déguisée en cavalier, comme vous pensez bien. Renato l'insulte et la provoque. Elle met l'épée à la main, et dans un duel rapide, où elle ne se défend pas, se fait frapper d'un coup mortel.

Renato la démasque et la reconnaît. Il est désolé, et éclate en sanglots.

« Bah ! dit en ricanant Lazzaro, tu feras de la chose un poème élégiaque !

— Je l'aurais aimée jusqu'à la mort, répond Renato.

— Alors, elle t'aurait trompée », réplique Lazzaro.

Ce petit poème, peu clair, serait aussi bon qu'un autre, nonobstant, sans l'insupportable rôle de Lazzaro ; mais il est juste de dire que le rôle de Lazzaro en constitue au moins les trois quarts.

Je répète qu'il a eu un éclatant, un furieux succès, et que mon sentiment, tout personnel, est en complet désaccord avec celui du public.

Les vers en sont quelquefois très brillants, et d'un mouvement, d'un emportement magnifique, quelquefois aussi un peu frustes et secs, et trop voisins de la prose. Je vous recommande d'acheter la plaquette, qui vient d'être publiée. Tout ce que fait M. de Porot-Riche, mérite d'être connu, et doit l'être des amateurs des choses de lettres. Mais dans le cas où vous ne voudriez acheter qu'un volume de M. Porto-Riche, entre nous, si vous aviez confiance en moi, ce serait *Bonheur manqué* qu'il faudrait demander à votre libraire.

XIV

Théatre-Libre. — *La Tante Léontine*, comédie en trois actes, en prose, par MM. Maurice Boniface, et Edouard Bodin. — Renaissance. — Reprise de *Un Lycée de jeunes filles,* par M. Alexandre Bisson.

6 Mai 1890.

La Tante Léontine, qui vient de remporter au Théâtre-Libre un grand succès et un succès *vrai* (tous ceux qui fréquentent au Théâtre-Libre comprendront l'importance de cette nuance) est une petite pièce qui confirme bien ce que j'ai eu si souvent déjà l'occasion de dire ici sur le théâtre réaliste de nos jeunes auteurs. Emile Augier disait de Labiche qu'il ne lui avait manqué qu'un peu d'amertume pour passer pour un profond moraliste. De même à ces jeunes gens, il ne manque généralement qu'un peu de gaîté et d'esprit pour être des Labiche, et entre Labiche et eux, il n'y a que cette différence.

Tout leur art en effet, tout leur savoir et aussi toute leur hardiesse d'esprit consistant à avoir découver que l'homme est une sale bête, ils ont été si parfaitement ravis de cette découverte inattendue, qu'ils la proclament avec énergie tous les soirs. Mais il ne faut pas qu'ils se dissimulent que Labiche, à ce titre, était aussi profond inventeur qu'ils le sont. Il s'était parfaitement aperçu de la chose ; seulement, et c'est là son infériorité, il n'avait pas cru que cette découverte fût de génie, ni qu'elle suffît à constituer un théâtre, et c'était avec beaucoup de gaîté, de verve, d'entrain, d'imagination (car j'y tiens) et d'esprit, qu'il exposait aux populations les détails et les applications diverses de cette découverte.

Nos jeunes auteurs, pour la plupart, sont des observateurs profonds. Ils ont scruté le cœur humain. Ils en ont fouillé dans tous les replis, et ils le connaissent dans les coins, pour parler en style noble. Ils ont découvert : 1º que l'homme est bien souvent l'esclave de ses passions ; 2º — qu'il est souvent sans force et sans défense contre les appétits ; 3º — que la luxure est un vice bien impérieux, qui, remarquez bien ceci, s'il vous plaît, qui fréquemment mène celui qu'elle tient jusqu'à la dégradation ; 4º — que l'homme a naturellement l'amour de l'argent, et que, bien souvent, il y sacrifie l'honneur, et que l'avarice le peut faire descendre jusqu'à des capitulations avec sa conscience.

En un mot, nos jeunes auteurs ont inventé les sept péchés capitaux la semaine dernière, et, dans le ravissement où cette découverte les a jetés, il sont persuadés qu'il suffit de nous la communiquer avec componction, solennité, et d'un air pénétré, pour renouveler le théâtre, ou plutôt pour démontrer d'une manière éclatante qu'avant eux le théâtre n'existait pas.

MM. Maurice Boniface et Edouard Bodin ne partagent pas ces illusions, ou, si vous voulez, sont des partisans moins intransigeants et moins convaincus des mêmes principes. Ils croient que l'observation la plus profonde, et dans le genre de celle dont je donnais des exemples tout à l'heure devant vous, ne suffit point à faire le bonheur d'un honnête public, et qu'il y faut ajouter un peu de gaîté et d'esprit naturel. Ils sont, certes, aussi profonds que leurs confrères rivaux. Ils savent le cœur humain. Ils ont, eux aussi, fait cette découverte, qu'il est difficile à l'homme de ne pas accepter un million qu'on lui offre, même au prix de certaines concessions de dignité. Ils ont inventé l'avarice, tout aussi bien que leurs petits camarades. Ils inventeront tout aussi bien la luxure ou la colère un de ces jours. Mais ils croient qu'il faut un certain art particulier pour mettre en lumière ces découvertes, et aussi, par ce fait seul, baissant immédiatement dans l'estime du clan, ils se font traiter par lui de vaudevillistes. Mais le public les applaudit et s'amuse de tout son cœur à leurs ouvrages. C'est une misérable compensation, dont je crois qu'ils s'accomodent.

Prenez en son fond la *Tante Léontine,* et vous avez « l'œuvre forte » ou « l'œuvre amère » ou « l'œuvre âpre » que la nouvelle école annonce au monde avec fracas quand elle a découvert que l'homme n'est pas toujours héroïque et que la femme n'est pas toujours véritable. C'est tout à fait une trouvaille psychologique du même genre et tout aussi profondément navrante et implacablement amère. Une jeune fille qu'on croit riche est demandée en mariage par un petit *struggler for life* de troisième ordre. Quand celui-ci apprend qu'elle est pauvre il se retire avec précipitation. Quand il apprend que la tante de la fille a amassé quinze cent mille francs dans le commerce de la galanterie, il revient avec dévotion. — Les parents de la jeune fille, qui méprisaient de tout leur courage la tante indigne, quand ils la croyaient pauvre, l'acceptent avec enthousiasme quand ils la savent riche. La jeune fille, elle-même, est pleine pour elle de tendre reconnaissance... Faut-il que les hommes soient de plats gueux ! Le sont-ils assez ? Hein ! Le sont-ils ? Voilà l'œuvre amère, forte, cruelle, impitoyable, qu'il suffisait de nous déduire tout crument et avec des ricanements rentrés et sournois pour être salués rénovateurs du théâtre. Un peu de gaîté, d'imagination et d'esprit ajouté à cela, vous vous perdez, vous baissez d'un cran, vous n'êtes plus que des vaudevillistes.

Les auteurs ont aspiré à descendre et ce sont, au milieu des applaudissements et de la joie du public, de pauvres vaudevillistes qu'ils sont devenus.

Car ils se sont appliqués à faire de cela des scènes drôles, comiques, des situations divertissantes, avec des péripéties et des revirements qui mettent successivement en lumière les différents aspects du caractère des personnages ; et ils ont pris les choses avec une gaîté robuste et copieuse qui, de ce que les hommes sont de plats gueux, estime que c'est une raison pour se moquer d'eux et pour s'en divertir énormément. Vous voyez bien que ce se sont de simples Labiche.

Voici comment ils s'y sont pris.

M. Dumont, filateur à Valenciennes, a perdu l'année dernière deux cent cinquante mille francs dans une spéculation sur les laines et, depuis ce temps, je vous prie de croire que ce n'est pas un mari dans du coton. Sa femme ne lui cache pas son profond mépris : « Je veux pas vous dire de choses désagréables ; mais vous n'êtes qu'une huître ». Sa fille le traite assez mal et et le boude sournoisement. Cependant rien de ce malheur intime n'a transpiré dans le public et le secret a été bien gardé. Valenciennes ne sait rien. Que dirait Valenciennes, que dirait l'Europe?... Mais Valenciennes ne sait rien, ni l'Europe non plus, et voilà pourquoi M. Paul Méry, ingénieur, se laisse si doucement circonvenir par les grâces de Mlle Eugénie, les prévenances de Mme Dumont et les cordialités de M. Dumont.

Voici même qu'il arrive tout débordant d'une joie jeune et franche qui fait plaisir à voir : « Eugénie, mademoiselle Eugénie, chère Eugénie, figurez-vous... ah !... Pétrot est mort !

— Pétrot est mort ! Ah ! quel bonheur !

— Pétrot est mort ! Me voilà à cinq mille sept ! Ah ! chère Eugénie !

— Pétrot est mort ! Je n'osais plus l'espérer ! Comment est-il mort ?

— Oh ! en une demi-heure. Je l'avais quitté à six heures quinze. A sept heures moins dix, pffut... plus personne... Mais ne parlons plus de choses douloureuses. Soyons tout à notre bonheur. »

Et les affaires marchent rondement. L'oncle de Paul Méry, le brave colonel en retraite, fait incontinent la demande en mariage... Un petit chef d'œuvre la de-demande en mariage. La scène est conduite avec un art excellent. Très carré le colonel. « Il ne sera pas question de la dot de mademoiselle Eugénie. Mon neveu la prendrait avec son trousseau de jeune fille. Mais je tiens à parler de l'avoir de mon neveu (satisfaction visible de la famille Dumont). Il gagne à partir d'aujourd'hui cinq mille sept. Je lui donne cent mille, ce qui lui fera un revenu d'environ trois mille. Voilà huit mille, au moins, bien nets. Les jeunes gens s'installeront à Valenciennes. J'ai déjà ouvert les pourparlers pour la location de la maison Michaud, rue de Flandres, au coin de la rue de Paris...

— Mais... c'est une maison qui doit coûter bon !

— Trois mille environ.

— C'est trop lourd !

— Oh ! avec les quatorze ou quinze mille francs de revenu qu'auront ces jeunes gens...

— Comment quatorze ?

— Sans doute, avec la dot de Mlle Eugénie...

— Mais il était convenu qu'on ne parlerait pas...

— Je n'en parle pas non plus, mais cela n'empêche pas qu'elle existe.

— Oui, mais elle n'est pas très forte. Nous ne pouvons donner que... vingt-cinq mille francs...

— Hé?

— Nous sommes heureux, à cause de cela, d'avoir rencontré un gendre si désintéressé.

— Madame, monsieur, permettez-moi de me retirer. J'ai à causer un peu avec mon neveu. J'ai oublié de lui demander certains renseignements. Madame, monsieur... serviteur ! »

Voilà l'affaire manquée. Dumont console sa fille : « Ma pauvre enfant, nous t'en trouverons un autre. Celui-là, après tout, n'était pas un paladin. Il m'a même l'air d'un pleutre...

— Ah ! papa, papa ! on t'avait bien dit pourtant de ne pas spéculer sur les laines ! »

C'est là-dessus qu'intervient la *Tante Léontine*. On en avait parlé, à mots couverts, au premier acte. A travers tous les reproches dont Mme Dumont accablait son mari relativement au cours des laines, elle lui avait brusquement jeté à la tête : « Et ta sœur ? »

— Ma sœur ! avait répondu le pauvre homme. Que veux-tu ? Elle a mal tourné. Je ne suis pas responsable. Nous étions pauvres. Elle était entrée comme dame de compagnie chez une princesse russe. Le fils de la princesse russe l'avait séduite, bien entendu. Il l'avait abandonnée, naturellement. Ensuite, elle avait suivi la pente. Comment voulais-tu que les choses pussent se passer autrement ? Elle s'est montrée discrète. Elle a changé de nom. Nous n'entendons plus parler d'elle... »

Et voilà précisément la *Tante Léontine* qui débarque à Valenciennes. A un certain moment, Mme Dumont la trouve en grande conférence avec M. Dumont :
« Quel est cette dame ?

— Chut ! La tante Léontine.

— Ah ! s'écrie Mme Dumont, avec un geste d'horreur, » et elle se sauve précipitamment chez elle, en levant les bras au ciel.

La tante Léontine est venue tout simplement demander à son frère de la prendre chez lui, de lui permettre de passer au sein de la famille le reste de ses jours désormais tranquilles et de ses nuits désormais solitaires. Elle s'ennuie, la tante Léontine. Elle aspire au bonheur terne et vertueux, et à la considération bourgeoise et confortable.

« Autrement dit, lui répond M. Dumont, tu n'as plus de ressources, n'ayant plus de jeunesse ; et tu viens te pendre aux crochets de ton frère.

— Moi ! réplique Léontine ; mais j'ai quinze cents mille francs, mon ami, tout simplement, quinze cents mille francs en valeurs anglaises. Regarde-moi ces titres de rente, toi, commerçant. Regarde-moi ces brillants ! Tu ne les a pas encore évalués ? Tu n'es pas orfèvre.

— Quinze cents mille francs ! Tu as gagné quinze cents mille francs en vingt ans ! C'est mathématiquement impossible !

— Je n'ai pas gagné quinze cents mille francs en vingt ans. Je les ai gagnés en une minute. J'ai vécu pendant huit années avec le duc de Carolina-Mercédès, sans lui demander autre chose que trois robes par an. En mourant, il m'a tout laissé. Quinze cents mille francs, et un hôtel à Auteuil, si tu veux le savoir. C'est dans ces conditions que je te demande d'acheter une maison ici (j'en ai vu une rue de Flandres, au coin de la rue de Paris, beau jardin. Je l'ai à peu près achetée déjà) et de vivre en famille. Voilà. Je t'aime beaucoup. Tu as fait pour moi, tout ce que tu pouvais. Tu m'as donné de bons conseils. Tu as rompu avec moi dès que j'ai mal tourné. Tu es un honnête homme. Je t'aime beaucoup.

— Mais ma femme! Mais ma fille! Il n'y a pas plus honnête femme que ma femme. Elle ne voudrait jamais.

— Ta femme! dis-lui donc que je donne trois cent mille francs de dot à sa fille. Dis-le lui donc un peu.

— Ça n'y ferait rien du tout.

— Elle n'aime donc pas sa fille. Ah! mon pauvre frère, quel malheur!

— Mais moi-même, je n'entends pas cela. Tu pourrais avoir six millions. Je m'en moque. Tu vas me faire le plaisir de t'en aller. »

Elle s'en va. Mais elle a son projet. Car elle a causé avec la bonne, avant de conférer avec son frère, et elle sait l'existence de Paul Méry et la demande en mariage, et la rupture.

Tout heureux et tout fier de sa petite exécution, Dumont reste seul, se disant qu'il est doux d'avoir fait son devoir. Mme Dumont survient. Il lui raconte avec orgueil qu'il vient de mettre à la porte Mme de Xaintrailles, fille Dumont. Sa femme le félicite. Elle ne lui savait pas tant de décision. A la bonne heure ! Elle sait du reste les choses. Elle connait le caractère de son mari. S'il a eu tant de courage c'est par crainte d'elle. C'est elle qui, par son influence, invisible et présente, a chassé l'aventurière. Ah ! mais ! « Une fille qui prétendait manger le pain d'une maison où déjà il n'y en a guère ! Qui venait ajouter le déshonneur à la gêne, et à la gêne la ruine ! « A la bonne heure ! monsieur Dumont. Voilà comme je vous aime. Vous êtes un honnête homme.

— Certainement je le suis ; car c'est une fortune que j'ai refusée.

— Hein ?

— Oui, c'est peut-être la fortune...

— Quelle fortune ? A quoi penses-tu, seigneur ?

— A la fortune de Léontine !

— Comment ! cette gueuse...

— Elle a quinze cents mille francs, cette gueuse !

— Elle a quinze cents mille francs... Pourquoi ne m'as-tu pas consultée ?

— Hein !... Me reproches-tu d'avoir... ?

— Non ! mais *tu ne m'as pas consultée !*

— Avais-je besoin ?...

— *Tu ne m'as pas consultée !*

— Quand on est avec sa conscience...

— D'accord ! mais *tu ne m'as pas consultée.*

— Quand l'honneur parle...

— Oui ; mais *tu ne m'as pas consultée.* Tu ne me consultes jamais. M'as-tu consultée pour les laines ?

— Encore les laines !

— Oui, cherche à détourner la question. M'as-tu consultée pour les laines ? Non ! monsieur fait ses affaires tout seul ! Il est si intelligent ! Il est si sûr de ne faire jamais la moindre sottise ! Il spécule sur les laines, tout seul. Il ne prévient pas sa femme. Il décide de sa fortune en un tournemain au gré de son inspiration, de son génie, de son flair, de son coup-d'œil, de son caprice. Le pain de ses enfants, leur pain, sa femme, la considération de sa famille, tout cela sur un coup de dé, sur une intuition, sur une crise de générosité chevaleresque, sur... les laines ! Tenez, monsieur Dumont, j'ai toujours les plus grandes convenances dans mon langage, mais vous êtes une moule. »

Elle est délicieuse, cette scène, d'une mesure et d'un tact extraordinaire, sans un excès, sans une outrance, sans un « mot de cynisme », sans un seul de ces « mots profonds et inconscients » qui sont les plus faciles du monde à trouver. Les auteurs savent que ce n'est pas le fond de notre cœur qui se montre dans nos discours, mais qu'à travers les discours nous devons, nous spectateurs, lire le fond du cœur, qui se cache toujours. Il nous supposent intelligents. Ils ne sont que des vaudevillistes; mais ils nous supposent intelligents. Nous leur en savons gré.

Le troisième acte a encore toute une première moitié excellente. J'ai dit que Léontine avait son idée. Elle a été voir Paul Méry. Elle lui a fait part de ses instentions. Le Paul Méry revient à la maison Dumont, bien décidé à vaincre les scrupules de M. Dumont.

Il l'endoctrine en homme d'affaires sérieux et pratique qu'il est, et enfin, comme dernier argument : « Consultez plutôt Mme Dumont.

— Oh! Mme Dumont est une honnête femme. Elle va me reprocher l'affaire des laines, je la connais; mais l'expulsion de Léontine, jamais, ça jamais !

— Consultez Mme Dumont. »

Mme Dumont a fait le sacrifice de ses plus saintes répugnances. C'est pour sa fille ! Il faut accepter. « M. Dumont, le devoir est là. »

Le père Dumont, irrité et violent, comme quelqu'un qui va céder, insulte de tout son cœur M. Paul Méry. — Celui-ci, admirable. A chaque injure du père Dumont : « De la douceur ! » répète-t-il à Mme Dumont qui va se déchaîner, « de la douceur ! »

Toute cette scène est encore parfaite.

La fin de la pièce est bien manquée. Le père Dumont se décide à consulter la jeune fille elle-même. Ce n'était pas une mauvaise idée, mais à la condition que, comme dans *la Terre*, d'Emile Zola, dont cette scène (et peut-être toute la pièce) est inspirée, la jeune fille se révélât, d'un seul coup, comme une fille digne de sa mère, parfaitement au courant de toutes les choses de la vie, les acceptant avec une ravissante complaisance, et parfaitement digne, par conséquent, depuis bien longtemps, d'épouser l'honorable M. Paul Méry. Cela eût été tout à fait juste, précis, naturel, et nous eût renvoyés sur cette impression douce et joyeuse : « Allons ! allons ! ce mariage devait se faire. Ces jeunes gens étaient bien faits l'un pour l'autre. »

C'eût été l'exquise parodie du dénouement du *Fils de Giboyer*. Fernande va droit à Maximilien et le baise franchement au front parce qu'elle a reconnu en lui l'être loyal et généreux qui est son frère moral, et son complément nécessaire. Eugénie eût été droit à Paul Méry et à Léontine pour se placer entre eux comme entre ses parents naturels, et dans la famille providentiellement préparée à son noble cœur. Comme nous aurions bien compris cela !

Mais ce n'est pas du tout ainsi que les auteurs ont traité les choses. Eugénie est une innocente, une pure, une chaste et immaculée. Il faut lui expliquer ce que c'est que l'argent de sa tante, et ce que c'est que sa tante. Il faut que son père lui explique tout cela. Et alors c'est à la fois répugnant et invraisemblable. D'abord le père Dumont, qui est un honnête homme, ne devrait pas y consentir. Il devrait dire à sa femme : « Eh bien, chère amie, charge-toi d'expliquer cela à ta fille, si tu en as l'aplomb, puisque c'est toi qui désires ce mariage. » — De plus la jeune fille, si elle est restée si pure, doit être restée honnête, et ce n'est pas au moment où elle apprend ces choses, qu'elle doit s'y habituer si tranquillement. Plus tard, après réflexion, je ne dis pas ; mais tout de suite, non. L'innocence d'Eugénie necessite au moins quelques mois de délai pour que, mise au courant des choses, elle habitue son âme, si boueuse foncièrement que je me plaise à la supposer, à en accepter bien gentiment les bénéfices. Toute cette scène est absolument manquée.

J'en dirai autant de la suivante. Puisque Eugénie a consenti, tout est fini? Non. La tante revient, et c'est elle qui ne veut plus, ou qui fait semblant de ne pas vouloir. Elle a été choquée des façons de son frère à son égard. Elle veut se venger. Elle retire sa mise. Elle remporte son million.

Mais alors pourquoi revient-elle? Et pourquoi a-t-elle engagé une négociation avec Paul Méry? Pourquoi n'a-t-elle pas repris le chemin de fer?

Elle est inexplicable. J'ai cru un moment qu'elle avait menti, que son million était faux et que toutes mes belles canailles de la maison Dumont-Méry et Cie allaient tomber du haut de leurs espérances dans la boue des désillusions et de la misère hargneuse, et des récriminations réciproques. Comme c'est ainsi que j'eusse fait la pièce, moi, vieux jeu, je la voyais se diriger vers cette conclusion, non sans un secret plaisir.

Ce n'était pas cela. Le million était vrai, et *Tante Léontine* venait faire une scène à la famille, qui l'appelle de toutes ses généreuses aspirations, sans qu'elle eût à cela un motif que nous ayons pu apercevoir.

On la désarme avec des câlineries, on l'apaise, les jeunes gens seront unis, et feront souche d'honnêtes gens pleins de sentiments nobles et courageux.

Cette petite pièce a beaucoup de valeur. Elle est vive, alerte, rapide, bien coupée et bien conduite, et deux actes sur trois, sans compter presque la moitié du troisième, sont de premier ordre. Elle a même parfois une certaine profondeur. — Le caractère de l'honnête père Dumont est complexe et reste clair, ce qui touche au véritable art. Ce pauvre homme plein de probité, qui finit par être ébranlé par le « consentement universel, » qui, à force d'entendre tout le monde dire : « Mais tout cela est tout naturel ! » finit, tout en méprisant instinctivement tout le monde, par douter de son devoir et par se dire : « Après tout, c'est peut-être moi qui me trompe ! » ce caractère est très bien observé, et la déduction en est fine, déliée et claire. Il est bien bon à la fin (sauf dans la scène avec sa fille), quand sa femme lui dit : « Enfin, ce ne peut pas être une chose coupable que de pardonner à sa sœur ! — Non, répond-il piteusement, à voix basse et se parlant à lui-même, avec des hésitations se résolvant en acquiescements timides ; non, ce ne peut pas être une chose... coupable que de... pardonner à sa sœur. »

Cet ouvrage montre chez l'auteur si justement applaudi naguère, du désopilant *Marquis Papillon*, de véritables et solides qualités de poète dramatique.

XV

Théâtre Beaumarchais. — *Le Secret de la victime*, drame
en cinq actes, de Léon Brésil et Valéry Vernier.

13 Mai 1890.

Le *Secret de la victime* est un drame où l'on
peut étudier à son aise, et non sans profit, le détail
de procédés mélodramatiques. Il s'y montrent à l'œil
nu dans une franche et pure lumière. On peut les
compter et les démêler sans effort, et cette étude est
sigulièrement intéressante.

De quoi s'agit-il dans tout honnête drame du boulevard ? D'un gros secret qui occupe comme le centre
du théâtre et autour duquel tournent lentement
d'abord, en sondeurs, puis avec plus de hâte, puis
avec fièvre, puis éperdûment, un certain nombre de
personnes qui ont intérêt à le découvrir.

Entendons-nous. Elles ont intérêt à le découvrir en
ce sens que si elles n'y avaient point d'intérêt, elles
le laisseraient tranquille ; et il n'y aurait pas de drame.
Mais elles ont intérêt aussi, pendent très longtemps,
à ne le découvrir point, parce que si elles le découvraient trop vite, il n'y aurait pas de drame non plus.

Cela fait une antinomie, une contrariété. Le monde en est plein, et la vie humaine en est composée tout entière.

Dans le *Secret de la victime*, ce qu'on voit, d'acte en acte, avec un intérêt qui va croissant, ce sont des auteurs qui, à chaque étape, inventent à leurs personnages, tous intéressés à ce que le secret soit découvert, un nouveau prétexte qui leur permette de ne le découvrir aucunement. Tous n'auraient jamais qu'un mot à dire ; mais on les voit, au moment qu'ils vont prononcer ce mot décisif, se dire à eux-mêmes, en une réflexion rapide et sagace : « Mais, mon dieu ! si j'émets cette parole, le drame est conclu ! Il ne faut pas qu'il aboutisse si vite. Il n'est que dix heures. Trouvons quelque chose. Trouvons un prétexte. Découvrons-nous à nous-mêmes un motif inattendu de garder le silence. »

Ils le trouvent toujours. Ils sont ingénieux. Ils sont admirables à s'empêcher de parler, pour prolonger leur angoisse, qui nous est un plaisir. Ce sont des artistes.

Vous rappelez-vous ce personnage d'Edmond About qui est d'un pays où la loi permet au condamné à mort de choisir l'endroit où il sera décapité jusqu'à ce que mort s'ensuive, et où la loi lui donne une journée, à partir du prononcé de la sentence, pour trouver sa place favorite ?

Aussitôt que la sentance est prononcée, le condamné part, accompagné de deux bourreaux, à la recherche de l'endroit rêvé.

Les bourreaux exhortent le patient à l'indifférence à l'égard des lieux. Ici ou là, il n'importe au sage. Ces considérations laissent généralement le condamné très incrédule. Il tient à choisir son endroit. C'est bien le moins que l'on meure dans un paysage de son goût.

Ils se promènent dans tout le pays, en touristes. Ils examinent les sites en connaisseurs. Peu à peu les bourreaux entrent dans les sentiments du condamné et font aussaut avec lui de dilettantisme : « Ah ! pour un joli endroit, cette fois, voilà un joli endroit ! Tu ne pourras pas mieux trouver. C'est plein de chants d'oiseaux.

— Non ! dit le condamné ; il y a des mouches.

— Mais ici ! Ah ! ici ! tu n'auras pas d'objection L'air tout entier est un parfum. Cet horizon fuyant est fait à souhait pour le plaisir des yeux.

— Non ; c'est trop près des maisons. On pourrait nous voir.

— Tu es vraiment trop difficile ! On ne peut pas savoir ce qu'il te faut. Tu as de l'inquiétude dans le caractère. »

Le condamné se décide d'ordinaire au coucher du soleil ; et les bourreaux lui coupent familièrement la tête.

Les personnages de mélodrame sont dans une situation d'esprit analogue. Jusqu'à minuit ils ne sont pas pressés. Ils s'attardent. Ils inventent des prétextes à se ralentir. Ils s'entendent merveilleusement à ne pas s'entendre. Ils pratiquent en grand la conspiration du silence. Ils trouvent, soit dans les circonstances, soit dans des trésors intimes et jusque-là inconnus d'eux, de délicatesse, des motifs puissants, ou d'ignorer ce qu'ils pourraient connaître, ou de ne point découvrir ce qu'ils devraient voir, ou de cacher à tout l'univers ce qu'ils devraient crier sur les toits. On les comprend et on les excuse. Il faut que le drame dure. On serait à leur place qu'on en ferait autant.

C'est ainsi qu'Henri Fénerolles ayant commis un crime...

Mais d'abord un premier moyen pour prolonger convenablement un drame est de commencer par étendre l'exposition sur deux actes au lieu d'un seul. L'exposition du *Secret de la Victime* prend les deux premiers actes tout entiers. Ce que nous apprenons d'abord c'est que Claudine, jeune orpheline recueillie par Mme Fénerolles, tout comme dans la *Bûcheronne*, est aimée passionnément du jeune homme du château, l'aimable Urbain Fénerolles. Seulement, il y a des différences de cette situation à celle de la *Bûcheronne*. D'abord la jeune Marie a été un peu plus loin dans le chemin du crime que la jeune fille de la *Bûcheronne*. Vous m'entendez suffisamment. — Ensuite, vous vous rappelez le jeune homme dans la *Bûcheronne*. Il était mi-partie ; il avait deux traits de caractère. D'un côté, il était amoureux et tendre, d'autre part, il était chasseur enragé et très brutal. Dans le *Secret de la Vctime*, ce jeune homme s'est dédoublé. Il est devenu deux jeunes gens, deux frères. L'un, celui que je viens de vous présenter, est tout amour et tout tendresse; l'autre, Henri Fénerolles, est une espèce de loup-garou, hirsute et formidable, qui fait frémir rien qu'à le regarder, et qui passe sa vie à s'enfoncer dans des fourrés impénétrables à la poursuite d'animaux divers. Mais lui aussi est amoureux de la jeune Claudine, et la persécute d'assiduités féroces et épouvantables qui inspirent à la jeune fille une répulsion excusable.

Ceci posé, figurez-vous que le jeune Urbain, qui du reste ignore l'amour de son frère pour Claudine, mais qui est gêné au château dans la manifestation de ses tendresses, propose à Claudine de fuir avec lui, loin, bien loin, encore plus loin, toujours plus loin; et que celle-ci, trouvant cette destination à sa convenance, accepte avec gratitude la proposition.

Rendez-vous est pris pour le lendemain à un « pavillon isolé » — le pavillon isolé, vous connaissez tous cela — et voilà le premier acte très suffisamment rempli.

Au second, c'est, bien entendu, au pavillon isolé que nous retrouvons nos amoureux. Mais pourquoi Urbain a-t-il choisi un endroit solitaire comme lieu de rendez-vous, et pourquoi Claudine l'a-t-elle accepté? Il y avait bien des chances pour qu'on y trouvât l'affreux Henri, puisqu'un lieu solitaire, c'est là qu'Henri est toujours.

Aussi s'y trouve-t-il parfaitement, même avant les

amoureux, et quand Claudine qui, par malheur, arrive la première, lui apparaît, c'est une scène, oh! une scène terrible, où, après supplications, refus, lutte et bras tordus selon les us, Henri, décidément revenu à l'état sauvage, enfonce son couteau dans la poitrine de Claudine.

Le pauvre Urbain arrive pour la trouver baignée dans son sang et pour s'y baigner lui-même en la prenant dans ses bras.

Voilà l'exposition.

Le drame sera comme vous le prévoyez, Urbain accusé du meurtre de Claudine, et ne pouvant réussir à secouer cette accusation fastidieuse autant qu'injuste.

Car on a des présomptions contre lui. Il a du sang à ses manchettes, ce qui est bien grave. On a fouillé dans les papiers personnels de Claudine, et l'on a trouvé dans une lettre de l'écriture d'Urbain ces mots révélateurs des plus noirs desseins : « ...Si tu te mariais, je ne sais à quelles extrémités je me porterais. »

Ne dites pas que de telles présomptions sont insignifiantes. La justice n'en demande pas davantage. Peut-être même en demande-t-elle moins.

Et l'on interroge Urbain. — Et voilà où commence à se montrer l'admirable adresse des personnages à faire reculer devant eux un dénouement qu'ils ne veulent point qui soit trop hâtif. On demande à Urbain : « Pourquoi, s'il vous plait, vous trouviez-vous à neuf heures du soir au pavillon isolé? » Mon Dieu, je me crois aussi délicat qu'un autre ; mais

Claudine est morte. Sans aller jusqu'à dire : « Claudine était ma maîtresse, et j'allais au pavillon pour lui prouver à quel point je la considérais comme telle » ; il me semble qu'à la place d'Urbain je dirais : « Mon Dieu, messieurs, quand un homme de mon âge se rend à un pavillon où s'est rendue préalablement une jeune fille, ce peut être pour l'assassiner, mais ce n'est pas nécessairement pour cela. »

Un juge d'instruction français comprendrait très bien. Les juges d'instruction français ont presque tous été vers le fond du parc dans leur jeunesse.

Mais si Urbain parlait ainsi, non seulement il compromettrait la mémoire de Claudine, mais encore, ce qui est bien plus grave, il terminerait le drame tout de suite, et c'est surtout devant cette « extrémité », comme il dit dans ses lettres, qu'il recule avec horreur.

Aussi ne répond-il rien. Pas un mot. « Je ne dirai rien. Cela, voyez-vous, c'est le secret de la victime. Je ne dirai rien.

— Mauvais système de défense, lui réplique-t-on. »

Ça, c'est vrai.

Et là-dessus on interroge le grand frère, Henri l'oiseleur, qu'on a découvert dans un fourré quelconque. Ah ! celui-là, c'est plus difficile qu'il ne parle pas. Car ce n'est pas un assassin vulgaire ; ce n'est pas un Ménesclou ; il a tué dans un mauvais moment ; mais il n'est pas sans quelque sentiment noble. Il dira sans doute : « Elle me résistait ; je l'ai assassinée. » Mais il ne peut pas le dire ; car le drame serait fini.—Comment fera-t-il?...Très ingénieux celui-là dans ses moyens de silence. Il devient fou, voilà. Il n'a trouvé que cela, mais il l'a trouvé. Eh! eh! Tout le monde n'aurait pas eu cette idée. Il devient fou à lier, et se disperse dans la plaine.

A la bonne heure ! Des trois personnes qui ont le secret, l'une est morte, l'autre s'est mise un bœuf sur la langue, comme parlent les Grecs, la troisième est folle. Nous sommes bien tranquilles.

Oui, mais Claudine, comme du reste vous l'avez très bien prévu, n'était pas si morte que cela. Dans les mélodrames on a la vie dure. Les résurrections y sont du domaine du naturel. Claudine a été transportée morte dans la « pauvre chaumière » de son père, qui est sorcier, et là a joué au naturel la scène de la petite Louison de Molière : « Tout beau, mon père, ne pleurez pas. Je ne suis pas tout à fait morte. » Son père l'a très bien soignée ; car il est sorcier, et a un peu fréquenté les médecins militaires dans sa jeunesse ; et en peu de temps, pendant qu'Urbain attend le jour des assises, l'a remise à peu près sur pied.

Voilà le secret de la victime qui n'est plus enterré. Il va sortir de la bouche de la victime elle-même. Est-ce que le drame va finir ? Nous consultons nos montres. Dix heures et demie. Non le drame doit durer encore. Au tour, donc, de Claudine, de trouver un motif pour ne pas parler. C'est son devoir. Elle le sent, et cherche un prétexte à se taire.

Elle le trouve. Au troisième acte Urbain a montré beaucoup de délicatesse ; Claudine n'en montrera pas moins. Elle ne parlera pas, parce que parler serait dénoncer Henri, ternir l'honneur de la famille Fénerolles. — Oui, mais pendant ce temps-là on va couper le cou à Urbain Fénerolles et l'honneur de la famille Fénerolles ne sera peut-être pas moins compromis. — N'importe, chacun a sa façon de comprendre son devoir, et le difficile n'est pas de faire son devoir, c'est de savoir où il est. Claudine est persuadée qu'il vaut mieux qu'Urbain, qu'elle aime, soit guillotiné comme meurtrier, que si Henri, qu'elle déteste, était décapité comme assassin. C'est son opinion, et toutes les opinions sont respectables quand elles sont sincères. Voilà pourquoi cette fille est muette.

Donc, nouvelles scènes de silences entêtés et farouches. Des silences prolongés par des silences ce sont les forêts vierges de la Louisiane, selon Châteaubriand ; c'est aussi le *Secret de la victime* de Beaumarchais.

Ici un incident. Le fou assassin, qui rôde toujours à travers les clairières et les ravins, vient frapper à la « pauvre chaumière », et la vue de la victime lui rend la raison. Nouvel espoir. Celui-là parlera peut-être. Le père de Claudine jure ses grands dieux qu'il parlera. Il regarde l'assassin dans les yeux, et lui suggère, avec des flots de fluide, l'idée de parler. Le fou lucide ne montre pas un mouvement de résolution très évident à tous les regards. Manifestement il tergiverse. Sa double personnalité ne constitue pas chez lui un double dessein, comme chez d'autres « dédoublés » que la science nevrologique étudie en ce moment. Fou, il ne se souvient pas de son crime; mais lucide, il ne semble pas tenir énormément à s'en souvenir. Ce crime a des chances de rester enseveli ou dans les ombres de la folie, ou dans la discrétion naturelle à l'homme du monde. Il risque fort de n'être jamais révélé à l'univers.

Henri, sous le regard hypnotiseur du père de Claudine, recule lentement vers la porte, la cherche un instant, se retire avec douceur, et regagne le fond des bois et leur vaste silence. Le Silence est le Dieu de cette pièce essentiellement mystique. Il y a du symbolisme là-dedans, me dit un décadent de mes amis.

Cependant le dénouement approche. Non pas que rien nous y conduise et nous en fasse sentir l'imminence. Mais il approche tout simplement parce qu'il est onze heures et quart. — Nous voilà de nouveau au château des Fénerolles. Claudine est guérie, et silencieuse plus que jamais. Elle pleure très bien; mais elle ne parle pas du tout. En vain on lui représente qu'Urbain, en ce moment même, est assis sur le banc d'infamie, et qu'il suffirait d'une parole pour le sauver. Elle ne parlera pas. J'ai dit ses raisons; elles sont restées les mêmes; le besoin pressant du danger n'est pas pour la faire changer d'avis.

Henri reparaît. Enfin ! Se serait-il décidé ? A parler, non, mais à mourir. Dans cette pièce-là, s'ouvrir les veines n'est rien, c'est ouvrir la bouche qui est une affaire. Il revient, s'assied, se lève, se rassied, bénit tout le monde avec beaucoup d'onction, et annonce qu'il a fait couler dans ses brûlantes veines un poison que Médée apporta dans Athènes. Voilà ce qu'il a trouvé. C'est insuffisant comme dénouement et comme réparation ; mais c'est très bien comme souvenir classique.

Et alors Urbain sera guillotiné ? — Pourquoi ? Croyez-vous donc que les jurés français soient des bêtes ? Urbain a passé aux assises ; il n'a rien dit, bien entendu ; mais son avocat a parlé, et fort bien (ce qui m'étonne, c'est qu'Urbain ait permis qu'on parlât pour lui ; ce n'est pas dans son caractère) ; et il a été acquitté sur insuffisance de preuves. Il est certain que les preuves étaient un peu insuffisantes.

Et tout le monde est content, personne, sauf l'avocat, n'ayant parlé. Ils y ont réussi ; ils ont été jusqu'au bout sans parler ni les uns ni les autres. Ils ont tous gagné cette gageure. Cette pièce est évidemment une protestation contre le système parlementaire.

C'est égal, ils ont eu de la chance. Sans l'intelligence du jury français, dont, à la vérité, il n'est pas permis de douter, mais qui, pour une fois entre toutes, aurait pu cependant être en défaut, Henri fût mort, mais Urbain aussi et Claudine, de chagrin, pareillement, et Mme Fénerolles de douleur tout aussi bien, et le père de Claudine, de désolation, non pas moins.

Ils ont couru de bien grands risques. Le sévère Dieu du silence est un des frères de la mort. C'est la moralité de cette comédie.

Je n'ai peut-être pas besoin de faire remarquer que ce drame n'a que de lointaines relations logiques avec le sens commun ; mais il ne faudrait pas croire qu'il fût absolument ennuyeux. Il est assez varié ; il est très clair ; on le suit sans effort, et, encore qu'on les trouve bien bizarres en leurs démarches intellectuelles, on s'intéresse aux personnages, qui sont, pour la plupart, et, mon Dieu, jusqu'à l'assassin lui-même, des gens d'assez bon cœur.

Cette petite assassinée est gentille. Elle a une douce passivité. On sent que, dans cette famille des Fénerolles, elle se considère comme un bon petit chien, aimé, battu, à moitié tué, guéri, caressé, toujours fidèle, et qui ne parlera point contre ses maîtres, ce qui est dans les habitudes de la race canine. Elle est touchante. On a envie de lui donner du sucre. On dit, comme les bonnes gens, de leur Miraut, ou de leur Azor : « Ah ! la bonne bête ! Et intelligente ! Il ne lui manque que la parole ! »

Son vieux rebouteux de père est un brave homme aussi, et la vieille madame Fénerolles est une brave femme. Elle marie Claudine à Urbain, après tant de traverses, avec une joie attendrie qui remue toutes les fibres des cœurs sensibles.

Le *Secret de la victime* aura son petit succès, peut-être même son grand succès, de quartier.

XVI

Comédie-Française : *Une famille*, comédie en quatre actes, de M. Henri Lavedan.

20 Mai 1890.

M. Henri Lavedan, très connu et singulièrement apprécié pour son esprit aigu et perçant de pince sans rire, et pour sa connaissance vraie du monde parisien et de la vie moderne, a fait représenter hier à la Comédie-Française une grande comédie de mœurs qui a été fort applaudie, mais dont le succès ne me parait pas sonner le plein, et ne me semble pas devoir se prolonger auprès du public bourgeois.

Il ne faut pas pour cela, comme on le fera certainement, et comme sans doute on le fait à l'heure où j'écris, se répandre en récriminations contre la Comédie-Française, comme s'il n'était pas permis à la Comédie-Française de commettre une erreur; et dire, par exemple, que l'influence du monde auquel appartient M. Lavedan a été pour quelque chose dans l'accueil fait par la Comédie-Française à sa pièce. La pièce de M. Lavedan méritait hautement d'être reçue du premier coup et sans hésitation, quand même elle eût été signée du nom d'un jeune inconnu ; et parce qu'elle l'était par le jeune héritier d'un nom célèbre, ce n'était pas sans doute une raison de la repousser. On peut se plaindre de ce que la Comédie-Française a refusé des pièces très supérieures à *Une Famille* ; mais qu'elle ait reçu *Une Famille*, non, il n'y a pas à se récrier.

Une Famille est une tentative singulièrement intéressante, une petite pointe et reconnaissance dans des régions inexplorées de l'art dramatique, qu'il convenait d'accueillir avec empressement de quelque part qu'elle vînt; et c'est ce que la Comédie-Française a fait avec grande raison.

M. Henri Lavedan, à qui certes on ne reprochera pas de se traîner dans l'ornière conventionnelle, a été frappé d'un trait des mœurs contemporaines qui, en effet, ne laisse pas d'être assez curieux, encore que je désire qu'on n'abuse point de cette découverte, ce qu'on commence à faire, sinon au théâtre, du moins dans le roman. Il a remarqué combien les « crimes d'amour » et les autres aussi, les petites et les grandes infamies, sont souvent commis dans le monde moderne par des êtres mous, nonchalants et veules, comme on aime à dire, qui n'en sentent aucunement l'importance, n'y mettent aucune passion, n'y prennent aucun plaisir, et *par conséquent ne sont pas coupables.*

Ces grands crimes tragiques dont les familles des Tantalides et des Labdacides sont toutes pleines, ces grandes horreurs eschyliennes et shakspeariennes, elles sont là, à côté de nous, elles se voient, oui, elles se voient, car elles ne prennent presque point la peine de se cacher, tous les jours, mais elles n'ont vraiment point d'importance, tant les criminels, en les commettant, y tiennent peu. Car ce qui fait le crime c'est la conscience qu'on en a, c'est l'effort qu'il coûte, c'est l'horreur qu'il cause au moment même qu'on va le commettre et le remords qu'il laisse après lui. En d'autres termes ce qui fait le crime c'est la vertu de celui qui s'en rend coupable. Si la chose vous paraît ébouriffante, réfléchissez une seconde, vous verrez qu'elle est parfaitement vraie.

Seulement comme vérité de théâtre, ah dame !... Car cela est d'une psychologie, qui, encore qu'exacte, est terriblement aigue et minutieuse, et dans une salle de spectacle peut-on faire de la psychologie minutieuse et aigue ? Certainement, mais c'est effroyablement difficile. Racine par exemple... Marivaux sans aller plus loin... Mais il y faut une sûreté, et un art des nuances, et aussi une autorité sur le public qu'un débutant n'a pas toujours ; et peut-être aussi, un public peu nombreux, restreint même, et capable de réflexion, comme était celui du dix-septième ou du dix-huitième siècle.

Car, remarquez, ces crimes dont je parle sont gros en eux-mêmes, dans les idées toutes faites que j'apporte au théâtre, et tout personnage capable de les concevoir me paraît, par cela seul, un être violent et excessif, aux passions profondes et terribles ; — et ce sont précisément des êtres effacés et presque neutres que vous voulez me présenter comme concevant, et tout près d'accomplir, ces crimes-là, et c'est précisément dans ce contraste que vous mettez toute l'originalité de votre œuvre ! Que d'adresse il vous faudra donc dans l'exposition et le développement d'une pareille pièce !

De plus c'est, pour ainsi dire, l'atténuation du crime dans des âmes languissantes et atones que vous voulez me peindre ! Or le théâtre exige, on le sait assez, et il n'y a pas à revenir là-dessus (ou bien il faut du génie pour changer ces conditions, ou s'en affranchir) un *grossissement*, une exagération, une surcharge énorme de tous les traits ! Il y a donc là une extraordinaire difficulté dont c'est presque une gageure que de prétendre sortir.

En prenant la pièce de M. Lavedan comme exemple, voici l'affaire. M. Le Brissard a épousé la fille du commandant Chalus, l'a aimée six mois, comme il arrive, a pris une maîtresse, s'est dégoûté de cette maîtresse, et en est à aimer la seconde femme du commandant Chalus, sa « demi-belle-mère » comme il dit, une jolie quadragénaire fort appétissante.

Et ces gens-là feront, au moins commenceront de faire, toutes les choses que font en pareil cas les êtres violents, passionnés, primitifs, populaires, excessifs et *directs*. Comment veut-on que, moi, je sache que ces gens-là sont des êtres mous, sans consistance, raffinés, atténués, exténués et gauchissant dans le mal, en tant qu'ils n'ont pas assez de caractère pour être même de grands vicieux ?

Il faudrait que l'auteur, par un moyen à trouver et que pour l'instant je ne trouve pas, m'en prévînt, me le fît soupçonner, me mît sur la voie, qui, on en conviendra, n'est pas la voie tout ouverte et où je m'engagerai de moi-même.

Or, cet art de me prévenir, non seulement l'auteur ne l'a pas, mais on dirait qu'il ne veut pas l'avoir, et que c'est au contraire sur l'effet de surprise qu'il compte pour le succès de son œuvre. Ces êtres (sauf un seul, il faut tout de suite faire loyalement cette restriction) il me les présente comme parfaitement violents et rudement passionnés, ainsi que vous et moi, et même bien davantage, comme ayant, au contraire, ou semblant avoir, un excès et une outrance dans l'énergie de la passion.

— C'est l'excès nerveux des gens faibles. — Je le veux bien, je ne demande pas mieux que de le vouloir, mais je ne m'en apercevrai qu'à la fin, et rien ne m'en avertit au commencement.

Au commencement, qu'est-ce que je vois ? La jeune épouse délaissée, dans un état d'exaspération incroyable et qui va jusqu'à surprendre, contre son mari qui la délaisse, contre son père qui s'est remarié, contre sa belle-mère à qui elle voit que son mari fait la cour, contre la fille de cette belle-mère, contre tout le monde.

Je vois le commandant Chalus, vieil explorateur, émule des Livingstone et des Stanley, qui m'a l'air d'un gaillard à donner un bon coup de revolver à qui toucherait à son honneur où à quelque chose d'approchant.

Je vois Mme Chalus, « la belle-mère », levantine mystérieuse et énigmatique, qui ne m'annonce rien de très bon.

Je vois une scène d'une extrême violence entre la jeune femme délaissée, Mme Le Brissard, et la fille de la belle-mère, Mlle Marie. Celle-ci portant à sa robe les dentelles de la première Mme Chalus, mère de Mme Le Brissard, dentelles que le commandant Chalus lui a données, Mme Le Brissard les lui arrache presque, la force à les arracher, en l'accablant de reproches, et c'est une altercation terrible à la fin de laquelle les deux jeunes femmes se disent solennellement : « Etrangères jusqu'à la mort ! »

Il est impossible que je ne me dise pas : « Voilà une maison où il va se passer un drame formidable. J'ai affaire à des gens dont les uns sont des vicieux monstrueux, et les autres des honnêtes gens enragés, comme il se passe dans les tragédies classiques et dans les modernes mélodrames ; il y aura là des armes, des cris et du sang. »

D'autant plus que tout a lieu pendant quelque temps comme je l'avais prévu. Au second acte l'aimable jeune Le Brissard, tout entier à sa passion pour sa belle-mère, cherche à se détacher de sa maîtresse qui le « harponne », et à réduire durement sa femme qui le gêne ; et l'on voit maîtresse et femme méditant évidemment, chacune de son côté, quelque mauvais coups de vitrioleuse.

De jolies scènes, bien conduites, relevées d'un dialogue très apprêté et artificiel, mais ingénieux et piquant, m'apprennent que l'auteur a de l'esprit, mais m'apprennent surtout que ce petit vibrion de Le Brissard se met dans un cas qui peut devenir très mauvais ; et j'entends l'orage gronder sourdement, et se rapprocher de plus en plus.

De Mme Chalus, je ne sais rien ; et cela je l'admets très bien. Femme mariée, non attaquée encore à fond par l'amoureux qui rôde autour d'elle, elle a le droit de ne rien dire du tout, et de rester le point d'interrogation de la pièce, le personnage dont on dit : « C'est de lui que tout dépend ; nous verrons, quand il en sera temps, quel est son caractère et ce qui devra en résulter ». Mais je sais bien que le drame est violent, par le fait de la situation d'abord, ensuite par le fait des caractères qu'il me semble qu'ont ces personnages, lesquels me paraissent parfaitement violents et doués de passions énergiques, sans que rien m'avertisse encore que c'est le contraire.

Tenez, j'ai un remords, je me dis qu'une certaine scène aurait dû m'avertir qu'au moins la maîtresse de Le Brisard, madame Jauzelles, est une hurluberlue sans conséquence et non un être capable de concevoir de noirs desseins, et surtout de les soutenir. La scène de sa rupture avec Le Brissard est sur un ton léger, pimpant, coquet, et malicieusement nonchalant qui devait être pour moi un avertissement. — Il est possible; mais à l'audition, c'est l'impression contraire que j'ai eue. Peut-être parce que le dialogue, trop spirituel de M. Lavedan, a quelque chose qui sent le travail et l'effort, c'est l'effort qu'on fait pour être léger et joliment badin quand on est au fond ulcéré et furieux que je croyais sentir dans le langage précieux et entortillé de Mme Jauzelles. — Et je me disais : « Compris ! (je ne comprenais rien du tout), compris ! Voilà une femme qui fait la très gentille et traite cette rupture sur un ton de détachement éminemment mondain. Mais, comme Le Brissard nous a appris qu'elle le persécute depuis trois mois, et comme je sais ce que c'est que ces badinages dans la bouche d'une femme qui aime, je dis que cette femme va faire un mauvais coup tout à l'heure. »

Et ce qui suit n'a fait que me confirmer dans mes impressions du premier et du second acte. Au troisième acte, la situation arrive à son point culminant. La crise éclate. Le petit Le Brissard, après avoir donné à sa maîtresse un dernier rendez-vous auquel il manque, fait enfin sa « déclaration » à madame sa belle-mère, et la presse très vivement. Cette scène est fort bien faite. Il s'agit pour l'auteur, qui veut réserver la *décision* de Mme Chalus pour son dénouement, de ne faire répondre à Mme Chalus, pour le moment, ni *oui*, ni *non*. Il y réussit avec une adresse singulière qui lui fait grand honneur et qui nous fait prévoir, ou au moins espérer, un auteur dramatique très distingué. Le Brissard est très hardi, Mme Chalus, avec des railleries spirituelles qui peuvent passer pour des encouragements et qui peuvent aussi annoncer une décision non seulement négative mais méprisante, ne se découvre point, se garde complètement, et laisse Le Brissard sur l'espérance, nous dans le doute, et par conséquent dans une curiosité très heureusement ménagée.

Voilà qui est fort bien. Mais cette scène a été vue et entendue tout entière par la maîtresse jalouse, par Mme Jauzelles, et vite celle-ci avertit Mme Le Brissard. Les deux jalousies se rencontrent et s'unissent, les deux délaissées conspirent, les deux rivales font cause commune. Voici comment.

M. Chalus a l'habitude de faire déposer les lettres qui lui sont adressées dans une boîte dont il a la clef (Tiens ! de l'Ibsen ! mais ça ne fait rien. Quand on jouera *Maison de Poupée* en France, Ibsen passera pour avoir emprunté cela au théâtre français, et voilà tout). Mme Jauzelles écrit une lettre anonyme où elle prévient M. Chalus que sa femme et... quelqu'un sont fort bien ensemble, et le lendemain doivent se rencontrer à dix heures du matin dans un hôtel voisin, encore inhabité, appartenant à M. Chalus.

Cette lettre, Mme Jauzelles la fait lire à Mme Le Brissard, la lui laisse, et arrive que pourra ! Elle sait bien que Mme Le Brissard va la jeter dans la boîte, comme s'il s'agissait de mystifier un journal du soir.

C'est en effet ce que fait avec empressement Mme Le Brissard, et à peine l'a-t-elle fait qu'elle s'en repent, et pleure de tout son cœur ; mais c'est chose sur quoi il n'y a pas à revenir.

En rentrant du théâtre M. Chalus lit la lettre, et ne manifeste aucune espèce d'émotion. Mais ce calme est gros de tous les orages, bien entendu.

Ne sommes nous pas en plein drame ? Ne devons-nous pas nous attendre à tout et au reste ? Tous ces êtres ne sont-ils pas, ne semblent-ils pas être, et en eux-mêmes très passionnés, puisqu'ils font ce qu'à l'ordinaire les passionnés sont seuls à faire, et entraînés par les évènements, poussés par la logique de la situation à toutes les violences, aux extrêmes fureurs ?

Cette petite enragée qui arrachait les dentelles au commencement, qui à présent jette dans des boîtes à secret des lettres anonymes, n'est-elle pas une Hermione très manifeste ?

Cette maîtresse délaissée, qui écrit des lettres anonymes et qui les fait lire à l'épouse, et qui les fait porter à qui de droit par l'épouse, n'est-elle pas une vitrioleuse mondaine très raffinée ?

Ce commandant Chalus qui aime éperdûment, en quinquagénaire (c'est tout dire), sa jeune seconde femme (c'est tout dire encore plus) et qui lit si froidement la dénonciation, si froidement, remarquez ce point, ne nous laisse-t-il pas espérer ou craindre qu'il va être sinon un Othello, du moins un Orosmane très appréciable ?

Eh bien, la métamorphose des tigres en brebis, ou plutôt cette révélation que nous avions pris des brebis pour des tigres et que nous sommes des imbéciles, voilà ce que nous réservait le dernier acte.

Au dernier acte, nous sommes dans l'hôtel d'à côté où Le Brissard a donné rendez-vous à Mme Chalus. Tout le monde s'y trouve, mais tout le monde dans les dispositions les plus pacifiques, comme vous allez voir. La nuit a porté conseil, ou a calmé les nerfs émus.

Mme Jauzelles arrive pour jouir du petit spectacle. Elle rencontre Mme Le Brissard : « Je te chasse ; va-t'en, lui dit celle-ci.

— Pourquoi ?

— Parce que tu m'ennuies. Tu troubles mon ménage. Tu es très probablement la maîtresse de mon mari, et tu m'as fait faire hier une chose indigne. Va-t'en !

— C'est bien, je m'en vais ».

Elle s'en va bien facilement. Elle, qu'aux petites infamies que nous lui voyons faire, nous jugions si passionnée ! C'est ainsi ! Elle s'est assagie tout d'un coup. Elle a bien dormi. Cela repose. Soit. Etrange pourtant.

M. Chalus arrive. Pour tout tuer, sans doute ? Eh non ! pour écouter aux portes simplement, et pour voir comment, entre sa femme et M. Le Brissard, se passera le petit entretien.

Il est bien calme ! Soit, cependant, et ici je le dis sans raillerie. Cet homme peut être énergique et calme. Il se contient, il veut voir et entendre, n'éclater qu'ensuite. Ceci est très acceptable.

M. Le Brissard et Mme Chalus surviennent. Ici la scène, quoique, par instant, beaucoup moins légère et fine que n'a cru l'auteur, et rappelant un peu la fin de *l'Homme n'est pas parfait*, de Lambert Thiboust, est vraiment agréable. Mme Chalus se moque gentiment, doucement et maternellement de M. Le Brissard: « J'ai quarante ans, mon ami. J'avoue trente-cinq ans dans le monde, mais j'en ai quarante et un. Nous sommes en entretien criminel, et dans un entretien criminel les coquetteries font place à la franchise du cœur... et j'ai quarante-deux ans. Allons! vous n'allez pas être l'amant d'une femme de quarante-trois ans qui pourrait être votre mère, et qui a vingt ans de plus que vous qui en avez vingt-cinq. On se moquerait de vous au cercle. Allons, mon petit. Puisque je suis votre demi-belle-mère, donnez moi un demi-petit-fils ; car à vous, il ne faut pas demander davantage, et n'en parlons plus. »

La scène est gentille. Le petit Le Brissard, très penaud, finit par plaisanter lui-même : « Un moment d'égarement...... Nous avions dîné en tête-à-tête...

— Oui, mon ami, et vous aviez pris deux tasses de café...

— Une distraction.

— C'est cela, c'était par distraction que... Vos amours ne sont jamais autre chose, à dire le vrai ».

Et M. Chalus rentre, et pardonne. Et Mme Le Brissard rentre et pardonne.

Pour M. Chalus, d'accord. Mais la déchireuse de dentelles, pourquoi ? Parce que Mme Chalus refuse. Le Brissard est-il donc comme s'il n'avait pas proposé ? Suffit-il d'échouer pour que votre femme ne soit pas jalouse ? Hum ! Je voudrais bien.

Nous sommes tous un peu étonnés de ce dénouement émollient et lénitif. C'est que nous n'avions pas compris. Nous n'avions pas compris que tous ces êtres sont des « fin de siècle », *des êtres mêlés à des sentiments trop forts pour eux,* à des sentiments qui étaient tragiques pour nos ancêtres, parce que ceux-ci les éprouvaient réellement, mais qui pour nous, ne sont que des illusions et je ne sais quelles ombres vaines où nous nous amusons, et qu'en réalité nous n'atteignons pas.

Mme Jauzelles c'est la vitrioleuse qui n'aura jamais le courage que d'acheter le vitriol ! Mme Le Brissard, c'est la femme à lettres anonymes qui n'aura jamais que le courage d'écrire la lettre anonyme et qui ne l'enverra jamais, ou qui, si elle la met à la poste, ira se jeter aux pieds du receveur, pour qu'on lui permette de la reprendre ; Mme Chalus, c'est une femme honnête qui n'a pas la dignité de son honnêteté, et qui permettra pendant deux mois qu'on lui fasse la cour, et que, par-ci, par-là, on l'embrasse sur l'épaule, parce que pour être honnête femme tout à fait, il faut « cette grande roideur des vertus des vieux âges » qui n'est plus de notre temps.

Etc. Voilà pourquoi tous ces personnages commencent tout ce qui est chose grave et tragique, ou au moins sérieuse et importante, et ne l'achèvent jamais. C'est leur originalité, la marque de leur caractère, ou plutôt la marque de l'époque sur leur caractère. Et voilà pourquoi, sans qu'ils le soient au fond, ils paraissent si parfaitement incohérents.

Un seul paraît ce qu'il est du commencement à la fin, et aussi est-ce le mieux venu de tout l'ouvrage, c'est le jeune Le Brissard. C'est un duc de Septmonts de 1890. Il n'a plus ce qu'avait encore d'âpre et de dur dans l'égoïsme impérieux son frère aîné. Il est petit, tout petit. Il s'appelle Vibrionet. Encore, au commencement, a-t-il quelques duretés et quelques rudesses de langage ; mais ce ne sont que choses d'emprunt. Il imite son grand frère.

Voilà les choses qu'il fallait que nous comprissions dès le commencement, pour goûter la pièce. Nous ne l'avons compris qu'à la fin et j'ai tâché ici de montrer pourquoi.

Il reste que M. Henri Lavedan a de l'esprit, beaucoup d'esprit, de l'esprit qui n'est pas très naturel, spontané et jaillissant, et qui, par conséquent, n'est pas de l'esprit de théâtre, de ce genre d'esprit qui fait merveille en choses imprimées, de l'esprit de livre ou de journal, à la Chamfort ou à la Rivarol, de l'esprit comme je voudrais bien en avoir quand j'écris un feuilleton, de l'esprit enfin qu'on ne goûte au théâtre qu'après un instant de réflexion, et qui, par conséquent, ne fait pas éclater le rire et partir l'applaudissement ; mais enfin de l'esprit souvent très original et très piquant, une manière d'*humour* obliquement et insidieusement pénétrante, que, pour mon compte, je goûte infiniment, et qui pourra peu à peu s'assouplir, s'aviver, devenir plus alerte et plus directe et s'accommoder au théâtre. M. Henri Lavedan reste une grande espérance.

Sa pièce du reste, a réussi, a été chaudement applaudie, et c'est surtout, (comme toujours d'ailleurs), mon impression personnelle qu'il faut voir dans ce qui précède, plutôt qu'une traduction des sentiments du public, lequel s'est montré beaucoup plus franchement favorable à la pièce que je ne le suis.

XVII

Théatre-Libre. — *Les Revenants*, de Henrick Ibsen, traduction de M. Rodolphe Darzens.

3 Juin 1890.

L'événement dramatique de la semaine était la première représentation en France d'un drame de M. Henrik Ibsen.

Quelque ridicule qu'il y ait toujours à parler de soi, je ferai remarquer brièvement qu'on peut se fier à moi si je me montre favorable aux *Revenants* ; car je crois être peu suspect de ce genre de snobisme, éminemment et exclusivement français, qui consiste à admirer béatement tout ce qui vient de l'étranger. J'ai, naguère, déclaré que la *Puissance des Ténèbres* était inepte. Quand on a eu une pareille intrépidité, on peut être traité d'imbécile, et je l'ai été copieusement ; mais on ne peut être soupçonné de complaisance à l'égard de la littérature des pays froids, ni d'affectation exotique, ni de rastaquouérisme littéraire. — Cela dit, je suis bien à l'aise.

Les Revenants sont, non pas, à mon avis, le chef-d'œuvre de M. Ibsen ; mais une conception très distinguée, très originale, très profonde, encore que la pièce soit faite assez maladroitement.

M. Ibsen a voulu mettre en lumière un de ces drames de la famille, qui seront toujours ce qui nous intéresse de la manière la plus pénétrante et en quelque sorte la plus intime. Vous avez connu tous (et voilà ce qu'il y a toujours dans Ibsen, sous les divagations d'un cerveau très malsain, une observation très juste et très sûre de la réalité, et de la réalité qui vaut la peine d'être observée), vous avez connu tous un père de famille, plus souvent une mère, une grand'-mère quelquefois, passant toute une vie, *toute une vie*, et, à compter minute par minute, *toute une vie* c'est quelque chose qui fait frissonner, à cacher, avec un effort littéralement de tous les instants, quelque tare, quelque tache, quelque honte intime ; et à force de prodiges de volonté, y réussissant, voilant aux regards du monde la plaie, l'ulcère, la souillure ignoble.

Il y a, de par le monde, au moment où j'écris ceci avec ce beau soleil dans les cheveux blonds qui passent de l'autre côté de la rue joyeuse, il y a des milliers d'héroïsmes de ce genre, obscurs, patients, sacrés, dignes de toute pitié et de toute religion.

La peinture d'un de ces héroïsmes muets et acharnés, voilà ce qu'a voulu faire M. Ibsen.

Et, s'il vous plaît, en toute vérité, sans cacher les

mauvais côtés de l'affaire, sans dissimuler les défauts, où les défaillances qu'un héroïsme d'une pareille sorte entraînera ou comportera. Car, vous le savez, rien n'est plus facile que de peindre l'héroïsme pur et absolu. Il n'y faut qu'une conception très rudimentaire, et, pour développer, un peu de déclamation autour. Mais voir ce qu'un héroïsme patient et long (notez ce point) apporte avec lui et impose, comment, nécessairement, *il déforme une âme*, née pour être une âme comme les autres ; voilà qui est un peu plus malaisé, et voilà pourtant ce qu'il faut, pour que vous me jetiez sous les yeux une peinture pleine et vivante, une *personne*, un être vrai, une réalité.

Et voilà à quoi il me semble que M. Ibsen dans les *Revenants* a à peu près réussi.

Mme Alving s'est mariée, il y a vingt-cinq ans, avec un riche propriétaire rural de ce pays-là (lequel, il n'importe nullement, et c'est à la gloire du poète que la scène peut-être supposée n'importe où). Il y a vingt-cinq ans de cela. Le mari est mort ; un fils, né de cette union, voyage à l'étranger, Mme Alving cause avec le pasteur Manders, et tout est parfaitement calme et doux dans cette maison.

La mémoire du défunt est vénérée ; on vient même d'achever un asile pour vieillards indigents aux environs de la demeure patriarcale, encore parfumée des vertus de feu Alving ; et l'on revient doucement, en causant, sur tout ce passé vénérable et pur.

« Quand je songe, dit, dans un entraînement, le

pasteur Manders, quand je songe, madame Alving — on peut bien, maintenant, parler de ces choses — quand je songe, qu'un jour, quatre ou cinq mois après votre mariage, vous vous êtes évadée d'ici, après je ne sais quelle querelle de jeunes époux, vous êtes venue chez moi, me demandant asile, regardant avec effroi derrière vous, et... prête à faire avec moi la plus irréparable des folies !

— Oui, n'est-ce pas, Manders, c'est très drôle ?

— Folie de jeune femme ! Et cependant, si je n'avais pas été si pur, si je m'étais laissé aller, ces vingt-cinq ans de bonheur, d'honneur et de piété domestique que cette maison a vus, tout cela n'aurait pas existé.

— Non, Manders, non, mon héroïque ami !

— Au lieu de cela, la honte, la misère, l'opprobre !

— Oui, mon saint ami !

— C'est un vrai bonheur pour vous que j'aie été moi, et non un autre !

— Certes !

— Cependant, j'ai quelque reproche à vous adresser.

— Ah ! vraiment ? Ne vous gênez pas, je vous en supplie humblement.

— Vous n'êtes pas mère suffisamment !

— Oh ! Manders !

— Non ! vous avez, dès qu'il a eu dix ans, éloigné votre fils d'ici, et c'est seulement depuis la mort de son père que vous l'y avez laissé revenir. Madame Alving, cela n'est pas bien.

— Voulez-vous, mon incomparable ami, me permettre un essai de justification?

— Certainement, mon amie.

— Vous êtes un nigaud, mon cher Manders.

— Hé !

— J'ai dit un nigaud. J'ai vécu ici vingt-cinq ans avec une brute. J'ai éloigné mon fils pour qu'il ne fût pas gangrené par l'air qu'on respirait ici. Les infamies monstrueuses de M. Alving, vous ne pouvez pas vous les imaginer, quand même vous imagineriez pendant un siècle. Vous m'aviez dit : « Retournez auprès de votre mari, le devoir est là ». Je l'ai cru. J'ai peut-être eu tort. Un fils m'est venu. C'était scellé. Il n'y avait pas à rebrousser chemin. Toute mon énergie, pour le nom de mon fils, je l'ai mise à cacher l'ulcère de la maison Alving. Mon mari a eu des enfants de ses domestiques. La petite Régine, qui est encore ici, est de lui. Mon mari buvait, était ivre tous les soirs. Je protégeais ses orgies, pour les cacher. Sous son nom, je répandais les bienfaits dans le canton. M. Alving était honoré. J'ai poussé cette comédie jusqu'au bout. L'asile Alving, que j'ai fait bâtir en son honneur, en est le dernier acte. Vous le bénirez demain, monsieur Manders. Et puis, après, la comédie sera finie. Mon fils est revenu. Il est beau, il est intelligent, il m'aime ; il est l'héritier d'un nom sans tache. Il y a du bonheur encore pour moi sur cette terre, probablement. Voilà la vérité, et pourquoi vous êtes un nigaud, et un homme excellent. Touchez là, Manders. »

Telle est la situation, et c'est, en ce premier acte si simple, une longue vie épouvantable que nous voyons se dérouler dans toute son horreur, et toute une âme, héroïque, mais déjà amère et comme déséquilibrée par l'énorme effort, que nous apercevons, et que nous contemplons avec inquiétude.

Cependant le fils Alving se présente. Gentil, aimable, mais nonchalant et un peu énervé en son allure. Il caresse sa mère, il salue le pasteur, mais je ne sais quelle lassitude se trahit en toutes ses démarches.

On annonce le déjeûner. Le jeune homme suit la petite bonne, Régine, dans la salle à manger, pour « l'aider à déboucher les bouteilles ». Sa mère le suit des yeux, vaguement, tout en causant avec le pasteur. Tout à coup, son regard, dirigé du côté de la porte laissée entrouverte, devient fixe, son œil grandit : « Ah ! »

— Quoi donc ?...

On entend la voix, à moitié étouffée, de Régine qui dit : « Laissez-moi, monsieur Oswald, laisssez-moi ! »

« Ah ! mon Dieu ! s'écrie madame Alving.

— Mais quoi donc ? Qu'y a-t-il là ?

— Il y a... il y a *les revenants... les revenants !* »

Les revenants, en effet. La pauvre madame Alving, en ses rêves de retour au bonheur, avait oublié l'hérédité. Alving père est mort, mais Alving fils a hérité des vices de son père, et tout va recommencer, et tout est à recommencer. Les revenants !... La toile tombe.

Ce premier acte est un des plus puissants, un des plus beaux, un des plus pleins qui soient au théâtre. Au fond, il est toute la pièce. La pièce, c'est Mme Alving consacrant toute une vie à cacher la honte de sa maison, croyant y avoir réussi au prix de mille efforts, échouant au moment même où elle croyait avoir gagné sa terrible gageure; c'est l'inanité du sacrifice, la vanité de l'héroïsme, et la confusion, aussi, de l'orgueil, qui croyait avoir eu raison de la fatalité. J'aime à me contenter de ce premier acte, si complet, et d'un revirement si net, et d'une chute si précise, si forte et si théâtrale.

Cependant la pièce peut continuer. Ce qui sera intéressant désormais, c'est de voir, dans le détail, l'âme énergique de Mme Alving se détendre peu à peu, se désarticuler et se dissoudre sous le poids de sa déception et sous la rigueur accablante de la fatalité. Car voilà vingt ans qu'elle lutte, elle a quarante-cinq ans; et il faut recommencer; elle est épuisée et par l'effort ancien, et par l'idée d'un nouvel effort aussi long et plus pénible à fournir.

De plus notez ce point: c'était contre son mari qu'elle avait à lutter jusqu'à présent, et maintenant ce sera contre son fils. C'est trop pour elle. La lutte contre le mari est si naturelle — je ne plaisante nullement — si conforme à l'ordre des choses et aux nécessités de l'espèce, que, même quand elle se transforme en guerre violente et pied à pied, elle reste naturelle, est pénible et dure, mais non atroce. La lutte contre le fils est un arrachement lent, continu et acharné de toutes les fibres féminines les plus intimes et les plus douloureuses.

C'est devant ce supplice que Mme Alving va reculer. Ou plutôt c'est ce supplice qu'elle accepte, mais où son être moral s'affaisse et succombe.

Ce qu'on va voir c'est qu'à l'accepter et à le subir elle perdra d'abord sa *raison*, la fermeté du moins de sa raison ; — ensuite ce qui était si fort en elle, la *volonté*.

Et voilà la matière des deux actes qui suivent.

Mme Alving, après le premier moment de stupeur, s'est reprise à espérer. Après tout un fils de famille qui embrasse une bonne dans un coin, ce n'est pas la fin de la fin. On écartera la petite bonne, et voilà tout. Mme Alving s'aperçoit vite que le mal est plus profond qu'elle ne croyait. Ce petit Oswald n'est pas seulement un vicieux, c'est un malade et un détraqué. Il a et il doit avoir encore, longtemps, toujours, des crises d'épilepsie. C'est un pauvre être intelligent (ce qui fait plus grand son malheur) volontaire, à la volonté vicieuse et malsaine, et *aux volontés de qui il faut céder*, si l'on ne veut pas provoquer en lui la crise terrible. Voilà en face de qui Mme Alving va se trouver.

Ce qui va recommencer c'est bien pire que la vie ancienne. Aussi sa raison s'égare. Avoir tant fait, pour un tel résultat ! Tout ce qu'on a fait de bien se tourner ainsi pour le plus grand malheur de tout le monde ! Tout ce qu'on a rêvé de mal eût été meilleur. Oui, avant la naissance d'Oswald, se sauver avec un pasteur, ou un dragon, eût certainement amené des malheurs moindres. N'y a-t-il pas de quoi douter du devoir, de la loi sociale et de sa conscience ? Sans aucun doute, du moins pour une femme, qui, en raison de son sexe, ne sait pas s'élever jusqu'aux idées générales, qui ne raisonne que sur des faits particuliers, qui, en un mot, n'est qu'une femme, et l'auteur ne nous la donne pas pour autre chose, et qui n'est qu'une femme fatiguée et brisée par vingt ans de lutte.

Aussi, en ce second acte, la raison de Mme Alving chancelle et vacille en une sorte d'ivresse hagarde et farouche. Son fils lui demande tout ce qui peut lui faire du mal, que voulez-vous qu'elle fasse ? Elle le lui accorde. Il veut boire. Elle fait monter des bouteilles de champagne, et voit, avec une sorte de torpeur, l'ivresse monter dans ce cerveau faible.

Son fils lui demande Régine. Et pourquoi non ? Qu'il épouse Régine. Ce serait un crime. Oh ! qu'importe ? Les faits ne sont-ils pas là qui montrent que c'est le devoir qui contient le malheur, et que c'est le désordre qui, sans doute, a raison. Son fils fait le plus singulier (et, entre nous, le plus burlesque) éloge des faux ménages parisiens, qu'il a fréquentés autrefois : « Que dites-vous de cela ? » demande le pasteur. Amère, révoltée, haineuse, la mère, la femme honnête, avec ses vingt ans de devoir héroïque derrière elle, répond : « Je dis que mon fils a parfaitement raison. »

Heureusement, malheureusement, car Mme Alving ne sait plus ce qu'il faut penser, la petite Régine, qui trouve que la maison devient un hôpital de fous fort désagréables à soigner, s'esquive prestement, appelée par l'hérédité, elle aussi, à mener une vie agréablement irrégulière ; et, au troisième acte, Mme Alving et son fils restent seuls, tête-à-tête, sinistrement.

Ici c'est la volonté de Mme Alving qui va peu à peu s'écrouler et s'abîmer. Son fils sent imminente la crise de sa maladie mystérieuse. Il appelle sa mère.

— Où est Régine ?
— Elle est partie.
— Ah ! Ah ! C'est toi qui l'a chassée ?
— Non, elle est partie volontairement.
— C'est toi qui l'a chassée ! Tout le monde m'abandonne... Eh bien ! c'est toi qui vas me rendre le service qu'elle m'aurait rendu, elle, si adorablement insouciante. « Donne-moi du poison... Finissons-en ! »

La mère refuse. Elle refuse obstinément... Mais on sent qu'elle finira par céder.

Ce drame est d'une forte conception, d'un sentiment amer et désolé, d'une extraordinaire puissance sur les imaginations et aussi sur la pensée. C'est une très grande œuvre.

Bien exécutée ? Non. Ce caractère de Mme Alving, qui est toute la pièce, n'a pas la netteté suffisante, ni une suite, pour nous, du moins, assez rigoureuse. Je l'ai un peu *arrangé* tout à l'heure, j'ai donné le coup de pouce sympathique, d'abord pour être plus clair dans mon exposition, ensuite pour mettre en lumière surtout les grandes qualités de cette pièce, qui l'emportent infiniment sur les défauts. Mais en réalité, le caractère de Mme Alving n'a pas la précision d'évolution que je lui ai donnée après coup.

Figurez-vous, par exemple, que ses révoltes contre la loi sociale, contre la loi du devoir, contre *le bien*, si naturelles à partir du second acte, elle les a déjà au premier. C'est au premier acte que, son fils parlant des ménages irréguliers de Paris, elle dit son inattendu : « *Il a raison.* »

Voilà qui est possible (car au cours de son long sacrifice, Mme Alving n'est pas sans avoir eu des doutes sur l'utilité du sacrifice, et par conséquent, déjà, des révoltes); mais voilà qui, pour le théâtre surtout, complique et obcurcit les choses. Ce que nous comprenons, au premier acte, dans Mme Alving, c'est l'orgueil de la volonté qui a réussi, qui croit avoir réussi ; c'est : « Oui, le devoir est dur ; mais il est sain, il est réconfortant, il nous fait sentir notre force, et, aussi, il aboutit. J'ai réussi, j'ai vaincu. J'ai fait ma tâche. Et mon fils qui me revient, pur et noble, c'est mon salaire. »

Voilà ce que nous comprenons, parce que c'est naturel, et ensuite voilà ce qu'il faut, au point de vue de la composition, pour que la déception, ensuite, et le heurt, et la chute de Mme Alving à partir de la fin du premier acte, à partir des « *Revenants*, » soient plus précis, plus frappants, plus prenants, plus dramatiques.

Mettre dans le premier acte un peu de la Mme Alving du second et du troisième, ce n'est pas une erreur psychologique (M. Ibsen n'en fait guère), mais c'est une maladresse de dramatiste.

On voudrait aussi (mais ceci est un snobisme ; seulement comme c'est un snobisme excellemment français, j'y vais bravement), on voudrait aussi qu'à la voix du désespoir et de la révolte contre le bien, une voix répondît jusqu'à la fin, pour affimer la vérité, pour dire que si le malheur a ses sophismes, les sophismes du malheur sont des sophismes tout de même. On voudrait que le pasteur Manders, d'abord ne fût pas un bonhomme à peu près nul, et ensuite restât jusqu'à la fin de la pièce.

Mais ceci se rattache à la conception générale de M. Ibsen. Pour M. Ibsen, les représentants de la loi sociale et du sens humain général sont toujours des imbéciles. On comprend que je n'ai pas le temps d'entrer dans l'examen de cette grosse affaire. Ailleurs je ferai probablement une étude générale sur Ibsen, et je m'expliquerai là-dessus.

Tel qu'il est, l'ouvrage d'Ibsen, joué pour la première fois en France, est une œuvre maitresse, où l'on sent, avec un souci curieux de la réalité, une vigueur et une sincérité de pensée mélancolique qui laissent dans l'âme une profonde et persistante impression.

Ibsen a été exalté outre mesure par les Allemands par esprit d'hostilité contre nous. Ils recommencent Lessing. Comme au dix-huitième siècle ils opposaient Shakespeare à Corneille et à Racine, aujourd'hui ils opposent Ibsen à Augier et à Dumas fils. Ce qu'il y a d'amusant, c'est que ce n'est jamais un Allemand qu'ils peuvent nous opposer. Autrefois c'était un Anglais, maintenant c'est un Norwégien. Mais vous savez que pour eux, tout ce qui n'est pas français est allemand. A la bonne heure !

Nous, jobards, comme toujours, nous faisons chorus avec eux. Il ne faut pas aller trop loin dans ce sens ; mais il ne faut pas, non plus, tomber dans l'excès contraire. Pour mieux dire, il faut être sincère, et ne s'occuper en rien des raisons d'admirer ou de désapprouver qui ne sont pas des raisons esthétiques. C'est ce que j'ai essayé de faire, et mon opinion est que M. Ibsen, abstraction faite de ses tendances, et jugé strictement au point de vue *dramaturgique*, est un des cinq ou six grands hommes de théâtre de notre siècle.

XVIII

Comédie-Française : Reprise de la *Fille de Roland*, drame
en quatre actes, en vers, de M. Henri de Bornier.

24 Juin 1890.

La reprise de la *Fille de Roland* a été une très belle soirée de la Comédie-Française. Nous avons été enchantés, et nous n'avons pas été loin d'être enthousiastes. La surprise, très agréable du reste, n'a pas laissé d'être assez grande. Nous nous rappelions, nous autres vétérans de l'orchestre, la *Fille de Roland* comme un beau succès de 1874, et comme un bon ouvrage. Nous croyions donc à un regain de succès très honorable. Mais ce vrai triomphe de mardi soir, non, nous ne nous y attendions point. Il est très mérité, il va à une belle œuvre et à l'homme le plus sympathique du monde; voilà qui est bien. Quant aux causes diverses qui y ont contribué, les voici sans doute.

La principale cause, bien entendu, c'est que la pièce est bonne. Il y règne un vrai sentiment de la grandeur, chose infiniment rare. Tendre au grand n'est point difficile, mais le sentir sincèrement et sans effort, et en donner la sensation sans prestige et sans tour de force, et sans tour de reins, c'est chose excessivement malaisée. Cet amour du grand et cette facilité à l'exprimer il s'est trouvé qu'une fois M. de Bornier y a atteint. Ç'a été une très heureuse et belle rencontre.

Il n'y a pas à nier qu'à écouter la *Fille de Roland* il se produit en nous un véritable élargissement et agrandissement de notre pauvre petit être intérieur. On respire mieux, on vit plus amplement et plus magnifiquement ; on conçoit mieux qu'à l'ordinaire les beaux dévouements, les beaux sacrifices, les superbes énergies et les grands coups de vaillance. On sait assez à quels effets burlesques un auteur, neuf fois sur dix, arrive, lorsqu'il vise à ce but, pour que, quand un auteur y atteint sans peine, on lui soit infiniment reconnaissant, non sans respect et admirative déférence.

Oui, tous ces personnages de la *Fille de Roland* sont nobles, hauts de cœur et robustes de volonté, sont passionnément honnêtes gens, ardents au bien, ou désespérés d'y avoir failli, sans cesser d'être naturels, sans tension, ni contorsions, sans propos fermement formés et gageure entêtée faite avec eux-mêmes. Ils sont très vivants, très réels et très sublimes. Ils se font admirer de nous sans cesser de nous être familiers et de rester à notre portée, ou à peu près ; d'où il suit qu'ils sont dramatiques, sans être mélodramatiques. C'est très bien compris, très bien saisi, parce que, et c'est le plus grand éloge qu'on puisse faire à l'auteur, cela a été compris sans peine, et saisi très tranquillement.

La sensation de grandeur nous vient encore du cadre où sont placés et où s'agitent ces personnages, cadre qui a toute la beauté archaïque et tout le mystérieux légendaire nécessaires au drame-épopée, sans que, là non plus, il y ait rien de trop cherché, de trop voulu, de trop poussé. Ce château de Montbois, ces Pyrénées, ce palais d'Aix-la-Chapelle, sont suggestifs et imposants, chez M. de Bornier, sans être déclamatoires. Il en a mis assez, il n'en a pas trop mis. Il n'exploite pas sa matière épique, il s'en sert, honnêtement, bravement, artistiquement, assez savamment même, mais sans abus, sans étalage, et sans faire les grands bras. Il y a un sens très juste et de la grandeur épique, et de la mesure, de la bonne mesure humaine dans tout cela. C'est à un beau moment, à la fois d'inspiration et poétique fort élevée, et de bon équilibre intellectuel, que cette œuvre excellente a été conçue. Ce ne sont pas qualités si communes; ce n'est pas rencontre de qualités diverses si fréquente.

Ajoutez que la pièce, surtout là où c'est le plus nécessaire, au milieu, au deuxième et au troisième acte, est excellemment composée. Le premier acte est peut-être un peu vide. Il y a là un grand récit de pèlerinage, avec fantômes, qui est peut-être un peu long. Mais ceci est plutôt une impression de 1874 que de mardi dernier ; car ce long récit, voilà-t-il pas que Sylvain, avec sa façon de le dire, en a fait un des plus beaux endroits de la pièce ?

Quoi qu'il en soit, la situation une fois posée et très nettement et fermement posée au premier acte, il y a jusqu'à la fin du second une progression d'intérêt, scène par scène, qui est rare, très rare, même dans les meilleures pièces de notre théâtre.

C'est d'abord cet obstacle mystérieux que Rodrigue sent entre Chimère et lui, je veux dire que Gérald sent entre lui et Berthe ; cette scène, si forte en sa sobriété, entre Gérald et Ganelon son père, le fils comprenant à l'insistance même, inattendue et cruelle, de son père, que ce n'est pas une fantaisie frivole de vieillard; mais un terrible et inavouable secret de famille qui s'oppose à son bonheur et brise son rêve.

Puis c'est le coup de théâtre, si simple et si frappant, que fait l'aveu loyal et franc de Berthe : « Je vous aime, Gérald ! »

Puis, devant cette intervention, plus forte que tout, de l'amour, ce désistement, ce *laissez-aller*, plein de terreur et de désespérance, du père : « Advienne que pourra ! Que faire quand les enfants s'aiment, et quand on ne peut pas leur dire qu'il leur est impossible de s'aimer ? »

Puis ce troisième acte, si plein, si vivant, et d'un progrès si puissant et si sûr ! Gérald est là ; il vient de se couvrir de gloire ; Berthe l'aime ; Charlemagne est ravi de cet amour. Tout sourit. Et Ganelon rôde :

« Qu'adviendra-t-il quand on saura ?... » Mais pourquoi saurait-on ? Il y a si longtemps que le crime du père a été commis. Ses cheveux ont tant blanchi ! Son visage a tant changé ! Personne en ce palais, non plus que chez lui, ne l'a reconnu. Il y a encore l'empereur. Mais l'empereur est si vieux ! — L'empereur paraît; un coup d'œil lui suffit. Le mot effroyable s'échappe de sa bouche : « Ganelon ! Vous êtes Ganelon ! » — Tout s'écroule.

— Non ! Pourquoi l'empereur, représentant de l'honneur chevaleresque et de la haute justice, ne comprendrait-il point que le remords est une expiation, et, encore, que si le crime du père pèse sur l'enfant, l'enfant aussi peut racheter le père ?

— Et alors cette admirable confession de Ganelon, qui est toute une vie racontée, toute une existence morale, et combien intéressante, étalée dans toute sa suite, éclairée dans toutes ses profondeurs : « J'ai péché. J'ai trahi mon pays pour perdre ceux que j'enviais; et je n'ai pas eu de remords. — J'ai été condamné, flétri, puni; et je n'ai pas eu de remords. — J'ai été sauvé, caché, ressuscité par les prêtres. Ils m'ont voulu montrer l'horreur de mon forfait; et je n'ai pas eu de remords. — Mais j'ai vu croître mon fils. J'ai senti l'inquiétude et le trouble devant ce front et ce regard d'enfant. Quelque chose m'a dit : « Ce que tu as fait voudrais-tu qu'il le fît ? » Et alors le remords est venu, et la torture et l'effroi et l'éternel vertige du cœur. »

« Et je me suis attaché à l'œuvre de réparation, en

élevant un réparateur, en lui dictant tout ce qu'il m'inspirait, en lui enseignant cette vertu nouvelle pour moi, qui me venait de lui... Et c'est maintenant par le fils où j'ai cru me racheter que je suis puni. Et c'est lui, plutôt, qui est puni du crime qu'il n'a pas commis, et qu'il a effacé. »

Toute cette scène est vraiment belle, naturelle, humaine et forte. Pas un mot qui n'y soit si juste qu'il ne soit aussitôt senti par nous que prononcé par le personnage. C'est excellent.

Sans compter qu'il y a là des traits qui sont du plus grand et du plus haut pathétique, et qui feraient honneur, à quelque époque qu'on se place de notre littérature dramatique, littéralement à n'importe qui : « Comment ! s'écrie Charlemagne, comment Gérald peut-il être le fils de... ?

— « Vous oubliez sa mère ! » répond le malheureux.

Un vrai poème de remords, d'humilité, de souffrance, et aussi d'amour posthume, remontant le temps, dépassant la tombe, faisant frémir l'âme et la lèvre du vieillard, dans ce mot, si simple et si profond ! Il me rappelle la strophe prosaïque et divine de Sully-Prudhomme... Vous savez : le père est mort depuis bien longtemps, son fils le rejoint, aux enfers. Le père interroge : « Et ta mère...

> Nous fûmes unis peu d'années,
> Après de bien longues amours.
> Toutes ses grâces sont fanées...
> Je la reconnaîtrais toujours ! »

Oui, ces deux actes sont très beaux, et je suivais avec un grand plaisir l'effet toujours grandissant qu'ils faisaient sur cette foule sans parti-pris, en très grande partie parfaitement ignorante de l'œuvre représentée devant elle, et qui vibrait de tout son cœur et qui applaudissait de toutes ses mains.

Sans doute il y a des points faibles dans cette pièce bien conçue, et, tout compte fait, très bien enchaînée.

On passe sur cet Amaury de Montblois, qui est Ganelon, et que personne au monde, sauf le moine qui sait tout (il doit être bénédictin) ne connaît pour être Ganelon. Après tout, dans ce temps-là, il devait être plus facile de se cacher quand on avait fait tuer Roland, qu'aujourd'hui quand on a assassiné un huissier.

Mais l'artifice inventé par l'auteur pour couvrir d'une gloire hâtive Gérald, et pour lui permettre de reconquérir l'épée de Roland, avait déjà paru un peu pénible et invraisemblable en 1874, et l'effet a été le même mardi dernier.

Vous savez ce que l'auteur a imaginé.

Un seigneur sarrazin a hérité de l'épée de Roland, sait la manier, se glorifie de la posséder et de s'en servir, et... Que fait-il?

A travers toute l'Europe soumise à Charlemagne, il vient à Aix-la-Chapelle, au propre palais du formidable empereur, et défie tous les chevaliers en champ-clos, et, à raison d'un par jour, il en tue une trentaine successivement.

Les lois de l'honneur chevaleresque sont les lois de

l'honneur chevaleresque, et personne ne veut leur faire leur procès. Mais on trouve étrange, nonobstant, que ce beau Sarrazin ne soit pas assommé proprement un matin par trois ou quatre Français peu endurants. Mettons que ce soient manants, et non gentilhommes, si vous voulez.

On trouve étrange qu'il se soit risqué à l'aventure; et c'est là une prouesse tellement, non seulement d'un autre âge, mais d'une autre planète, qu'elle nous jette par trop dans le domaine du fabuleux, et donne à toute l'histoire, simple, vous le savez, et bien humaine, je ne sais quel air romanesque qui déroute un peu.

Il semblait si simple d'arranger à ce nouveau Cid une gloire plus naturelle, plus ordinaire et tout aussi grande, plus grande, et plus palpable et sensible, pour ainsi dire.

Pourquoi, comme l'autre Cid, n'aurait-elle pas sauvé la patrie ? Quand on a affaire à une histoire si éloignée, on peut toujours faire sauver la patrie à son héros. Inventez une incursion des Normands sur le territoire de l'empire. Ce n'est pas après tout si grave liberté prise avec l'histoire, et vous serez mieux compris, et l'on admettra plus facilement que tous ces vieux grands batailleurs de Roncevaux, que tous ces vieux grands vainqueurs des Saxons et des Aragonais « s'inclinent » devant la jeune gloire de Gérald.

De même l'arrivée de Ganelon-Amaury au palais d'Aix-la-Chapelle, au troisième acte, ne va pas sans surprendre un peu un chacun. Ganelon a tant de raisons de n'y point venir! L'auteur a besoin qu'il y vienne, je sais bien ; mais lui a singulièrement besoin de n'y pas venir. Il s'est terré, comme un renard, pendant vingt bonnes années ; il s'est caché à tous les yeux ; il a cherché à changer sa figure ; si le masque de fer n'avait été réservé par décret de la Providence aux temps modernes, il l'aurait inventé ; au second acte il a manifesté une peur bleue, quand il a vu le duc Naymes survenir au château de Montblois ; et le voilà qui se présente de lui-même au seul lieu de la terre où il peut être reconnu par tout le monde !

L'auteur a un peu préparé la chose. Il a fait dire à Charlemagne qu'ordre est donné à Amaury de venir rendre hommage pour le fief de Montblois. Mais il fallait davantage. Il fallait imaginer une circonstance absolument imprévue et contraignante qui forçât Amaury-Ganelon à se trouver à Aix-la-Chapelle au moment où son fils y arrive. Il fallait qu'il y fût traîné, comme rebelle, par exemple, et que d'aucune façon il ne pût se dispenser d'y paraître et d'y rencontrer le regard infaillible de l'Empereur.

Voilà des défauts assez sensibles. Ils révèlent chez l'auteur, qui sait si bien *composer*, une certaine inhabileté à *enchaîner*, à faire très solide et très résistante l'articulation de son drame.

Quelques-uns de ces défauts ont tout simplement pour cause la cause ordinaire de tous les défauts, qui est l'imperfection humaine.

D'autres tiennent je crois à quelque chose qu'il est

assez intéressant d'observer et de guetter, malignement peut-être, dans cette pièce, si belle du reste.

L'auteur a eu peur du *Cid*. Il a eu une peur affreuse du *Cid* ; et il a été poursuivi par l'idée fixe des ressemblances de son œuvre avec le *Cid*. J'ai dit que ce qu'il y avait de plus naturel et presque de nécessaire au sujet, c'était de faire sauver la patrie par Gérald, de lui faire remporter une grande victoire soit sur les Sarrazins, soit sur ces Normands que Charlemagne voit, en versant des larmes, tenter déjà et comme tâter les frontières maritimes de l'Empire.

C'était indiqué, comme disent les médecins. Mais cela ressemblait trop au *Cid;* et de là cette invention bizarre et surprenante du Sarrazin venant tout seul à Aix-la-Chapelle compromettre le salut de l'Empire et pouvant le faire, de par une convention de délicatesse chevaleresque un peu difficile à accepter.

De là encore le dénouement, le fameux dénouement trop cornélien, qui a été tant discuté, qui étonne et désoblige la bonne foule aux sentiments droits, et qui, tout compte fait, manque bien un peu de naturel. Ganelon a expié ; l'Eglise, qui se connaît peut-être en délicatesse, lui a pardonné ; l'empereur, sans lui pardonner, a jugé qu'il pouvait accorder la fille de Roland au fils de Ganelon ; tout le haut conseil de l'Empire a souscrit chaleureusement à la décision de l'empereur ; l'amour enfin, qui est un puissant Dieu, pousse depuis longtemps Gérald et Berthe au bras l'un de l'autre. Ce qui est naturel, c'est le mariage, non pas tout de suite, si vous voulez, mais dans quelque temps, après la mort de Ganelon, par exemple.

J'ai quelque idée que, dans ces temps à la fois héroïques et non raffinés, la chose se serait passée ainsi et sans la moindre difficuté. Ce qui est naturel, c'est Charlemagne, disant à Gérald en montrant Berthe :

« Pour vaincre un point d'honneur qui combat contre toi,
Laisse faire le temps, *son amour* et ton roi. »

Mais *c'eût été le Cid*, à peine modifié. L'auteur a eu peur du *Cid*. A toute force, il a voulu trouver un dénouement différent de celui du *Cid*, et qui sait, tant nous sommes pécheurs, si, l'amour propre aidant, il n'a pas cru... oh! un seul instant... avoir trouvé plus fort que Corneille, plus cornélien, au moins que Corneille ?

De même encore, ce qu'ont remarqué ces esprits critiques et chagrins qui font attention, en un ouvrage, surtout à ce qui n'y est pas. Ils ont observé qu'il n'y avait pas assez de tendresse dans cette pièce héroïque; que les amours de Gérald et de Berthe méritaient, si purs, si nobles, si beaux, si héroïques eux-mêmes, d'être plus développés, plus analysés, plus complètement traités par le poète. C'est une belle matière, et non infertile et petite, qu'il y avait là, et qu'il a presque négligée. Un beau cri : « Je vous aime, Gérald ! » voilà bien à peu près tout ce qu'il nous a donné sur ces « chastes et loyales amours » de Berthe et de Gérald.

Corneille nous en avait donné un peu davantage, et et pour que nous nous intéressions vraiment, de tout notre cœur, à l'aventure, il faut que nous ayons vu Gérald et Berthe pleurer ensemble un peu plus que cela. Mais, voilà, c'eût été le *Cid* encore, et refaire les deux *duos* sublimes de Rodrigue et de Chimène, ce n'était pas facile, et la seule pensée d'une pareille rivalité paralysait un peu, sans doute, la main de l'écrivain.

Un de mes amis avait fait un drame en vers, très différent des *Horaces*, mais dont le dénouement, au cours du travail, s'acheminait invinciblement à être très analogue à celui des *Horaces*. Mon ami, qui avait l'extrême humilité de me consulter sur son œuvre, me montrait son Corneille dans sa bibliothèque et me disait : « Vois-tu, celui-là, depuis que j'ai commencé ma petite affaire, c'est mon cauchemar, mon spectre. Depuis que j'ai commencé, je n'ose pas l'ouvrir. Je finirai par le reléguer au grenier. Il trouble mon existence. » Il doit y avoir eu quelque chose d'analogue dans la vie de M. de Bornier vers 1873.

Il reste que cette tragédie, — car c'est une tragédie, — est une des plus belles choses de notre théâtre moderne, et fait à la scène un effet immense. Le sentiment de la grandeur y est pleinement ; c'est presque tout dire.

XIX

Théatre Libre. — *Myrane*, pièce en trois actes de
M. Emile Bergerat.

19 Juin 1890.

Myrane, étude dramatique en trois actes, comme dit trop modestement l'affiche, est une comédie qui sent beaucoup l'imitation, l'imitation très intelligente, mais enfin l'imitation. On y sent quelqu'un qui a voulu « faire du Dumas fils ». La pièce est taillée tout à fait sur le modèle des comédies de Dumas fils d'il y a une vingtaine d'années. Toutes les démarches de Dumas, devenues ici des procédés, s'y retrouvent exactement : théorie scientifique exposée par un docteur au premier acte ; mère (ou belle-mère) sceptique et décidée, qui « connaît la vie », qui abonde en axiômes tranchants, et qui promène sous ses jupons un La Rochefoucauld mêlé de Desgenais ; grandes tirades à paradoxe, sortes de chroniques intercalées dans le texte ; enfin, « mots d'auteur » mots à côté, sorte de jeu brillant où s'exerce l'esprit du dramatiste comme ces écrivains qui jettent à gauche à droite des croquis fantastiques sur les marges.

Aucun de ces procédés n'est précisément mauvais

en soi, et je dirai même qu'il n'en est pas un qui ne puisse au moins contribuer beaucoup au succès d'une pièce. Le malheur, dans la pièce jouée au Théâtre Libre, c'est qu'ils ont, plus qu'ailleurs, l'air de procédés, je ne sais quel air factice, emprunté, imité, et par conséquent un peu pénible.

Je dis *un air*; cela ne se prouve point, cela se sent à je ne sais quoi ; c'est une impression que j'ai eue, et que je ne donne que comme une impression ; mais je l'ai eue pleinement, et presque continuellement.

Le malheur encore c'est que dans la pièce du Théâtre Libre, il n'y a vraiment pas assez de pièce.

Presque point de substance et de moelle. Beaucoup de bouquet, comme disent les dégustateurs de vin de Bordeaux, mais point de corps ; et *Myrane* est une espèce de *Princesse Georges*, moins l'ardente énergie à épier, à savoir, à poursuivre et à reconquérir de la princesse ; — ou une *Comtesse Romani*, moins les jolis coins de réalité, bien observée et vivement saisie, de la *Comtesse Romani*.

Voici le sujet, et vous allez voir, même dans une analyse, le peu de consistance et de fond solide, l'absence de dessous (oh ! dans le sens que les peintres donnent à ce mot) dont je me plains.

Gérard de Bastenay, sa jeune femme, sa jeune maîtresse, actrice à la Porte Saint-Martin, sa belle-mère.

Sa maîtresse commence à le relancer jusqu'au foyer conjugal ; donc la chose devient grave.

Après longs pourparlers avec son médecin, sa fille, son gendre et elle-même, la belle-mère prépare un grand coup pour mettre fin à ce scandale. — Quel grand coup ? Mettre en présence la maîtresse et la femme légitime, au théâtre, la maîtresse étant en scène, la femme légitime dans une loge d'avant scène à côté de son mari.

Je ne vois pas trop quel grand coup c'est bien là. Ce que cette belle-mère, qu'on nous donne comme un petit Mazarin, vient de trouver, c'est ce qui se passe tous les jours dans la vie parisienne, viennoise et pétersbourgeoise, sans qu'il en résulte la moindre rupture, ni même quoi que ce soit. C'est ce qui a dû déjà arriver dix fois à M. de Bastenay, à Mme de Bastenay et à Mlle Myrane. Ce grand coup est un grand coup d'épée dans l'eau.

C'est précisément là, dans une salle de spectacle, que le heurt, le conflit, la lutte entre la femme légitime et la maîtresse, lutte qui sans doute est toute la pièce, peut se produire *moins que partout ailleurs*, chacune y étant dans sa sphère, à son rang, et dans sa classe, très nettement, et éloignée et séparée de l'autre par tout un monde de conventions sociales. Le spectateur n'attend donc rien du tout de ce grand coup, et non pas même un coup de théâtre. La pièce, pour lui, n'existe pas encore. Elle n'est pas amorcée.

Il se trompait ; au second acte, il y a une crise violente. Il est en soi très agréable, ce second acte.

Flirt de foyer de théâtre, « phalènes » (le mot est joli) qui papillonnent autour des étoiles de la rampe ; adorateurs de Myrane qui évoluent savamment autour de ses jupes, ambassadeur persan, froid, fataliste et têtu, très bien attrapé, à mon avis, qui s'attache obstinément à Myrane, toujours dévoué à elle, et espérant contre tout espoir depuis trois ans qu'il l'adore, et se moquant avec une tranquillité douce d'une petite « grue de théâtre » qui le harponne.

Et des mots, des mots à foison, dont la plupart sont des mots de chroniqueur (mais je n'en fais point fi quand ils sont bons, et, après tout, c'en est le lieu) dont quelques-uns sont, au contraire, très directs et en situation. Celui-ci, par exemple : « C'est cela ! partons, mon cher Persan ; partons pour Etretat. Plus de théâtre ! Oh ! mon dédit n'est pas considérable. » — Le Persan, plein d'une respectueuse déférence : « Permettez-moi, madame, de n'en rien croire. »

Voilà qui va bien, et nous nous amusons. Mais la pièce ? où est la pièce, et que devient-elle ? Car j'ai dit que nous n'attendions rien du coup de théâtre machiné par la belle-mère.

Nous avions tort. A peine Myrane est-elle entrée en scène qu'elle aperçoit M. et Mme de Bastenay dans une loge, et tombe en syncope à ce spectacle imprévu.

Il y avait beaucoup d'actrices dans la salle. Aucune n'a compris. Voir, quand on joue, son amant dans une loge avec sa femme, cela arrive tous les jours, cela ne surprend ni n'irrite. Au contraire, cela flatte ; c'est un hommage rendu à la femme de théâtre. On n'en joue que mieux ! Ah ! s'il était avec une autre maîtresse, soit ! Mais avec sa femme ! Il est probable qu'il est quelquefois avec sa femme, et qu'il la mène quelquefois au théâtre. On a dû se dire que cela n'est pas sans se produire.

Savez-vous qui devrait, ou qui pourrait, à quelque signe d'intelligence surpris, s'évanouir ? C'est la femme mariée.

On est donc un peu surpris d'apprendre que Myrane est tombée tout de son long sur la scène et qu'on rend l'argent. Cette Myrane, dont, du reste, nous ne connaissons pas le caractère, nous surprend fort.

Toujours est-il qu'elle reparait au foyer, furieuse contre Bastenay, et déclare que si Bastenay ne vient pas la chercher à minuit, elle se donne au Brésilien, entendez au Persan.

Bastenay revient, mais seulement pour embrasser superficiellement Myrane et pour jeter sa carte à la figure du Persan, dont il n'aime pas le tour de visage. Cette fin d'acte, assez vive, nous plaît par sa netteté de forme et d'allure, mais nous laisse très indécis, très étourdis sur la question de savoir où nous sommes, et très incertains sur la question de savoir où nous allons.

Le lendemain (troisième acte) nous sommes en pleine invraisemblance. Bastenay a été blessé, et on l'a apporté.... chez qui ? Chez Myrane. Voilà qui est bizarre. Pourquoi ? Un des personnages nous explique que c'est pour éviter le scandale. Cette raison nous paraît d'un haut baroque. Comment ! ni chez lui, ni chez un ami ; mais chez la femme qui ne devrait pas être nommée, qui constitue tout le scandale, et qui peut, plus que tout, compromettre et Bastenay et M. l'ambassadeur de Perse, et tout le monde !

Enfin, passons encore. La pièce, qui sans doute est la lutte de la maîtresse et de la femme mariée, nous finirons peut-être par la voir venir.

La voici en effet. La belle-mère surgit et cherche à acheter d'abord, à convaincre ensuite, Mlle Myrane. Elle discute dogmatiquement et scolastiquement avec l'actrice, et cela est long, et ne nous intéresse aucunement. Il est clair que ce n'est pas la question *in abstracto* que nous voulons entendre traiter par des casuistes, mais des êtres animés de passions fortes que nous voulons voir se manger réciproquement le nez, si j'ose m'exprimer ainsi.

Enfin, nous y voilà. Mme de Bastenay, qui n'a pas dit trois mots dans la pièce, arrive enfin, et... et il n'y a pas de lutte ni de conflit le moins du monde. La femme veut que son mari s'en aille, *le mari veut s'en aller*, il le veut énergiquement, plus que sa femme ; et Myrane n'a aucune espèce de moyen pour le retenir.

Alors quoi ? comme dit Caliban. Alors rien ? comme il aime à répondre. Rien du tout, et de cette pièce, si jolie par certains détails, rien du tout, c'est précisément le fond.

Mais, me répondra l'auteur, pourquoi voulez-vous absolument que ce soit la lutte entre la femme mariée et la maîtresse qui soit le fond de ma pièce ? Ce que j'ai voulu montrer, c'est justement qu'entre femme mariée et maîtresse il ne peut pas y avoir de lutte, et que la femme mariée, au premier incident, triomphe nécessairement, sans phrase, sans même dire un mot à la maîtresse. C'est l'originalité même de ma pièce.

D'accord, et très sérieusement, cette originalité, je ne la conteste pas. Mais, d'abord, il ne fallait pas me bâtir un premier acte où cette lutte me fût longuement, uniquement et évidemment annoncée comme devant être tout le sujet; où les machinations, plus ou moins heureuses, mais très recherchées, pour reconquérir le mari, fussent si amplement exposées dans tout un grand détail! Vous m'avez mis sur une fausse voie. Vous avez fait dire à la belle-mère : « Ma fille, sache bien qu'un mari n'est jamais un fait acquis. Il est toujours à reconquérir. » Vous m'avez mis avec insistance sur une fausse route.

Ensuite, si la lutte entre épouse et maîtresse n'est pas le sujet, pourriez-vous bien me dire quel est le sujet ?

« C'est l'histoire de Myrane, me répondrez-vous peut-être ; c'est cette fatalité qui force la femme de théâtre à n'en pas rester à un premier amant. Myrane aime profondément Bastenay. Mais son monde, et son foyer, et la loi sociale reprennent Bastenay, et Myrane, dans un coup de désespoir, se donne au Persan. »

Très bien ; et, en effet, quoi qu'on en ait dit, j'aime ce dénouement, et le trouve très naturel et très vrai. Pour une femme comme Myrane, le passage du premier amant au second devait avoir lieu ainsi, par l'effet d'un désespoir d'amour et d'une fureur de dépit. Mais si ce caractère est toute la pièce, il fallait me faire connaître ce caractère, et c'est ce dont vous ne vous êtes guère inquiété. Cette Myrane, qui devient tout le sujet, paraît trop peu dans cette histoire. Elle n'a guère que sa syncope, si peu vraisemblable, du second acte, et son coup de tête, très naturel, mais peu « préparé » du troisième.

Non, je ne connais pas bien le fond de son âme, et tout le temps que vous avez employé à me faire entrer dans l'intimité du caractère de la belle-mère, du médecin, du Persan et de Mlle Fusèle (la demoiselle au dédit, et au déduit) il n'aurait pas été mauvais d'en prendre une bonne part pour me faire entendre Myrane.

Avez-vous remarqué que dans la *Comtesse Romani*, j'ai la Romani sous les yeux exactement pendant tout le temps. C'est une indication pour les imitateurs, c'est une très bonne indication.

Pièce agréable à écouter, cependant, et dont certaines scènes m'ont fait un plaisir extrême, pièce confuse, et inégale encore plus que confuse, mais intéressante. On la jouera, je crois, sur un grand théâtre. Il faudra la voir. C'est l'œuvre d'un homme de talent qui, à certains moments (fin du second acte, par exemple), a montré qu'il avait déjà certaines qualités d'homme de théâtre.

XX

ODÉON. — *Le secret de Gilberte*, comédie en cinq actes de
M. Théodore Massiac.

16 Septembre 1890.

Ce sujet a depuis une vingtaine d'années séduit singulièrement les auteurs dramatiques, et il y a une bonne douzaine de pièces, plus quelques romans, qui ont pour point de départ cette agréable donnée.

Ce sujet le voici. Lorsqu'une jeune fille a appartenu à quelqu'un, et que, plus tard, elle est demandée en mariage par un honnête homme très amoureux, qu'arrive-t-il ?

Il arrive le plus souvent que l'homme très amoureux l'épouse « après beaucoup de mystères » comme dit La Rochefoucauld ; et ce « beaucoup de mystères », étant précisément l'amour, l'amour en ses scrupules, en ses pudeurs, en ses combats et en ses tourments, il y a là en effet une pièce de théâtre très émouvante ou un très beau roman, pour peu qu'on sache le faire, ou la faire.

C'est sur cette donnée qu'ont été écrits les *Idées de Madame Aubray*, *Denise*, l'*Inflexible* de Parodi, l'*Irréparable* de Paul Bourget, un peu le *Viol* de Bergerat, et la pièce qui en a été tirée. — La façon particulière dont le sujet est traité dépend d'abord du degré d'audace de l'auteur.

Le grand audacieux, Dumas fils, aime à présenter ce sujet dans toutes les conditions qui rendent plus difficile, plus pénible, plus rude, ou plus « raide », comme il aime à dire, le sacrifice de l'honnête homme réparateur.

On conçoit, en effet, que si la jeune fille qui a appartenu à un autre a failli avec un plein consentement de sa part, le sacrifice de l'honnête amoureux devient quelque chose de très héroïque et de très difficile à faire accepter au public, honnête aussi, mais non amoureux.

Comme c'est difficile, c'est précisément ce qu'aime Dumas. La Jeannine des *Idées de Mme Aubray* n'a pas été *trompée*; elle a été « inconsciente », comme il est dit dans le texte. Elle a été au déshonneur d'un mouvement très naturel et comme l'eau coule de sa source à sa chute. La création, lente et progressive, de la conscience dans cette inconsciente, la germination des sentiments élevés ou tout ou moins honnêtes, qui permettront à l'amoureux honnête d'épouser Jeannine sans commettre un acte de démence trop caractérisé, c'est précisément le sujet principal des *Idées de Mme Aubray*.

Dans *Denise* l'audace est plus grande encore.

Denise n'est pas du tout une inconsciente, et elle

ne l'était aucunement quand elle a failli. Elle était amoureuse, bel et bien. Il est entré, peut-être, de l'illusion enfantine, de l'entraînement, je ne sais quelle pitié, qui était une étourderie du cœur, dans son cas; mais enfin elle était amoureuse. C'est ce qu'on appelle une fille *trompée*, c'est-à-dire une fille qui a aimé un petit farceur.

L'affaire devient plus grave, beaucoup plus grave; car maintenant où est la garantie de l'amour honnête? Dans la haine de Denise pour l'ancien petit farceur? Aucunement; car nous savons les choses, et que la haine, en amour, ce peut être très bien de l'amour encore. Il est même rare que ce soit autre chose. Dieux d'Amathonte, si je ne suis pas aimé, faites au moins que je sois haï.

Le cas de Denise est donc très grave. Pour s'en tirer, il faut que l'auteur ait recours aux grands moyens. Le grand moyen, c'est tout simplement de rendre le public amoureux de son héroïne. L'amour emporte tout dans le cœur de l'amoureux honnête. Honnête, le public l'est toujours; si vous réussissez à ce que, de plus, il soit amoureux, il est juste dans l'état d'âme du monsieur prêt à réparer les torts du petit farceur.

Rendre le public amoureux de Denise, c'est où M. Dumas fils s'est appliqué de tout son cœur dans le drame audacieux et charmant qui s'appelle *Denise*. Nous avons pleuré avec Denise; il suffit; nous l'aurions épousée nous mêmes. Quand ou a ri, on est désarmé; quand on a pleuré, on est vaincu.

Seulement, pour nous rendre amoureux de Denise, il fallait un talent extraordinaire dans tout le détail de l'œuvre. L'audace de M. Dumas comptait sur son talent. Elle avait raison d'y compter.

Voilà comme les audacieux prennent ce sujet. Les timides, quand ils le prennent, usent d'atténuations, d'adoucissements et de tempéraments. Ils dissimulent les torts de la jeune fille autant que possible, jusqu'à ce qu'elle n'en ait plus du tout. Ils ont recours à la « suprise » aux « violences nocturnes » comme dans l'*Inflexible*, ou tout simplement au viol.

Le viol, c'est la grande ressource des timides, au théâtre du moins, peut-être ailleurs ; mes lumières ont leurs limites en cette matière.

La jeune fille surprise ou violentée, ou violée, il est bien certain qu'on ne peut guère la considérer comme très coupable.

Le malheur c'est que l'on ne croit guère au viol, et que ce point de départ n'est jamais accepté par le public que par un acte de complaisance qui est presque un acte de foi. Cela met toujours dans une pièce un certain air d'invraisemblance qui pèse sur elle et lui fait tort. Dans cette histoire de viol, dont on nous régale au commencement de l'affaire, c'est la timidité de l'auteur que nous sentons, un certain artifice cauteleux, un art de biaiser et de gauchir avec le sujet.

Que sera-ce, comme disent les orateurs classiques, que sera-ce, lorsque le viol, comme moyen d'atténuation et d'adoucissement ne suffira pas à l'auteur ?

Que sera-ce quand, au viol, il croira devoir ajouter le narcotique ? Cette fois nous voilà au terme de tous les tempéraments possibles à apporter au sujet. Cette jeune fille, voyez, messieurs, si elle est coupable ! Elle n'a pas été trompée, elle n'a pas été séduite, elle n'a pas été inconsciente par insuffisance de première éducation morale ; elle n'a pas été enlevée nuitamment par des brigands de la Calabre et torturée, au milieu des cris et des larmes, dans une caverne inaccessible. Il n'y a pas même eu, dans son affaire, le minimum de consentement passif qui peut exister encore dans le viol. Elle a été endormie, et s'est réveillée, voilà tout. Elle n'est pas coupable, non, elle n'est pas coupable !

« Je te crois » qu'elle n'est pas coupable, comme dit Sarcey. Mais, voyez-vous, décidément, elle ne l'est plus assez.

Elle l'est tout juste autant qu'une jeune personne à qui l'on a arraché une dent. Sa culpabilité est réduite jusqu'à la complète suppression du sujet.

Où diable peut être le sujet, désormais ? Dans les remords de la jeune fille ? Qui peut avoir des remords d'avoir perdu une dent, encore qu'on tînt à la garder ?

Dans les hésitations de l'amoureux honnête ? Mais quelles hésitations pourrait-il bien avoir ? En quoi l'accident peut-il le toucher ? Pour qu'il y eût sujet quelconque de ce côté-là, il faudrait supposer chez l'amoureux honnête je ne sais quelle susceptibilité toute physique, toute nerveuse, qui peut exister, mais qui doit être assez rare, et qui, en tout cas, n'intéressera point ; car c'est seulement aux sentiments qui nous sommes capables d'épouver nous-mêmes que nous pouvons nous intéresser.

Donc, dans ce sujet qui ne comporte que deux personnage intéressants, l'auteur a trouvé le moyen d'ôter d'avance tout intérêt aux deux personnages essentiels. Il était difficile qu'il se tirât d'affaire très brillamment.

Il l'a bien compris, et aussi, il a presque laissé dans la pénombre les deux personnages principaux, la jeune fille à secret et le jeune amoureux honnête, Gilberte de Charmont et Raoul de Berlières ; et il a concentré son attention et la nôtre sur le scélérat nocturne et narcotique, sur le... dentiste, sur Adrien Deroze.

C'était forcé ; mais ce n'en était pas plus heureux pour cela. Car, le dentiste, ou il n'est qu'un pur coquin intéressant seulement pour la cour d'assises, ou il est un grand passionné ardent et romantique, et, prenez garde, vous allez, si vous le faites trop percer en ce sens, nous intéresser, sinon à sa vilaine action, du moins au martyre qui a précédé sa mauvaise action et à celui qui l'a suivie, et voilà qui n'est pas du tout pour nous mener où vous voulez finalement nous conduire.

C'est à peu près ce qui est arrivé dans le drame de M. Massiac.

Au commencement de la pièce nous voyons Mlle Gilberte, soucieuse, froide et énigmatique, comme est, au théâtre, toute fille qui a eu une aventure fâcheuse, refuser avec obstination tous les partis brillants qui se présentent à elle, et cependant laisser tomber avec une mélancolique bienveillance ses beaux regards sur M. Raonl de Berlières, lequel trouve le moyen de se battre en son honneur, et de la compromettre un peu, par parenthèse.

Au second acte, nous trouvons Gilberte en conférence avec le secrétaire de son père, et là, le secret de Gilberte ne tarde pas à être tout à fait transparent à nos yeux.

Le secret, c'est le secrétaire. Nous apprenons, avec une indignation que vous avez déjà partagée, le crime odieux dont ce Julien Sorel de 1890 s'est rendu coupable. Mais, en même temps, nous apprenons que ce brutal plumitif est pétri de tous les remords imaginables, et qu'il aime profondément et religieusement, maintenant, celle qu'il a profanée, et, encore, qu'il a les sentiments les plus généreux et les procédés les plus délicats, qu'il sauve ses vieux parents de la misère avec ses pauvres économies, en laissant croire aux pauvres vieux que c'est Mlle Gilberte qui les couvre de bienfaits.

Gilberte, à travers tout son mépris pour le pauvre diable, ne laisse pas de s'apercevoir de ces choses ; et en fin de scène, s'il vous plaît (vous savez l'énorme importance, au théâtre, des mots qui font fin de scène) en fin de scène, donc, et se retournant alors

qu'elle va franchir la porte, Giberte dit à Adrien :
« Vous êtes donc bon fils ! »

Que voulez-vous que nous croyions, sinon que c'est le relèvement et la réhabilitation d'Adrien qui commencent? Que voulez-vous que nous croyions sinon que l'auteur veut nous diriger vers un mariage final entre Adrien et Gilberte? — Si l'acteur qui joue Adrien était seulement plus sympathique de visage, et plus ardent, plus vibrant dans son allure, nous le croirions sans aucune hésitation.

Ce n'est pas cela du tout. Gilberte est incapable d'aucun sentiment, même de pitié, pour M. le secrétaire, et elle ne songe qu'à aimer M. de Berlières et à ne pas l'épouser, à cause du secret.

Mais elle ne veut pas dire le secret cependant et elle s'avise d'un stratagème pour écarter le prétendant. Elle fait agir le fameux « sans dot ». Elle feint d'être sans fortune et elle réussit (ce qui est un peu invraisemblable, mais passons) à mettre ses parents dans ce complot.

Je ne suis pas tout à fait défavorable à cette petite combinaison. Elle nous écarte bien un peu du vrai sujet qui ne commencera véritablement que quand M. de Berlières sera mis en face de la vérité. Mais enfin cette idée ne laisse pas d'être assez naturelle dans l'esprit de la jeune fille. Elle a pu lui venir.

Gilberte a pu se dire : « Je ne puis pas (c'est son idée) je ne puis pas épouser de M. de Berlières, et je l'aime. Dieu veille que je puisse le mépriser un peu pour en arriver à l'aimer moins. S'il renonce à moi, me croyant pauvre, j'aurai une arme à combattre l'amour que j'ai pour lui. »

Il est vrai que si M. de Berlières s'offre à prendre Gilberte sans dot, la pauvre Gilberte est plus engagée qu'auparavant et obligée à dire son fatal secret. Mais c'est précisément ce qu'a voulu l'auteur : acculer Gilberte en son dernier retranchement et lui couper toute retraite. Cet incident dramatique n'est donc pas sans valeur, ni sans mérite.

Ce que vous prévoyez arrive. M. de Berlières est tout à fait « noble ». Il accepte Gilberte « avec sa robe de mariée ». Gilberte n'a plus aucune bonne raison de résistance à faire valoir. Que peut-elle faire ? Dire la vérité.

Oui, c'est à elle de la dire, c'est à elle et non à un autre. Non pas qu'elle en ait le *devoir*, c'est à un autre, au contraire, que ce *devoir* incombe. Mais au point de vue théâtral, c'est à elle de dire la vérité, pour que ce soit intéressant. La scène nécessaire, c'est la scène entre Gilberte avouant et de Berlières connaissant la vérité.

C'est la scène nécessaire, parce que ce qui nous intéresse, c'est la vérité apprise à de Berlières de telle manière qu'il n'en puisse douter aucunement, et d'autre part c'est le secret de Gilberte arraché à Gilberte elle-même à travers sa confusion et les larmes. C'est à cette double condition que l'un et l'autre seront attendrissants, seront dramatiques, parce que c'est ainsi qu'ils seront malheureux.

L'auteur a eu un autre plan. Il a donné à Gilberte l'idée d'ordonner au dentiste de tout révéler à M. de Berlières. Elle n'a rien de faux cette idée. Elle est même très juste en raison et en morale. Il y a eu crime. Ce crime doit être révélé. Qui le révélera ? — Celui qui l'a fait. D'accord, en raison et en morale, rien de plus juste. Mais au point de vue dramatique, c'est un coup d'épée dans l'eau.

Tant que Denise... je veux dire Gilberte, n'aura pas dit elle-même à de Berlières : « Voilà ce qui s'est passé », de Berlières n'en croira rien du tout.

Evidemment ! Mettez-vous à sa place. Il se dira : « Voilà un petit secrétaire qui veut épouser la demoiselle, et qui, par provision, cherche à en dégoûter les autres... Mettons-le à la porte, et interrogeons Gilberte. »

J'ai même cru que c'était ainsi que l'auteur avait entendu les choses. J'ai cru que c'était justement comme coup d'épée dans l'eau qu'il avait envisagé la démarche imposée par Gilberte au secrétaire, pour en arriver, enfin, à la nécessité inévitable : l'aveu de Gilberte. — Première défaite de Gilberte : le *sans dot*. Elle ne réussit pas. — Second expédient : envoyer le secrétaire s'accuser. Il ne réussit pas. — Enfin la scène nécessaire, retardée, évitée longtemps, définitivement inéluctable : l'aveu.

Mais non. Le secrétaire vient chez M. de Berlières, s'accuse de la façon la plus obscure du reste, en une histoire inextricable, et... M. de Berlières le croit tout de go, sans une minute d'hésitation.

Diable ! Diable ! ma scène nécessaire, je ne l'aurai pas ! Le sujet est définitivement évité avec soin. On nous a promenés un peu partout. On nous a montré dans tout son détail la situation morale de Gilberte. On s'est appesanti sur ce secrétaire, et on me l'a analysé avec soin, à me faire croire qu'on lui réservait de belles destinées. Mais du vrai sujet on ne m'a vraiment pas dit grand chose.

Et ce qu'on peut m'en dire maintenant n'est presque rien. Car, puisque de Berlières *a cru*, quand il rencontrera Gilberte, ce ne sera pas pour l'interroger, ce ne sera pas pour lui arracher avec anxiétés et tortures le secret de sa vie. Ce ne sera, selon son caractère, que pour lui dire : Oui, tout de même ; — ou pour lui dire : Non. La scène nécessaire est tuée dans l'œuf. Le sujet est épuisé, avant d'avoir réellement commencé.

C'est ainsi, en effet, que les choses se passent. Il ne pouvait rien y avoir dans le dernier acte, et en effet il n'y a rien. On apprend que M. Deroze s'est exilé à la Louisianne. M. de Berlières rencontre Gilberte, et l'entretien est très court :

— M. Deroze vous a parlé ?
— Oui, mademoiselle.
— Il vous a dit...
— Oui, mademoiselle.
— Vous l'avez cru ?
— Oui, mademoiselle.
— Et ?
— Je vous épouse.

— Vous avez raison, car je vous aime.

Voilà tout. Ils n'avaient en effet absolument que cela à se dire.

Cette pièce dont le sujet, d'abord, est trop mince, dont la conduite, sauf quelques traces d'habileté çà et là, est maladroite, incertaine et surtout excessivement timide, ne pouvait pas réussir brillamment. Les connaisseurs y ont vu, je crois, et en tous cas moi j'y vois, des promesses auxquelles il faut faire grande attention et dont il faut tenir grand compte. Certaines scènes sont bien faites. L'exposition (les deux premiers actes) a de la clarté et de la franchise. Ce n'est pas une œuvre à mépriser.

Tout un rôle accesoire est joli. C'est celui du père de Gilberte, un père trop jeune, dans le genre du père de Froufrou. Vieux clubman léger et étourdi. On lui apprend que M. de Berlières a demandé sa fille en mariage :

« Ah ! très bien ! Ça me fait plaisir. Je la lui accorde de bon cœur.

— M. de Berlières est très amoureux.

— Ah ! de qui ?

— Mais... de votre fille.

— Ah ! pardon ! c'est juste ! Une distraction. »

Il y a deux ou trois traits de ce genre qui sont amusants.

XXI

COMÉDIE-FRANÇAISE : *Le Duc Job*, comédie en quatre actes de Léon Laya.

23 Septembre 1890.

Le Théâtre Français a repris le *Duc Job*, qui date de trente ans environ, et qui est une pièce d'il y a trente ans, une pièce *milieu de siècle*.

Les pièces milieu de siècle portent toutes sur la question d'argent. Quand je dis toutes, c'est une manière de totaliser pour généraliser, comme dit l'autre. Mais il est frappant comme deux affaires principales, la question argent et la question des filles, ont obsédé l'esprit des dramatistes français de 1848 à 1870.

Il est évident qu'il y a eu, en cette fin de Louis-Philippe et en ce second Empire, une petite ou une grande *époque de Law*, une époque où l'argent a pris tout à coup une importance extraordinaire dans les préoccupations des hommes. Il en a toujours une, je sais bien ; mais il y a certains moments où, plus qu'à l'ordinaire, il affolle et déséquilibre les pauvres petites cervelles humaines.

Le coup de Bourse, la fortune rapidement enlevée, le monde des affaires, sa morale particulière, évidemment tout cela attire ou inquiète les esprits beaucoup plus en 1850 qu'en 1810 ou en 1825.

La comédie du temps du premier Empire, ce serait le monde soldatesque, les mœurs soudard, Philippe Brideau. Cette comédie n'a pas été écrite, et pour cause. Il est peu probable que le duc d'Otrante s'en fût accommodé.

La comédie de 1825, ce serait le monde littéraire, poètes promenant leurs lacs dans le monde, bas bleus, femmes amoureuses de littérature et qui croient l'être de littérateurs, *Précieuses ridicules* sentimentales. Cette comédie a été essayée çà et là, n'a pas été réussie, n'a pas laissé de chef-d'œuvre, ni seulement d'ouvrage saillant et qui marque une date.

Enfin, la comédie de 1850, c'est la comédie de l'argent et de la fièvre d'argent, *febris aurea*. Cette comédie a été écrite vingt fois, et assez brillamment cinq ou six fois. C'est la *Question d'argent*, *l'Honneur et l'Argent*, la *Bourse*, *Mercadet*, la moitié des comédies d'Augier, etc. — C'est enfin le *Duc Job*; ou plutôt une des premières, et il en faut tenir compte à Léon Laya, c'est le *Duc Job*.

Ce pauvre Léon Laya avait écrit une trentaine de pièces, de soixante-dix à quatre-vingts actes, souvent avec succès. Il n'en reste que le *Duc Job*. Quels effroyables déchets dans ces liquidations littéraires ! De toutes les comédies relatives à la question d'argent le *Duc Job* est une des plus faibles, à vrai dire. Elle est éminemment superficielle. Elle est, comment dirai-je ? elle n'est pas *convaincue*. L'auteur qui, je crois, n'avait, ni, comme Balzac, la passion éternellement inassouvie, de l'argent, ni, comme Augier, le vrai mépris, sans haine stoïque ou puritaine, mais le mépris cependant, tranquille et doux, de l'argent, l'auteur ne donne pas à ses personnages des passions véhémentes et profondes à cet égard.

Ces gens-là n'ont pas l'amour de l'argent chevillé dans l'âme. Oh! non! Ils l'aiment comme on aime une femme qu'on « aime bien ». — « Ne m'aimez pas bien, disait une femme un peu gourmande, aimez-moi un peu. » — Ces personnages du *Duc Job* aiment bien l'argent. Ils en ont l'amour-goût, comme disait Stendhal, mais ils ne « cristallisent » pas pour lui avec ces rapidités foudroyantes qui sont les marques des passions fougueuses. Il faut peu de chose pour les tirer d'un autre côté. Ils n'ont pas reçu la vraie « contagion » ; ils ne sont pas gangrenés. Une simple petite variole volante.

Le dessin de leurs figures, pour cette cause, paraît peu creusé et marqué d'un crayon trop mou. Qu'est-ce que M. David, qui, du reste, est amusant ? Un vrai financier, un vrai affamé d'or ? Nullement. Un éclectique. Il aime l'argent, il aime sa femme, il aime l'honneur, il aime ses petits-enfants à venir. Il aime un peu de ceci et un peu de cela, ceci jusqu'à un certain point, cela dans une certaine mesure. Un financier centre gauche.

Eh bien! c'est réel! — Oui, mais pas très dramatique. Ce ne sont pas des personnages de cette sorte qui forment obstacle véritable sur quoi vient butter l'action et rebondir.

De même David fils, qui, lui, a pour l'argent une amourette passagère, un petit entraînement d'étudiant pour une grisette, un *flirt*.

Cela se sent, dès le commencement, et empêche qu'on ne prenne bien au sérieux tous ces gens-là, ni l'action par conséquent. Il n'y a qu'un personnage, mais secondaire, qui soit très fermement dessiné, c'est Valette, le vrai famélique ébloui par les reflets métalliques. Celui-là très bon, d'un cynisme doux, d'une immoralité pleine de bonhomie, d'une canaillerie bon garçon qui sont choses drôles, et, ma foi, très bien vues.

De plus la pièce est longue, bien longue pour ce qu'il y a dedans, c'est-à-dire peu de chose. Elle ne commence vraiment à se mettre en train qu'à la fin du second acte, à la scène de « l'aveu » du duc de Job. Et, ensuite, elle traîne fortement pendant toute la première moitié du III. Cela tient aux habitudes théâtrales du temps. Nos neveux seront étonnés de la longueur des comédies du milieu dix-neuvième siècle. Pour une ou deux, qui sont pleines et fermes, et qu'on ne trouve pas trop longues relativement à ce qu'elles contiennent, le *Demi-Monde* par exemple, ou le *Fils naturel* ou le *Gendre de M. Poirier*, la plupart sont d'un développement peu proportionné à la matière.

Cela vient de ce qu'à cette époque on avait déjà l'habitude de ne jouer qu'une pièce dans une représentation et on avait encore l'habitude de venir de bonne heure au théâtre. Donc il fallait qu'une pièce durât trois heures et demie, ce qui est énorme. Une comédie de ce temps est un petit volume assez compact. Le *Duc Job* a cent cinquante pages petit texte. Quand l'auteur avait un grand sujet à traiter il profitait des circonstances pour le traiter complètement. Il n'y a pas un mot de trop, ce me semble, dans le *Gendre de M. Poirier;* et la pièce est longue. Mais quand il n'avait pas mis la main sur un très grand sujet, ou quand il n'avait pas une imagination créatrice très puissante, il faisait de l'imagination *à côté*; c'est à savoir qu'il faisait du remplissage.

Il versait dans sa pièce, pour la gonfler, des récits piquants, des discours, des dissertations et des *chroniques*. Les pièces de ce temps sont pleines de chroniques, que, du reste, le public d'alors goûtait beaucoup. Tout cela a bien vieilli, et, maintenant, ne fait que longueurs.

Ce qui reste du *Duc Job*, c'est le très joli rôle d'Emma, la petite sentimentale qui veut être et qui croit être femme « fin de siècle », et qui tout doucement, par une progression très bien étudiée et très bien ménagée, revient à sa nature vraie, avec un peu d'excès même, comme il arrive après un entraînement voulu et forcé dans un sens qui n'est pas celui de nos instincts propres.

Elle reste charmante la scène en monologue où elle réduit son budget futur, biffe la moitié de sa toilette, « biffe le cheval ». Adieu le cheval, adieu veau, vache, cochon, couvée ! Mais c'est l'histoire de Perrette à rebours, c'est le pot au lait renversé par la laitière même, avec un petit soupir. C'est charmant.

De même le *rêve de pauvreté* de la fin. La petite sentimentale, maintenant qu'elle est lancée, n'a jamais assez de pauvreté. Il lui en faut toujours davantage. Elle est gourmande de misère. Son cœur, et une chaumière ! La chaumière est toujours trop grande. Allons ! la voilà bien guérie. N'ayez peur. Elle s'accommodera tout de même des « millions de comédie » qui lui tombent des frises, comme il convient dans une bonne comédie bourgeoise.

Je n'aime guère le « *Duc Job* » lui-même. Le grand acteur qui a joué ce rôle l'a tellement imposé au public qu'il a pris corps et sera longtemps très en faveur. Mais je ne comprends guère l'air de vulgarité dont l'auteur a tenu à le marquer.

Je sais bien, l'intention est louable. Laya a voulu à tout prix éviter le jeune premier conventionnel, le héros de romance, le pur Saint-Georges immaculé, tout fierté, tout honneur, tout vertu et tout distinction. Il lui a laissé l'honneur, la vertu et la fierté. Au moins il lui a ôté la distinction. Trop est trop. Faisons moins idéal pour faire plus vivant.

Je veux bien. Mais cependant le duc Job, sergent d'infanterie (*in pedite robur*) est un peu trop sous-officier. Pourquoi certains mots d'une parfaite trivialité, pourquoi certaines allures soldatesques chez ce duc, engagé depuis un an? pourquoi se grise-t-il? Du diable si je sais pourquoi il se grise, et en quoi cela est dans son rôle, et à quoi cela sert dans la pièce ! Cherchez !

Il est vrai que cette petite griserie de famille arrive aujourd'hui à un mauvais moment. Après *Marie-Jeanne*, après l'*Assomoir* nous avons l'esprit assombri par le spectacle des griseries criminelles, et nous ne prenons plus la chose du bon côté. Nous sommes toujours portés à la prendre au tragique. Nous sommes gênés pour la considérer avec gaîté, bonhomie et indulgence. Ah ! mes amis, maudit soit l'alcoolisme ! L'alcoolique a tué le bon pochard, l'a déshonoré au moins, lui a ôté sa douce auréole. Un type aimable qui disparait, qui se transforme en type odieux et formidable.

Le monde va mal. L'évolution sociale a remplacé le bon tabellion par le notaire, le bon apothicaire par le pharmacien, et le bon pochard par l'alcoolique. Et remarquez, mon cher Sarcey, qu'en même temps s'en sont allées les vraies sources de gaîté saine et copieuse. Par exemple avec l'apothicaire a disparu la seringue, d'où tant de joie a jailli pendant des siècles. Pourquoi ? Parce qu'*avecque les noms s'en vont les chouses*, comme dit Balzac.

XXII

Odéon : *La Maîtresse légitime*, comédie en quatre actes
de M. Louis Davyl.

30 Septembre 1890.

Encore le roman d'un jeune homme pauvre avec la *Maîtresse légitime* à l'Odéon ; mais c'est ici le roman d'un jeune homme pauvre qui n'a pas mis à la loterie, et qui, par conséquent, a une chance de moins.

Dans tous les romans où figure le jeune homme pauvre et sympathique, le lecteur n'est pas très inquiet sur le sort final du jeune homme pauvre. Il sait bien que ce jeune homme a un billet qui peut sortir bon, qui, n'en faites aucun doute, sortira bon. Quel billet ? Eh ! sa jeunesse donc, et son célibat.

Le célibat est un atout, le célibat est une chance, le célibat est un billet à la loterie. Ce jeune homme, il est malheureux, il traverse des épreuves ; mais il est célibataire, et, comme il y a une providence, il se trouvera à point nommé une belle jeune fille riche comme le soleil, qui l'aimera assez pour sentir l'impérieux besoin d'en faire un millionnaire. On n'est jamais très inquiet sur les destinées du duc Job ou de Maximilien Giboyer.

Mais le jeune homme pauvre marié, ou à peu près, le jeune homme pauvre qui s'est chargé d'une jeune femme, qui l'aime, qui est aimé d'elle, qu'est-ce que nous en pourrons bien faire ?

Les auteurs ont généralement évité cette situation, comme les chats évitent de se mouiller les pattes. Ils n'aiment pas donner de ce côté-là. Ils nous présentent toujours des jeunes gens, pauvres il est vrai, pour qu'ils soient sympathiques, et méprisant l'argent, pour qu'ils soient doublement sympathiques, mais sans aucun lien dans l'existence, parfaitement disponibles, tout prêts à épouser une héritière, et qui, entre cette héritière et eux, ne trouveront d'autre obstacle que leur délicatesse naturelle. Cet obstacle est de ceux qui ne sont pas infranchissables. Suffit qu'on fasse quelques manières avant de sauter.

Louis Davyl a voulu, lui, jouer la difficulté, et cette seule intention est déjà très honorable.

Il a pris son jeune homme pauvre, bien ; charmant, fort bien ; inventeur, je m'y attendais ; aimé d'une jeune fille, c'était prévu ; et d'une jeune fille millionnaire, c'était indispensable. Mais ici s'arrête la convention, et il était peut-être temps, en effet, qu'elle s'arrêtât. Le jeune homme de Davyl est en puissance de femme. Il vit depuis dix ans avec une compagne irrégulière, mais digne, du reste, de tous les respects. Il n'a pas mis à la loterie.

C'est l'originalité de la comédie de Davyl, et tout ce qui, dans la *Maîtresse légitime*, repose sur cette situation ne manque vraiment pas d'intérêt. Ce qui repose sur cette situation c'est le premier et le second acte. Dalesmes est plein de courage et de talent. Il travaille et fait travailler deux cent cinquante ouvriers. Il est probe en affaires, et est peut-être un inventeur de génie. Tout cela ne le mène à rien. L'argent lui manque. La jeune millionnaire de tous les rêves bourgeois lui tend les bras de tout son cœur. Mais abandonner la pauvre Marthe, la maîtresse décennale et légitime, non, vous ne voulez pas qu'il abandonne Marthe, n'est-ce pas ?

Eh bien alors ?

Eh bien, c'est triste et intéressant. Le pauvre Dalesmes forcé d'éloigner Marthe quand des hommes influents qui peuvent devenir des commanditaires viennent le voir; le pauvre Dalesmes toujours gêné par Marthe et toujours l'adorant; le pauvre Dalesmes acculé un instant à la ruine, sauvé, pour un jour, par le dévouement de Marthe qui vend ses diamants pour payer les ouvriers; se sentant de plus en plus lié à cette femme qui est l'obstacle entre lui et le succès; le pauvre Dalesmes pris et froissé entre son ambition légitime, et cette Marthe qui est à la fois son amour et son devoir : tout cela est intéressant, juste de ton par endroits, très *réel* au fond, malgré la forme un peu déclamatoire, et quelquefois d'une adresse d'exécution assez remarquable.

Ces deux premiers actes sont un drame réaliste assez ferme et assez serré.

Oui, mais tout cela n'est qu'une *situation*, et il en faut sortir pour avoir un dénouement. Il en faut sortir soit comme dans la réalité, soit comme dans le romanesque. Dans la réalité il y a deux dénouements : le dénouement noir, et le dénouement *gris*.

Dans la réalité, Dalesmes sera ruiné et deviendra contre-maître à deux mille francs dans une usine, avec Marthe, vieillie et désagréable, à qui il en voudra toute sa vie. C'est le dénouement noir.

Ou bien Dalesmes, en vingt ans d'efforts, après mille traverses, réussira enfin, se fera une petite fortune de vingt mille francs de rente, et sera très heureux. Mais c'est un dénouement en vingt ans, comme tous les dénouements heureux de la vie réelle ; cela n'a rien d'éclatant et de fascinant pour le public. Cela verse le bonheur goutte à goutte, en espérances d'abord, en légères réalisations précaires ensuite, en demi-réalisations, très savoureuses, enfin ; cela ne verse pas le bonheur tout d'un coup à grands seaux, dans un brusque éclaboussement de dollars, seule manière dont le public puisse comprendre et comme sentir physiquement le succès. Le dénouement gris, c'est le pire des dénouements au théâtre.

C'est pour cela que les réalistes vont toujours au dénouement noir, parce que c'est le seul qui puisse être à la fois réel et rapide. Davyl, et on ne saurait lui en vouloir, car les auteurs aiment à réussir, n'a pas voulu du dénouement noir, et il s'est sagement dirigé du côté du dénouement romanesque. Mais quoi ? Il n'y en avait pas. Je viens d'indiquer qu'il n'y en avait pas. Le seul dénouement romanesque du roman d'un jeune homme pauvre, c'est le mariage riche, et Dalesmes ne peut faire un mariage riche.

Que faire donc ? Davyl a eu l'idée la plus drôle du monde. Ce mariage riche, seul dénouement possible, Dalesme ne peut pas le faire, et il le fera tout de même. Oui, tout de même. Et comment diable ? Il le fera par procuration. Il le fera sans le faire, il le fera pour le profit et il ne le fera pas pour le déshonneur.

Ah ! c'est compliqué ! La jeune fille qui l'aime veut l'épouser et l'enrichir. Bon. Mais elle ne le peut pas. Elle comprend qu'elle ne le peut pas. Elle s'avise alors d'en épouser un autre, naturellement, mais un autre qui soit presque Dalesmes lui-même, quelqu'un comme son ami intime. Elle épouse Dalesme par approximation. Ce n'est pas Dalesmes, mais cela tient à Dalesmes. « Vous n'êtes pas la rose, pourrait-elle dire à Duluc, si elle savait le persan, mais vous avez le parfum de la rose pour avoir vécu longtemps avec elle. A défaut de la rose, on prend la feuille du rosier. »

Et ainsi, en enrichissant Duluc, qui s'associera à Dalesmes, elle enrichit Dalesmes autant qu'il lui est possible, et le dénouement heureux est décroché tout de même.

Il est un peu coquesigrue, ce dénouement ; mais tâchez un peu d'en trouver un autre !

Il est un peu coquesigrue, et, ce qui est plus grave, il rend un peu bizarre aussi tout ce qui le précède dans le dessein de l'amener. Car, suivez bien mon raisonnement. Pour que Mlle Boulmier aime Dalesmes et épouse Duluc, il faut qu'elle aime Dalesmes un peu, mais pas trop, et qu'elle aime Duluc pas trop, mais un peu. Ah ! il le faut; c'est nécessaire. Or une jeune fille qui aime deux jeunes gens l'un pour l'autre, et l'autre à cause de l'un, et tous deux en moyenne l'un portant l'autre, et l'un de manière à épouser l'autre par dévouement pour le premier, sans que l'amour pour celui qu'elle aime puisse trop offusquer celui qu'elle épouse, c'est une jeune fille dont le cœur a des merveilles d'équilibre, des miracles de souplesse et semble être né pour passer à travers des cerceaux de papier. Le cœur de Mlle Boulmier est essentiellement acrobatique. Il ne faut pas trop creuser de ce côté-là, si l'on veut n'y pas trouver des impossibilités ou tout au moins des invraisemblances.

L'auteur, il faut le dire, s'en est tiré adroitement. La grande adresse a été, précisément, de ne pas creuser, et de ne rien expliquer du tout. Mlle Boulmier traverse la pièce comme l'ange du dévouement et de la bonté. Elle est bonne, bonne, toute bonne. Elle veut sauver, elle sauvera. C'est un petit terre-neuve au museau rose. Comme on la trouve excellente, on ne lui demande pas de trop près les comptes de son bon petit cœur, et la chose passe.

Elle passe, mais elle laisse encore dans ces deux

derniers actes, une impression de romanesque un peu gênante cependant, surtout par contraste avec les deux premiers qui sont d'un réalisme assez serré et assez fort.

Mes compliments à M. Dumény, à Mme Antonia Laurent, qui a porté vaillamment et avec distinction le rôle très lourd de la maîtresse légitime, à M. Montbars, et à la délicieuse Mlle Dea Dieudonné, qui commence à compter comme une de nos meilleures ingénues.

La *Maîtresse légitime* est sûre d'un regain de succès très fructueux. On y pleurera et on y sourira comme naguère. J'ai même remarqué que les *mots d'auteur*, qui sont la plaie de cette pièce aimable, n'ont pas déplu à la majorité du public. Est-ce qu'on reviendrait à cette convention, si chère au public du temps de ma jeunesse, par laquelle tous les personnages d'une comédie étaient autorisés à avoir de l'esprit comme s'ils peinaient dans le *Tintamarre*? Après tout, j'ai toujours dit que, convention pour convention, je préférerais encore celle-là à celle qui veut que tous les personnages d'une pièce soient unanimement idiots à l'envi l'un de l'autre. Tout coup vaille, et revenons aux Félix. La chose, après tout, est à sa place dans la maison de Porel.

XXIII

Folies-Dramatiques : *Gillette de Narbonne*, opéra-comique, en trois actes, de Chivot et Duru, musique d'Audran.

7 Octobre 1889.

C'est un joli conte romanesque, que *Tout est bien qui finit bien*, de Shakspeare.

Cela est gai, bouffon, fantasque et tendre. C'est une histoire pour les bonnes gens, où l'on ne voit guère figurer et agir que de bonnes gens. Les libertins n'y sont que des étourdis, et les coquins même n'y sont que des cuistres grotesques pour l'amusement des honnêtes gens qui aiment à rire.

Il semble qu'aux yeux de l'auteur (à ce moment-là du moins) les scélérats n'ont été mis sur la terre que pour qu'elle ne fût pas trop plate et monotone, et pour que certains écarts, très vite punis, y donnassent un peu de piquant aux choses et relevassent d'un certain ragoût la simplicité ordinaire de la vie courante.

Cette comédie shakspearienne a toujours ce même caractère. Elle se fonde sur un optimisme souriant et joyeux, tout au contraire de la comédie, telle que les Grecs, les Latins et nous-mêmes l'avons ordinairement comprise. Le fond de notre comédie est satirique et, par conséquent pessimiste assez formellement. Notre Molière lui-même, avec toute sa gaîté, est singulièrement dur et méprisant ; ou plutôt, s'il n'est pas amer et cruel à en faire mal, cela ne tient qu'à la gaieté qu'il a trouvé le moyen, bon gré mal gré, d'introduire à travers ses peintures noires de l'humanité.

Au fond, nos comiques sont moroses, ou au moins bourrus. Ils haïssent. Ils haïssent les méchants, ce qui est bon, peut-être ; et ils haïssent surtout les sots, ce qui est inexcusable et tout à fait d'un méchant cœur. La haine faite d'indignation contre le vice se justifie, encore qu'elle marque un esprit assez borné ; mais enfin elle a pour fondement un certain amour de la vertu ; la haine faite d'impatience contre les sots est tout à fait un mauvais sentiment, parce qu'elle a pour fondement l'orgueil tout net.

Quoi qu'il en soit, notre comédie est inspirée, sinon par l'esprit de malice, du moins par l'esprit de malignité. Elle hait. On y sent la rancune, le ressentiment, la colère et très souvent la jalousie. Fréquemment, elle devient une satire pure et simple. Il suffit pour cela que la gaîté y manque décidément, ce qui ne laisse pas d'arriver, et, dans ce cas, elle sort tout à fait des limites naturelles du genre qui est le sien. Elle devient autre chose que la comédie. Il lui faudrait un autre nom.

Shakspeare a une comédie bien à part, qui est

bien à lui, et qui n'a pas du tout ces caractères-là. Elle est purement joyeuse et allègre. Elle ne songe qu'à faire rire, sans précisément faire rire de quelqu'un. Elle est un conte copieux et drôle. Elle est un divertissement et une petite débauche de l'imagination familière. Elle n'enseigne point, ne prouve point, surtout n'accuse point ni ne dénonce. Elle n'a rien d'un réquisitoire. Elle n'en appelle nullement à la vindicte publique.

Avez-vous remarqué comme souvent, dans Molière, on croit voir se lever un avocat général, et surtout généralisateur, qui tout à coup, à propos d'un cas spécial, « élargit la question » et tonne contre les mœurs du temps. « Ne me parlez pas de ces hommes qui, de ces hommes que... *Il semble à trois gredins dans leur petit cerveau.. Puisque vous y donnez dans ces vices du temps...* Combien en voyons-nous qui... »

Fort bien ! C'est le procès criminel. La comédie coiffe la toque à galon d'or. Elle prie qu'on la tienne en grand sérieux, et qu'on remarque combien elle prend à cœur sa haute mission purificatrice, réformatrice et civilisatrice. Le poète comique a besoin de cela pour s'estimer lui-même, pour ne se point sentir ravalé au rôle un peu bas d'amuseur et de divertisseur public.

Je veux bien, et suis très éclectique de ma nature. Je ne demande rien à l'immense univers, sinon qu'on m'ennuie le moins possible. Je ne refuse pas à la comédie la consolation d'avoir un but très élevé et de croire qu'elle réforme quelque chose. Mais j'aime bien aussi, comme délassement honnête et permis, la bonne comédie shakspearienne qui n'a pas la moindre prétention, ni intention, ni contention, et qui n'en veut absolument à personne.

Elle est bonne fille, et *joyeuse commère*, voilà tout. Si même elle a sa petite philosophie, c'est une philosophie très favorable à la pauvre humanité et qui ne la trouve point trop mauvaise, à tout prendre. La comédie shakspearienne est compagne naturelle d'une loyale et indulgente digestion. Elle jette son petit regard circulaire, elle aussi, sur le monde, et le trouve à peu près bien fait. Il s'y trouve beaucoup de bonnes créatures. Il s'y trouve quelques coquins; mais, à le bien prendre, ce sont surtout des pleutres; et les pleutres sont divertissants. Il s'y trouve quelques malheurs, mais, à bien voir, les malheurs sont surtout des ennuis, et les ennuis sont utiles. Ils font mieux goûter le bonheur. « Le froid est bon pour sentir le chaud. » — « Il n'est même bon qu'à cela » dit Brunetière.

Ainsi va la comédie shakspearienne, de son allure lente et apaisée, avec de bons regards jetés sur les choses, sans appuyer. C'est une petite promenade après un dîner confortable.

Elle est jolie cette histoire tirée de Boccace, que Shakspeare a très bien nommée *Tout est bien qui finit bien*.

Elle est pleine des deux meilleures choses qui soient au monde, l'optimisme : tout est bien ; et l'espérance : tout finit par bien finir.

Voici cette bonne Hélène, la Perrette de Shakspeare, qui fait son rêve de Perrette. Elle aussi n'a qu'un pot au lait sur la tête, un secret de bonne femme pour guérir les maladies de langueur. Eh ! Eh ! c'est quelque chose. Supposez seulement que le roi ait précisément une maladie de langueur, comme il peut arriver, et qu'Hélène, avec son secret, le guérisse. Elle pourra tout demander au roi et tout obtenir.

Tout, c'est-à-dire... Ah ! Perrette va loin dans ses rêves. Pauvre petite fille de médecin de campagne, elle aime le beau Bertrand de Roussillon, un comte, presque un prince. L'épouser ? Et pourquoi non ? Avec le secret, avec le roi malade, ce qui est possible, guéri, ce qui est sûr, et reconnaissant, ce qui est probable !

L'épouser — et ensuite le conquérir, l'avoir non seulement pour époux par ordre du roi, mais pour époux amoureux, par ordre du cœur. Et pourquoi non ? Le monde est grand, la vie est longue, le hasard aimable. On le conquerra, cet homme. On a conquis plus difficile.

Voilà le rêve de Perrette. Mais celui-ci se réalise, non point sans obstacle, il en faut pour donner du prix aux choses ; mais enfin il se réalise. Le pot au lait trébuche quelquefois sur la jolie tête, mais il ne tombe pas. Le roi guérit. Ce n'est pas plus malaisé.

Il est reconnaissant ; c'était plus chanceux ; mais c'est un bon roi qui ne connait que sa parole. Il donne le beau Bertrand à la jolie Hélène, à la gentille rebouteuse.

Mais il n'y a rien de fait. Louis-Philippe accordant la grâce d'un condamné à Victor Hugo, lui disait : « Je vous accorde cette grâce ; il me reste à l'obtenir ». C'est qu'il était souverain constitutionnel. Les rois de Shakspeare ne sont pas constitutionnels, mais ils n'ont pas autorité sur les cœurs. Bertrand est marié ; mais il n'aime point. « Oh ! il aimera » dit Hélène.

« Jamais dit Bertrand, jamais ! Je vous aimerai le jour où vous me rapporterez cet anneau qui est à mon doigt.

— Eh ! bien, on vous le rapportera. Vous êtes assez étourdi pour le perdre.

— Je vous aimerai quand vous m'apporterez un petit enfant de vous, qui soit aussi de moi.

— Eh bien ! on vous l'apportera, cet enfant, vous êtes assez étourdi pour... enfin on vous l'apportera ! »

La confiance en Dieu, voyez vous, il n'y a que cela de bon sur la terre.

Et aide toi, le ciel t'aidera ! Elle y met de l'obstination, la petite. Bertrand part pour guerroyer en Italie ; Hélène part pour l'Italie. Elle a aussi sa conquête à faire.

Et le beau Bertrand ayant eu, là-bas, une aventure d'amour, c'est la subtile Hélène qui se substitue nuitamment à l'amie d'un jour de Bertrand, et qui se fait donner la bague, d'abord, et ensuite tout le reste. Oh ! quand on aide un peu le hasard !

L'année suivante, que voulez-vous que fasse Bertrand quand on lui montre parfaitement remplies toutes les folles conditions qu'il a imposées, quand surtout il se trouve en présence de l'amour soutenu de tant d'esprit ? On finit bien par se résigner à tout, et même au bonheur.

Il est charmant ce conte enfantin, charmant et drôle, caressant et bouffon. A la vérité il n'y faut pas chercher la « scène à faire », Hélène et Bertrand ne s'y rencontrent que juste ce qu'il faut pour que les terribles conditions soient remplies. Peut-être voudrait-on un autre entretien, que le public pût entendre, où les deux époux se rencontrassent, et où l'on pût surprendre un commencement d'amour ou d'inclination compatissante au moins de la part de Bertrand ; et la scène pourrait être très piquante et très attendrissante à la fois.

Mais que d'amusantes inventions drôlatiques viennent traverser ce petit roman, comme des intermèdes, et divertir la fantaisie de l'auteur et celle du public. L'épisode du parasite Parole, avec son tambour pris par les ennemis, qu'il se vante de reconquérir ! En a-t-il plein la bouche de ce tambour. « Oui, messieurs, c'est une honte de laisser un si beau tambour aux mains de l'ennemi. Je reprendrai ce trophée à moi tout seul... »

Et la manière dont il ne le reprend pas, et ses

trahisons pour obtenir les bonnes grâces d'ennemis imaginaires au milieu desquels il se croit tombé. Les meilleures scènes de Sosie poltron, dans l'*Amphytrion*, ne sont pas plus savoureuses.

Et puis les jolis coins de sentiment, les courts mais gentils passages de tendresse, d'émotion, d'amour passionné et mélancolique ! « Beau cavalier qui partez pour la guerre... » dit Barberine. Comme il était plein de Shakspeare, ce Musset ! Ecoutez Hélène, quand Bertrand part pour l'Italie à cause d'elle. Car elle n'est pas seulement volonté et obstination, la petite Hélène. Elle n'est pas sans se dire qu'elle a peut-être quelques torts aussi, et qu'avec son amour elle peut faire le malheur d'un bon jeune homme ; et le regard tourné vers cette Italie où elle envoie le beau Bertrand, elle s'écrie :

« Malheureux comte ! c'est donc moi qui te chasse de ton pays et qui expose tes membres délicats aux chances de la guerre qui n'épargnent personne ! C'est moi qui t'exile d'une cour charmante, où tu servais de point de mire aux œillades des belles, pour t'exposer comme but aux balles des mousquets ! Qui que ce soit qui tire sur lui, c'est moi qui dirige le tube fatal ; qui que ce soit qui porte le fer contre sa poitrine, c'est moi qui la présente aux coups... Non, reviens, comte de Roussillon, reviens de ces lieux où la gloire ne s'acquiert qu'au prix de la vie. Je vais partir. Je vais te rejoindre... »

Shakespeare a bien compris que si Bertrand n'était

pas amoureux d'Hélène, il fallait que le public le fût, et le public l'est en effet, parce qu'il sent que si Hélène part pour l'Italie, c'est en vue des fameuses « conditions » que vous savez ; mais aussi pour être près de Bertrand s'il vit, plus près s'il est blessé, et plus près encore s'il meurt ; et rien n'est plus aimable que tout ce vieux fabliau de guerre et d'amour.

MM. Chivot et Duru en on fait un opéra-comique très agréable. Ils en ont fait une pièce beaucoup moins enfantine et naïve, un peu mieux *faite* que la comédie, toujours un peu lâche, sinon décousue, de Shakspeare, un peu plus égrillarde aussi, et où les mésaventures conjugales prennent la large part qu'elles ont d'ordinaire dans les comédies françaises.

Pour mieux « expliquer » et « préparer » l'acquiescement final de Bertrand à l'instance amoureuse d'Hélène, ils ont donné dès le début de la pièce un petit commencement d'amour à ce scélérat de Bertrand. Bertrand n'aime pas Hélène, mais il l'a aimée. Il a été son compagnon d'enfance. Ils se rappellent mutuellement avec une certaine émotion leurs échappées et joyeusetés d'écoliers. Il a paru aux auteurs français que, pour qu'Hélène eût le droit de prendre Bertrand, il fallait qu'elle ne fît guère, après tout, que le reprendre.

D'autre part ils ont tiré bon parti, pour la gaudriole française, de la petite amie italienne qu'il faut bien que Bertrand trouve au-delà des monts pour qu'Hélène se substitue à elle. De cette Italienne, dont

Shakspeare, à vrai dire, ne sait plus guère que faire à la fin de sa pièce, ils ont fait la femme d'un homme grotesque de la cour du roi. Cette femme suit son mari à la guerre, en Italie, et c'est elle que le comte Bertrand pourchasse aux pieds du Vésuve, pour n'arriver, au cours de cette poursuite, qu'à conquérir sa propre femme.

De là une foule d'incidents bouffes, et surtout les inquiétudes, les terreurs, les colères, et les désespoirs d'un mari qui craint d'être ce que vous savez, et qui, finalement, est persuadé qu'il l'est, en effet, autant qu'on peut l'être ici bas.

On assiste, à écouter la pièce de Chivot et Duru, à la transformation d'une comédie shakspearienne en vaudeville.

La chose s'est produite souvent, même quand l'auteur français, en imitant Shakspeare, croyait faire une tragédie.

Du reste le vaudeville de Chivot et Duru est très joliment aménagé et très gai. Il n'a rien d'inconvenant, encore qu'égrillard, et il est amusant d'un bout à l'autre. Il y a même quelque chose qui est une invention des auteurs français et qui est, ma foi, dans la couleur shakspearienne. Hélène en Italie, dans la pièce de Shakspeare, est une simple « pèlerine ». Chivot et Duru en ont fait un petit soldat. Sous l'habit masculin, elle se mêle à l'armée française, à titre de jeune lieutenant, et peut ainsi intriguer de plus près son mari titulaire.

Vous savez si Shakspeare adorait ce genre de travestissement, et combien, dans l'œuvre shakspearienne, il y a de jolies dames qui portent l'épée au côté et la cape galamment retroussée sur l'épaule. C'est au point que quand j'ai vu *Gillette de Narbonne*, j'ai cru que ma mémoire me servait mal, et que, malgré ce que je croyais me rappeler, Hélène accommodée en Bradamante était en effet du fait de Shakspeare.

Somme tout, *Gillette de Narbonne* moitié Shakspeare, moitié Duvert et Lausanne, est une très jolie petite chose, qu'il faut aller voir. Elle avait eu du succès il y a huit ans ; mais non pas un succès, immense. Je ne serais pas étonné qu'elle allât assez loin à cette reprise. Le public a paru s'y divertir tout le temps et sans réserve.

XXIV

GYMNASE. — L'*Art de tromper les Femmes*, comédie en trois actes de MM. Paul Ferrier et de Najac.

14 Octobre 1890.

L'*Art de tromper les Femmes*, joué mardi dernier au théâtre du Gymase, a un premier tort qui ne me touche aucunement, mais qui n'a pas laissé, je crois, de lui nuire un peu. C'est son titre.

L'*Art de tromper les Femmes*, cela annonce une comédie, presque une grande comédie. On se figure que l'on va voir quelque chose qui se placera entre l'*Homme à bonnes fortunes* et *Don Juan*, et l'on est un peu déçu si l'on n'a affaire qu'à un simple vaudeville.

Mais franchement c'est là un péché véniel. Qu'aurait-on donc dit autrefois, quand Molière donnait à une simple comédie d'intrigue ce titre formidable : l'*Ecole des maris,* et Shakspare à une simple pitrerie ce titre magistral : la *Méchante mise à la raison* ?

Je suis, sans doute, pour que les auteurs soient très modestes sur leurs affiches, ne fût-ce que par compensation, et j'aime bien, quand ils ont écrit quelque chose qui pourrait s'intituler l'*Ecole des maris*, qu'ils l'appellent tout uniment *Francillon* ; mais en général je ne m'avise de cela que le lendemain, ayant pour habitude de venir au théâtre sans regarder ni le nom de la pièce, ni le nom de l'auteur ; et si je m'enquiers du nom du théâtre, c'est qu'encore cela est indispensable.

Donc l'*Art de tromper les Femmes* devrait s'intituler **Maitre Loriquois** ou **Loriquois le chasseur**, et rien de plus. C'est un vaudeville. Mais c'est un très agréable vaudeville, dont deux actes sont honnêtes, et convenables, et bon ordinaire, et dont un acte contient de véritables trouvailles. Par le temps qui court, voilà qui n'est pas si commun.

M. Loriquois, avocat à la cour, est atteint de ce que le dix-huitième siècle appelait le papillonnage, et de ce que Fourrier et Sardou appellent la « Papillonne ». Il y a même entre la *Papillonne* de Sardou et l'*Art de tromper les Femmes* quelque parentage.

Comme le héros de Sardou, M. Loriquois fait la course aux jupons sans cesser d'aimer de tout son cœur, je dis avec précision de tout son *cœur*, sa très aimable femme. Il prend simplement de temps en temps les vacances du mariage.

Seulement, entre le personnage de Sardou et M. Loriquois il y a une différence. M. Loriquois est en progrès, il en est au second stade de la civilisation. Le mari de Sardou aime sa femme et court après les chevilles élégantes entrevues les jours de pluie. Il est monogame, plus papillon. M. Loriquois, un peu plus fin de siècle, aime sa femme et tient à ne pas lui faire de chagrin, a une maîtresse et tient à la garder, et, de plus, court après les tailles intéressantes qu'ils rencontre en se promenant sur le boulevard. Il est bigame, plus papillon.

Cela complique le personnage, ne le rend que plus vrai, du reste, mais, comme nous le verrons, peut amener certains étonnements et certaines incertitudes dans l'esprit du public.

Pour le moment, nous sommes au premier acte, et M. Loriquois revient de la chasse. Vous comprenez assez de quelle chasse il revient ; mais pour Mme Loriquois il revient de la chasse aux perdrix, et c'est plaisir comme cela se voit à sa blouse, à sa ceinture à cartouches, à ses guêtres correctement boueuses, et à toute sa personne éminemment cynégétique.

Il est du reste plein d'imprudences. Il rapporte des bourriches bourrées de gibier qui ont encore à l'oreille l'étiquette du marchand de comestibles. Explications données à Mme Loriquois sur ce détail. Mais Mme Loriquois, et c'est à la fois une nécessité du sujet et ce qui ôte beaucoup d'intérêt à ce premier acte, n'a pas besoin d'explications. Elle est d'une confiance admirable. Comme toute femme mariée, depuis *Francillon*, et même depuis des temps beaucoup plus reculés, elle dit bien à son mari : « Œil pour œil. Le jour où je serai trompée... » ; mais elle est profondément convaincue qu'elle ne sera jamais trompée. et que son mari est impeccable.

Le mari cependant a pour ce soir un rendez-vous à minuit au bal de l'Opéra avec une Américaine charmante qu'il a rencontrée... à la chasse. Il s'agit de donner un prétexte à Mme Loriquois ; mais cela est très simple et ne souffre aucune difficulté ; il s'agit surtout de se dégager de Colinette, la belle lingère, avec laquelle on devait souper ce soir. Lettres envoyées, télégrammes supposés, tout l'appareil diplomatique. Loriquois déblaie sa soirée. Mme Loriquois dînera chez sa mère à Saint-Germain. Colinette est prévenue que M. Loriquois vient de recevoir sa belle-mère qui dîne à Paris. Loriquois se sent libre. Il saute en fiacre. Qui était dans le fiacre où il saute ? Colinette.

Colinette que toutes les histoires de chasse de M. Loriquois, dont s'est payée madame Loriquois, n'ont pas abusée un seul instant ; Colinette qui, par un émissaire, a examiné les guêtres de M. Loriquois et y a constaté du plâtre et non de la bonne et loyale boue champêtre ; Colinette qui, par les yeux de son émissaire, a regardé dans le canon du fusil de M. Loriquois, et y a constaté une araignée avec sa toile ; Colinette que M. Loriquois est forcé de suivre chez elle pour s'expliquer.

Oh ! ici les explications sont un peu plus difficiles qu'au foyer conjugal. Colinette est ferrée sur l'art de tromper les femmes. « Elles les connaît toutes. » Cette chasse d'hier, c'était un subterfuge. En cinq minutes de discussion la chose est prouvée. Ce dîner de belle-mère de ce soir c'est une bonne farce. La preuve...

La preuve, la voilà. Madame Loriquois entre chez Colinette qui est sa lingère, et tout en causant chiffons, dit qu'elle ne sera pas chez elle ce soir, qu'elle dîne à Saint-Germain chez sa belle-mère. Loriquois caché sous la table fait une mine !

Quand il sort, Colinette le regarde dans le blanc des yeux : « C'est bien ! C'est entendu ! On avait arrangé sa petite soirée. On avait écarté sa femme et remisé sa maîtresse. La place était nette. A moi les plaisirs ! Minute, mon petit. Tu es ici, tu n'en sortiras pas. En pénitence ! Tu ne dîneras pas avec ta belle-mère à Saint-Germain ; tu ne dîneras pas avec ta belle-mère à Paris ; tu ne souperas pas avec je ne sais quelle horizontale ; tu n'iras pas à la chasse ; tu dîneras ici, tu passeras la soirée ici, tu passeras la nuit ici... Oh ! tant pis ! tu conteras demain des histoires de chasse à ta femme. C'est une bécasse ; ça l'intéressera. »

M. Loriquois est très piteux. J'entends dire autour de moi : « Mais pourquoi n'envoie-t-il pas promener cette Colinette qui est assommante ? » Pourquoi ? Mais c'est tout le sujet, cela ! M. Loriquois est un homme qui vis-à-vis de sa femme d'abord, et vis-à-vis de Colinette ensuite, est dans la situation où les maris papillons sont d'ordinaire à l'égard de leur femme seule. Vous trompez de temps en temps votre femme, monsieur, mais vous l'aimez fort, et seriez désolé qu'elle le sût ; et quand elle vous a pris presque sur le fait, très penaud, vous vous laissez très bien retenir de force à la maison comme un petit garçon.

M. Loriquois est comme vous avec sa femme, et, de plus, il est comme vous avec Colinette. Vous dites : « Pour une passade je ne vais pas me brouiller avec ma femme pour toute la vie. » Il dit : « Pour une Américaine, qui est peut-être de l'*Américain,* je ne vais pas me brouiller ni avec ma femme que j'aime, ni avec Colinette que j'adore, et qui m'a coûté trente mille francs. »

Il n'y a rien de plus naturel. M. Loriquois est comme nous tous. Seulement il est en partie double, comme quelques-uns d'entre nous.

Donc il reste ; seulement il est comme ce soldat d'Afrique qui avait rencontré un lion sur le chemin de Blidah. Il voudrait bien s'en aller. Il tire des plans. Il imagine. Mais Colinette est trop forte. « Elle les connait toutes. » Les facultés d'invention de M. Loriquois commencent à être frappées de paralysie.

Il fait contre fortune bon cœur. Il est tour à tour tendre, élégiaque, bon garçon et joyeux convive. Il chante la chanson nouvelle avec Colinette. Toujours avec une ombre et une inquiétude entre les deux sourcils.

Tout à coup son front s'illumine. Il a trouvé ! Il est tout ragaillardi. Il a avisé le manchon de sa femme, que sa femme a oublié sur un meuble. Il regarde ce manchon avec les yeux ravis d'un naufragé qui aperçoit une planche hospitalière. Il le couve des yeux, il le caresse de regards reconnaissants, il le presse sur son cœur. Puis on le voit en cachette écrire quelques lignes sur un morceau de papier, plier le billet très serré, le glisser dans le manchon, et s'écarter d'un petit air indifférent et victorieux.

Puis, tout à coup : « Tiens, le manchon de ma femme !

— Ah ! dit Colinette.

— Oui. Est-elle étourdie, ma femme ! Elle perd tout... Il est joli ce manchon. Vois donc comme il est joli. Il est tout en plumes. Il me rappelle mes chasses...

— Laisse donc là ce manchon, tes chasses et ta femme. Tu es énervant !

— Ah !

— Quoi donc ?

— Rien du tout ! Un billet qui vient de tomber de ce manchon. Quelque facture...

— Sans doute, laisse donc tout ça !

— Ah !

— Hein ?

— Malédiction ! Les misérables ! Mon poignard ! mon revolver ! mon fusil ! Ous qu'est mon fusil ?

— Mais qu'as-tu ?

— Malédiction ! les misérables ! mon fusil !

— Mais qu'as-tu ? Qu'as-tu ? Qu'est-ce qu'il y a ?

— Lis toi-même !... ce billet... les misérables...
Lis ! « *Ce soir à huit heures, boulevard des Kroumirs. Dis que tu dînes à Saint-Germain chez ta*

mère. » Un amant, elle a un amant ! Elle me trompe, moi si confiant, si bon, si loyal, si fidèle ! Mon fusil ! Laisse-moi passer, Colinette. Ne me retiens pas. Je vais faire justice. »

Je crois bien qu'elle ne le retient pas. Ah ! comme cela est non seulement ingénieux, mais, bien observé ! Colinette retiendrait Loriquois s'il s'agissait d'une affaire, d'un rendez-vous avec un confrère, d'une assignation, d'un service à rendre, d'un enfant à tirer des flammes, d'un million à gagner. Mais il s'agit de tuer sa femme. Ça, c'est sacré. Qu'il passe, qu'il aille ! Laissez passer le justicier ! Colinette, lectrice du *Petit Journal,* et fille et sœur de jurés de la Seine, ne peut avoir l'idée de retenir un instant Loriquois. « Va, mon ami. Ah ! quel malheur ! Va mon ami ! »

Voilà certainement une des plus jolies inventions comiques, avec son petit fond de vérité et d'observation psychologique, que je connaisse.

Mais patatras ! Voilà-t-il pas que Colinette, le fatal billet à la main, le considérant, et machinalement, par une habitude invétérée de méfiance, le retournant dans tous les sens, pousse un cri terrible, un cri de fureur sauvage : « Ah !

— Quoi donc ?

— Ah !... Ah !... Non... je... *je croyais les connaitre toutes, toutes !* Je ne connaissais pas celle-là. Celle-là, ah ! Je l'avoue, elle est forte. Ah ! la canaille !

— Mais quoi donc ?

— Ce billet, ce billet de l'amant de ta femme !

Regarde donc, imbécile ! Il est écrit sur du papier de ma maison. Vois, là, dans le coin : *Colinette et C*ⁱᵉ *lingerie, soies, valenciennes.* Ah ! Ah ! monsieur ivente des amants à sa femme et écrit lui-même leurs billets pour pouvoir se sauver de chez sa maîtresse. Tu es fort, mon petit Loriquois ; mais tu n'es pas de force avec Colinette tout de même. »

Une dernière fois Loriquois est pris. Il ne s'en tirera pas. Il ne pourra pas trouver mieux que le coup du manchon.

Ce coup du manchon est une trouvaille admirable. Il a eu un succès extraordinaire, et il faut avouer que c'est là du vaudeville, si l'on veut, mais du vaudeville d'une singulière finesse, du vaudeville supérieur. L'*Art de tromper les Femmes* est un vaudeville qui attrape de temps en temps la comédie.

Il redevient vaudeville pur et simple au troisième acte, qui est très faible et très vulgaire. Loriquois, n'ayant pu se sauver par ruse, s'est sauvé par effraction, mais très tardivement. Il a rejoint son Américaine à l'Opéra, et puis a couru après elle au cabaret de la *Licorne d'argent*, et chacun poursuivant sa chacune et chacune son chacun, tout le monde se retrouve à la fin dans ce cabaret sans avoir grand chose ni à s'y dire ni à y faire.

Mᵐᵉ Loriquois feint de se persuader à elle-même qu'elle y vient tromper son mari, par représailles. On lui conte je ne sais quelle dernière bourde beaucoup plus compliquée que toutes celles qu'elle a avalées jusqu'alors, et qui, malgré sa colère, passe le plus facilement du monde ; Colinette entre en... association avec un rastaquouère quelconque, et M. Loriquois renonce, pour un temps du moins, à son existence accidentée.

Cette pièce n'est pas très bonne, certes, et le premier acte en est bien lent, et le troisième en est ennuyeux. Mais le second est si joli que je ne serais pas étonné qu'elle attirât longtemps la foule. Un second acte comme celui-là, cela vaut le voyage. Il est possible qu'un jour on reprenne l'*Art de tromper les Femmes* en deux actes. Il y en aurait un pour l'exposition, et ce serait le premier acte actuel un peu allégé et raccourci, et il y en aurait un pour le *coup du manchon*, qui est déjà célèbre dans les conversations parisiennes. On va dire cet hiver couramment : « Tu ne vas pas me poser un manchon » pour dire ce que vous savez bien.

XXV

Vaudeville. - *Le député Leveau,* comédie en quatre actes, de M. Jules Lemaître.

20 Octobre 1890.

Il n'est pas très facile de donner en quelques pages une idée juste de la nouvelle pièce de M. Jules Lemaître. Cette pièce est charmante et décevante ; très en relief et en dehors de temps en temps, obscure et imperscrutable en d'autres endroits ; sans compter qu'elle est d'une finesse exquise à tel moment et un peu grosse et caricaturale à tel autre. Cela ne rend point notre tâche très facile. Surtout, et ici notre péril augmente, le détail en est toujours très joli, et le fond presque toujours faux. Or, ce n'est que le fond qui va pouvoir paraître en cette analyse, d'où suit que vous aurez certainement, après l'avoir lue, une idée beaucoup plus défavorable qu'il ne faudrait du nouvel ouvrage.

Analysons cependant, puisqu'il le faut, quitte ensuite à donner quelque notion approximative du mérite des détails, qui est extrême.

L'idée que nous donne le premier acte est que M. Jules Lemaître a voulu peindre, dans le cadre des actualités d'hier et d'aujourd'hui, les deux types suivants : 1º le *Snob*, 2º l'*Intrigante mondaine*. Ce que devient un plébéien, et, qui pis est, un provincial, homme politique se croyant très fort, l'étant du reste parmi les hommes, aux prises avec une patricienne froide, déliée et tenace en ses desseins, pour peu que l'admiration niaise et l'amour puéril des élégances mondaines, le *snobisme*, en un mot, soit, comme il arrive souvent, le défaut de la cuirasse de notre plébéien : voilà quel semble être, je dis *semble être*, le sujet, tel que le premier acte nous l'indique.

M. Leveau, ancien avoué de Montargis, homme d'affaires intelligent, qui a vite compris que la politique peut être la meilleure des affaires, est devenu une manière de personnage dans le monde parlementaire.

Il est à peu près le chef de la gauche radicale, il vient de renverser le ministère, ce qui conduit quelquefois à en former un, et on le voit s'étaler, tout fier de sa force, et tout fort de son absence absolue de tout scrupule.

On aperçoit cependant un point faible en lui. Il est vaniteux. Il refuse opiniâtrement sa fille à un jeune député du centre gauche sans avoir aucune raison pour cela, aucune, l'auteur l'établit très nettement et avec grand soin, aucune, sinon que le jeune Molé-Tocqueville, un peu parisien, assez malicieux, a *bla-*

gué assez spirituellement le provincialisme du député Leveau, qui prend un *smoking* pour une voiture. Voilà les choses que Leveau ne pardonne pas.

Très bien ! Le *snob*, voilà notre type.

Là dessus, M. Leveau rencontre, dans une soirée très *select*, où il vient en redingote, ce qui est une affectation un peu étrange, la grande dame à laquelle vous vous attendez bien.

Un coup d'œil, un mot aimable, un bras qu'on demande pour passer d'un salon dans un autre, voilà un homme pris. Il n'en faut pas plus.

Il n'en faut pas plus en effet, et je ne m'insurge nullement. Les conversions de *snobs* sont très souvent de cette rapidité-là. La vanité a de ces griseries subites, et je me dis très bien tout de suite : « un homme perdu pour la gauche radicale, et une grande dame de plus occupée à couper les ongles du lion amoureux. »

Mais voilà, le rideau tombé sur ce premier acte, tout ce que je puis me dire, et rien de plus. Un snob et une coquette, voilà tout ce que je sais de madame de Grèges et de M. Leveau.

Or, qu'est-ce que je vois au second acte? Que M. Leveau est devenu élégant dans sa tenue et qu'il porte des *smoking*. Pour cela, d'accord. Mais, de plus, que M. Leveau est devenu féroce, enragé et patibulaire à la façon d'un héros de Balzac, veut divorcer avec sa femme, la traite avec une extrême violence, lève les poings sur elle, etc.

Et qu'apprenons-nous encore ? Que Mme la duchesse de Grèges est devenue la maîtresse de M. Leveau, et se rencontre avec lui dans les rez-de-chaussée.

Que de choses à quoi nous ne nous attendions pas ! Que de choses entre le premier acte et le second ! Nous ne reconnaissons plus personne. On nous les a changés absolument.

Pourquoi la grande coquette est-elle devenue la maîtresse de M. Leveau, comme un grisette ? Quel intérêt y avait-elle ? Ce n'est donc plus par l'art de se promettre et de ne pas se donner que les grandes mondaines mènent en laisse les lions plébéiens ? Quelle idée a pu guider Mme Grèges ? Pourquoi s'est-elle laissée aller ? Rien dans le premier acte ne nous faisait prévoir pareille chose. Rien maintenant même ne nous en persuade, et au contraire. C'est donc qu'elle a compris que c'est par les liens puissants des réalités de l'amour que Leveau pouvait être enchaîné ? Eh bien ! c'est dans le caractère de Leveau au premier acte, que rien ne nous annonçait pareille affaire. Nous ne comprenons rien à cette marquise, aux mobiles qui la font agir.

Et Leveau, le comprenons-nous ? Féroce et furibond, ce *snob* du premier acte ? Pour quelle cause, et qu'est-ce qui l'a changé ?

Triple imbécile, me crie l'auteur, c'est le sujet lui-même que la transformation du *snob* en animal féroce. Le *snob* devient fauve quand son *snobisme* est irrité et exaspéré.

D'accord, mais c'est précisément cette transformation que je n'ai point vue et qu'il fallait me montrer. C'est l'évolution du *snobisme* dont il fallait que je visse les phases successives, plus ou moins sommairement, plus ou moins vite, c'est votre affaire ; mais encore fallait-il que je les visse, puisqu'en effet c'est le sujet. — Savez-vous ce qu'il y a entre la fin du premier acte et le commencement du second ? C'est tout le sujet. — Voilà pourquoi, instinctivement, entre le premier et le second acte, le public sent un si grand vide, et, devant les personnages du second acte, est décontenancé comme devant des personnages tout nouveaux.

Tant y a, car il faut poursuivre, que Leveau fait le diable à quatre. Savez-vous ce qu'il veut, maintenant ? C'est épouser la duchesse, tout simplement, en obtenant qu'elle divorce avec son mari. Je ne m'y connais guère, Dieu merci ; mais il me semble que les Leveau doivent être plus flattés d'avoir une marquise pour maîtresse, que pour femme une divorcée. Quand Mme de Grèges se sera séparée de son mari, elle sera Céline tout court, ou Adèle, comme une couturière. Voilà-t-il pas de quoi séduire le *snobisme* de Leveau ?

— Mais, encore une fois, monsieur le critique, vous raisonnez toujours sur le Leveau du premier acte. Vous oubliez qu'on l'a changé. Ce n'est plus du tout un *snob* ; c'est Leveau, impétueux et sanguin, qui veut avoir la marquise de Grèges, fût-elle Céline, pour lui tout seul ! — Allons, soit, je n'y reviendrai plus.

Donc, Leveau, non plus le *snob*, mais Leveau le possédé, a besoin d'un double divorce : de celui de la marquise de Grèges, et de celui de Mme Leveau. Il demande celui de Mme de Grèges à Mme de Grèges, qui lui répond évasivement, mais d'une façon à peu favorable, et qui promet à peu près, *en échange de la conversion politique de Leveau.*

Leveau, qui n'est plus *snob*, et qui, aussi, n'est plus homme d'affaires (oh ! plus du tout !) Leveau l'envoûté, signe tout ce qu'on veut. C'est un peu trop bête de sa part ; mais, quand vous serez envoûté, vous me direz si ces choses-là n'arrivent pas.

D'autre part, il demande à Mme Leveau le divorce de Mme Leveau. C'est ici que nous rentrons dans la réalité, et la scène est admirable. Cette pauvre Mme Leveau est une bonne femme sans instruction, et toute d'instinct. Elle ne sait pas parler ; elle peut à peine penser ; mais elle a son instinct droit, qui péniblement, comme il peut, se fait jour :

« Divorcer, jamais ! Jamais !

— Pourquoi non ? Tu ne m'aimes plus ! Je ne t'aime plus !

— Non !... non !... Je ne sais pas comment dire... Toi, tu parles, tu as des raisons, tu sais discourir... Mon Dieu ! Si je pouvais avoir des idées... Je ne veux pas, voilà tout. Je ne peux pas. Il me semble que c'est un crime. Dieu le défend... Je sais bien, tu ne crois pas; et moi, je ne sais pas trop si je crois ; mais je sens que c'est mal... Et puis, je... Eh bien ! Voilà. Je veux te garder... Je veux te garder ! Plus tard, peut-être, il me semble que tu me reviendras... *quand tu seras vieux !* »

Ah ! l'admirable scène ! d'une vérité, d'une réalité ! Comme cette femme-là, dit bien ce qu'elle doit dire, et ainsi qu'il est naturel qu'elle le dise, par paroles presque inconscientes, qui lui échappent, qu'elle ne prévoit pas, qu'elle ne sent pas tomber de sa bouche, et qui sont triviales, et qui, ma foi, sont sublimes, tout simplement. Nous avions tous les larmes aux yeux, et même au-delà.

Leveau n'obtient rien. Seulement, une chose que j'avais oublié de vous dire — il se passe tant d'affaires entre le premier et le second acte ! — c'est que la fille de Leveau, qui aimait le petit député centre gauche du premier acte, s'en est allée dépérissant et languissant depuis qu'on le lui a définitivement refusé. Le scélérat de père s'en aperçoit, et avec le cynisme véritablement extraordinaire (mais il est envoûté) qui le distingue, exploite odieusement la situation. « Si tu veux que ta fille épouse Delinières, dit-il à sa femme, divorce avec moi. Je ne donne mon consentement qu'à ce prix. » — La pauvre mère se sacrifie.

Trop court encore et soudain ce sacrifice. Il y a, là encore, toute une évolution qui est escamotée. Pas d'explication (ou si peu !) entre la mère et la fille.

Mais passons. Au moins ici la succession des sentiments est indiquée, et à la rigueur cela peut suffire.

Vous sentez bien, maintenant, ce qui va arriver. Débarrassé de sa femme, Leveau va rencontrer du côté de sa marquise une résistance à laquelle il ne s'attendait pas. Quand il vient dire à Mme de Grèges : « Je suis libre », la marquise de Grèges lui répond : « Moi, je ne le suis pas !

— Mais vos promesses ?

— Je ne me rappelle pas du tout.

— Je suis berné ! » se dit Leveau.

Il a fini par le comprendre.

Mais c'est ici que la marquise, elle aussi, doit commencer à comprendre que, quand on veut mener un monsieur, il importe de ne lui donner que des espérances. Leveau furieux s'écrie : « Tu m'appartiendras ! Tu seras Mme Leveau ! » Il y tient. Ici, comme précédemment, le public ne comprend pas bien pourquoi il tient tant à avoir pour femme cette marquise qui cessera d'être marquise en l'épousant. Je pense bien, moi, que maintenant, c'est par fureur de vengeance et par transport de haine. Il veut lui jouer un bon tour : « Ah ! tu te fiches de moi ! Eh bien ! tu seras madame Leveau, et c'est cela qui ne te fera pas rire. »

Les hommes sont capables même de se tuer pour être désagréables à ceux qu'ils détestent. Mais capables de les épouser, je ne sais pas trop. Certes la nouvelle Mme Leveau, ci-devant de Grèges, ne rira pas aux éclats, non ; mais M. Leveau époux de la ci-devant de Grèges, n'aura pas non plus de quoi être gai. Cet homme me paraît tomber dans l'égarement. Enfin, tous tant que nous sommes, *snobs* et amoureux, nous sommes exposés à cette aventure.

Donc Leveau dit : « Marquise de Grèges, tu seras madame Leveau. J'ai mon plan ! »

Il l'a. Son moyen c'est de prévenir M. de Grèges, par lettre anonyme, que M. Leveau est l'amant de Mme de Grèges, et que M. de Grèges pourra constater cette fusion des classes demain à 5 h. 1/2, 4, boulevard Marc-Antoine.

C'est cette descente conjugale qui constitue le quatrième acte.

La marquise et le député sont dans leur petit rez-de-chaussée, bien tranquilles en apparence, lorsqu'on entend frapper à la porte :

« Qui est là ?

— Moi, M. de Grèges !

— Comment ! s'écrie la marquise, qui a pu dire à mon mari ?...

— C'est moi ! répond Leveau. Comme cela, vous serez bien forcée de divorcer, et de m'épouser.

— Vous êtes un lâche !

— Peut-être, mais j'ouvre. »

Il ouvre. M. de Grèges constate. « C'est bien, dit-il. Monsieur, je me battrai avec vous. Madame, nous divorcerons. »

Il se retire, et Mme de Grèges, après une minute

de réflexion, dit lentement : « Allons ! Je serai Mme Leveau ! »

Il est un peu stupéfiant, ce dénouement. Comment ! Mme de Grèges se rend si vite ! Quelle fataliste ! Elle n'entrevoit aucune issue ! Elle ne compte pas, par exemple, sur ce duel ! Elle ne dit pas à M. de Grèges, qui est, on nous l'a dit au cours de la pièce, de première force à l'épée : « Nous divorcerons, soit ; mais d'abord tuez-moi ce drôle ! » Elle n'a ni une idée, ni une résistance, ni une protestation ! Elle ne songe qu'à épouser un homme qu'elle a joué, qui l'a jouée, et qu'elle méprise, et qu'elle déteste ! — L'aimerait-elle, par hasard ? Je sais bien que les femmes sont bizarres ; mais à ce point ! — Se sent-elle perdue, et veut-elle se raccrocher à n'importe quoi ? Plus de marquisat, soit ; et encore, elle doit avoir l'espérance d'amener son mari *à lui demander pardon*. Elle n'est pas la première femme qui aurait réussi à chose si facile. Mais, soit, plus de marquise de Grèges. Est-ce une raison pour devenir Mme Leveau, et au moment où Leveau, compromis dans son parti, n'est plus qu'un avoué de Montargis ? Est-ce une raison pour jeter le manche après la cognée ? — Pour une femme qui nous a été donnée comme forte, quelle singulière défaillance, sans rien qui l'explique ! Pour une femme qui nous a été donnée pour être d'un orgueil intraitable, quel singulier abandonnement ! Ah ! la drôle de Maufrigneuse ! Encore une qui a changé de caractère ! Elle a changé de caractère avec Mme Leveau.

On voit assez combien la pièce est mal éclairée, mal enchaînée et mal pondérée. On voit assez combien les caractères sont incertains et équivoques. Eh bien ! la pièce est très divertissante, nonobstant. Ce que vous venez d'en voir n'en est que la trame, que le canevas, auquel on sent très bien que l'auteur n'a pas attribué la moindre importance. Ce n'était pour lui que le soutien quelconque, et parfaitement pris au hasard, de ses broderies ; et ses broderies sont étincelantes. Ce qu'il voulait faire c'est une fantaisie satirique sur le monde politique, et cette fantaisie, sans aigreur, toute pleine d'un scepticisme léger et mousseux d'homme du monde spirituel, est toute charmante.

Le premier acte est délicieux. Radical pompeux et sonore, tout gonflé de phrases banales auxquelles il est toujours sur le point de croire à moitié. — Centre gauche sans illusions, aimable et railleur, qui se raille lui-même avec une finesse où il entre un peu d'amertume : « Centre gauche, oui, madame, comme l'immense majorité du peuple français. Mais comme l'immense majorité du peuple français se fait toujours représenter par une demi-douzaine de députés... » — Bonne bourgeoise un peu fière et tout à fait désolée des succès de son époux le grand *leader* : « A mesure qu'il monte, moi je descends. » — Grande dame qui sait le fond des choses et à quoi tiennent souvent les plus farouches intransigeances. — Tout cela est touché d'une main légère, enlevé d'un crayon vif, preste et sûr, sans rien (le plus souvent) de trop appuyé et trop dur.

Le quatrième acte, avec sa scène de politique, le dépouillement des résultats électoraux chez les coalisés d'extrême droite et d'extrême gauche, est un peu plus gros. Mais la caricature est si copieuse, si large, d'une si belle et abondante verve ! Depuis le second acte de *Rabagas*, rien de plus franc dans le comique.

Et des détails, des *croquis en marge* qui sont délicieux ! Voici la famille Rosimond de la Comédie-Française, je veux dire de la Comédie, tout court. M. Rosimond, sociétaire à part entière, est le seul de la Compagnie qui ne soit pas décoré. Il le sera. Il va dans le monde pour l'être. On lui demande de dire quelque chose : « Nous avons l'intention, Madame Rosimond et moi, de dire l'immortelle troisième du IV, du *Misanthrope*.

— Vous ne diriez pas plutôt... un petit monologue ?

— Un monologue ? Les *Prunes* de Daudet ? Oh ! monsieur, dans notre situation ! »

Et la petite Rosimond, fleur de sociétariat, celle que sa mère mène aux leçons du Conservatoire et en ramène, qui n'échange jamais une parole avec ses petites camarades, et qui trouve le langage des jeunes filles du monde d'une inconvenance ! « Et dans quel rôle débuterez-vous, mademoiselle ?

— Dans Phèdre ! »

Voilà les petits coins exquis que l'on trouve à chaque instant, pour se reposer, en se promenant à travers la comédie de M. Jules Lemaître.

Et puis il y a tout un rôle, trop court, il est vrai, celui de M⁽ᵐᵉ⁾ Leveau, qui est à la fois d'une vérité saisisssante et profonde, et d'une puissance d'émotion incroyable. Nous pleurions de tout notre cœur avec cette bonne M⁽ᵐᵉ⁾ Leveau, si ignorante dans l'art de bien dire, et si touchante presque sans paroles.

Voyez-vous cela ; c'est très curieux, et il faut commencer à y faire attention. M. Jules Lemaitre excelle à tracer le portrait vrai et frappant des humbles sympathiques, des pauvres bons, des braves gens un peu chiens battus. Vous rappelez-vous son mari de *Révoltée*, son admirable mari, ridicule et touchant, sur lequel il ne comptait peut-être pas beaucoup, et qui, tout simplement, a fait le succès de *Révoltée* ? Eh bien, cette fois le mari est devenu la femme, et c'est M⁽ᵐᵉ⁾ Leveau ; et la pauvre bonne femme de M⁽ᵐᵉ⁾ Leveau, si douce, si résignée, si sublime sans s'en douter, si admirable en restant toujours absolument naturelle, c'est la perle de la nouvelle œuvre.

Est-ce pas curieux ? Ce Jules Lemaitre, ce parisien gouailleur, ce boulevardier mystificateur, ce chevalier du Pince-sans-rire, ce roi... non, il faut qu'il attende... ce dauphin de l'ironie, ce qu'il fait le mieux encore, c'est le pauvre diable charmant, c'est l'humble délicieux, c'est le personnage de Dickens, avec la modernité et le *plus intime* de Georges Eliot.

Lemaitre pourrait bien être un Chamfort en qui serait emprisonné un Sedaine. Qu'il ne le retienne pas, s'il en est vraiment ainsi, qu'il ne le retienne pas, je l'en supplie ; qu'il le lâche, sans fausse honte. C'est peut-être ce qu'il a de meilleur en lui.

En tout cas, voilà deux succès, inattendus peut-être de lui-même, qui peuvent l'éclairer sur les facultés d'émotion qu'il possède. Qu'il y réfléchisse.

On voit qu'il y a bien du mauvais et bien du bon dans cette œuvre inégale et mêlée. C'est pour cela que les voix de la critique ont été, me dit-on, très peu à l'unisson au sujet de la nouvelle œuvre ; et c'est pour cela qu'il est difficile de prévoir quelle sera la fortune de la pièce auprès du grand public. Tout ce que je puis dire, c'est qu'elle a été reçue le premier soir avec une très grande chaleur d'approbation, et que les deux représentations qui ont suivi n'ont fait que confirmer ce premier succès. En tout état de cause, M. Lemaître reste une des plus grandes espérances de notre littérature dramatique.

XXVI

Porte-Saint-Martin : *Antoine et Cléopâtre*, drame en cinq actes et six tableaux de MM. Emile Moreau et Victorien Sardou, musique de M. Leroux.

28 Octobre 1890.

Antoine et Cléopâtre, de M. Victorien Sardou et Emile Moreau est une pièce. Il faut dire cela, tout d'abord, parce que les indiscrétions trop prolongées dont nous avons été saturés pendant la quinzaine qui a précédé la représentation, portant presque toutes sur les machinations, figurations et décorations, ont un peu trop donné d'avance au public l'idée qu'il ne s'agissait que d'une « grande machine » à trucs et à exhibitions fastueuses.

Non, *Antoine et Cléopâtre* est une pièce. Cela existe; cela a été conçu, composé et exécuté; et cela, sans décor et sans ruissellement de richesses orientales, se tiendrait encore. Que ce soit une très bonne pièce et dont l'intérêt soit très puissant, ceci à vrai dire, est une autre affaire.

Plus j'y songe, plus il me semble que cet *Antoine*

et Cléopâtre, si souvent traité par les dramatistes, n'est pas un très bon sujet. C'est un sujet qui séduit d'abord, par son grand caractère fatal, et comme le plus grand roman d'amour tragique que l'antiquité nous ait transmis. Mais cela ne prouve rien, et n'est que d'apparence. Il n'y a dans *Antoine et Cléopâtre* rien, à tout prendre, qui puisse avoir sur notre sensibilité une très grande action.

Il n'y a ni une grande *question*, grande cause engagée que nous puissions épouser avec passion et dont nous puissions suivre les péripéties avec émotion et ardeur; ni grand caractère à la fortune duquel nous puissions nous attacher et nous unir par l'admiration et la sympathie. Que nous fait que ce soit Octave ou que ce soit Antoine qui devienne souverain absolu du monde ; et d'autre part ou Antoine, ou Octave, ou Cléopâtre sont-ils, par leur caractère, gens dont nous puissions très vivement plaindre les infortunes, admirer les efforts, souhaiter le succès et pleurer la chute ?

Non, dans cette histoire, tout excite la curiosité et rien n'intéresse fortement le cœur. C'est une grande page d'histoire, sans doute ; mais c'est une erreur de croire qu'il y ait un beau drame dans toute grande page d'histoire. Encore faut-il savoir tirer celui-là de celle-ci.

Le moyen, dans le cas particulier qui nous occupe; je ne le vois pas trop. Un premier parti qui se présente à l'esprit c'est de faire d'Antoine et d'Octave les deux personnages principaux, et de les opposer fortement, en les dénaturant quelque peu, comme tout dramatiste est toujours forcé de faire. Antoine aura la vaillance, le courage brillant et impétueux, l'audace, le coup de force imprévu ; et des vices qui ruineront tous ces dons heureux. Octave aura la persévérance, à la fin toujours invincible, la prudence, l'énergie froide, etc.

Il pourra y avoir là constrate, lutte, heurt de forces contraires, toutes choses qui sont les conditions mêmes de l'art dramatique. Je vois Corneille traitant le sujet ainsi, sans aucun doute. Pompée et Sertorius, Auguste et Cinna, Octave et Antoine ; cela va tout naturellement, dans son système.

Ce que serait ce drame, même traité par Corneille, je n'en sais rien ; mais, à coup sûr, il y en a un.

Je vois encore un drame où Antoine serait, seul, le personnage principal. Le grand homme de guerre, puissant pour l'action, peu à peu diminué, exténué, abaissé, amoindri et finalement brisé par une passion amoureuse de quinquagénaire, ce n'est pas très ragaillardissant, sans doute, et pourrait être un peu pénible; mais il y aurait là, cependant, un grand intérêt. On suivrait avec une curiosité qui ne laisserait pas d'être passionnée cette évolution de caractère, comme on suit celle de Néron dans *Britannicus*. Néron déformé par Narcisse, Antoine dissous par Cléopâtre, comme la fameuse perle dans je ne sais quel acide, voilà des sujets. Ils sont maîtrisants, parce que nous sommes tous exposés à des dissolutions de cette nature. Il y en a des exemples jusque dans l'histoire contemporaine. *De nobis fabula narratur.*

Je ne vois guère d'autre manière de traiter ce grand sujet que ces deux-là. La grande tragédie psychologique et politique ; — le drame naturaliste, effrayant et atroce, singulièrement attachant encore et suggestif.

Dans ces deux manières, c'est ou Antoine seul, ou Antoine et Octave qui ramassent sur eux l'intérêt. Mais voici une difficulté.

MM. Victorien Sardou et Emile Moreau ont à leur disposition une actrice incomparable, une étoile grande comme un soleil, une perle, elle aussi, merveilleuse, et qu'ils ne songent aucunement à dissoudre. Que voulez-vous? Quand on a Sarah Bernhardt, on ne songe pas à donner à Cléopâtre un rôle secondaire. Et cependant Cléopâtre, dans le sujet, de quelque façon qu'on le prenne, sans être précisément *secondaire*, ne vient pourtant qu'en *second lieu*. Elle est une des forces qui pèsent sur le principal personnage. Elle est le Narcisse d'Antoine, l'Œnone d'Antoine, ce que vous voudrez, la personnification, charmante et formidable, mais la personnification des vices qui font sa faiblesse et qui feront son malheur. Elle est tout cela, et c'est énorme, mais cependant rien de plus. D'une des forces qui pèsent sur le personnage principal faire le personnage principal lui-même, voilà à quoi vous êtes forcés, quand de Cléopâtre vous faites le personnage central, absorbant, et pour ainsi dire unique d'un drame intitulé *Antoine et Cléopâtre.*

Par amour pour Sarah Bernhardt, amour que personne n'est plus capable que moi de comprendre, voilà précisément la faute dramatique où il me semble que sont tombés nos deux auteurs.

Ils ont voulu, pour que Sarah fût toujours en scène, que Cléopâtre y fût toujours. Mais quel grand rôle, quel rôle de premier ordre voulez-vous bien qu'ait Cléopâtre? Elle n'est importante qu'en ce que les effets de la fascination qu'elle exerce vont à bouleverser le monde; mais, *en elle-même,* elle n'est pas plus intéressante que la première courtisane venue. Si elle aimait un soldat égyptien, au lieu d'Antoine, son histoire nous serait parfaitement indifférente. C'est donc, non pas elle, mais ce que le cœur d'Antoine devient à cause d'elle qui est le fond, la substance même du drame. Songez au baron Hulot. Est-ce sa petite conquête du faubourg Saint-Antoine qui est le personnage principal de l'histoire du baron Hulot? Eh non! C'est le baron Hulot. Songez à la *Pelote,* de MM. Bonnetain et Descaves? Est-ce la petite bonne adorée qui est le personnage principal? Eh non! C'est le vieux célibataire. Songez à *Rolande,* de M. de Gramont. Est-ce le petit trottin qui fait perdre la tête et l'honneur à M. de Montmorin, qui est le personnage principal? Eh non! C'est M. de Montmorin.

Cela est forcé. Ce n'est pas la puissance simple qui nous fait agir, qui est le drame : c'est la façon dont nous agissons sous son influence. Ce n'est pas ce qu'elle est qui est dramatique; c'est ce qu'elle fait faire.

Donc tout drame sur Antoine et Cléopâtre où Cléopâtre accaparera la place principale a des chances de n'être pas d'un intérêt dramatique très puissant, et c'est, d'autre part, comme la fatalité de ce sujet que la figure énigmatique et mystérieuse, de la grande reine d'Egypte, attire à elle la préoccupation des auteurs et même du public, surtout quand on a une grande actrice; et voilà pourquoi il me semble qu'*Antoine et Cléopâtre* ne sera jamais un très bon sujet. On voudra toujours que Cléopâtre soit dramatique, et l'on se heurtera toujours à la quasi-impossibilité qu'elle le soit. Si elle n'a pas le rôle principal, on dira toujours : « Mais Cléopâtre ! Nous voulons voir Cléopâtre ! C'est elle qui est intéressante » ; et, si elle a le rôle principal, on s'apercevra qu'elle n'est pas si intéressante que cela, j'entends au théâtre.

C'est un admirable sujet de roman archéologique et artistique (c'est-à-dire froid), de roman à la Gautier, de roman analogue à *Salammbô* ; il ne me semble pas que ce soit un très bon sujet de drame; sauf toutes réserves faites pour l'homme de génie qui pourra passer par là. Mais remarquez qu'il n'y est pas encore passé. Vous ne prenez pas, je pense, l'*Antoine et Cléopâtre* de Shakspeare pour un drame qui ait beaucoup d'unité, une belle composition, et une grande fermeté de dessin.

Puisque c'était une fatalité de circonstance que de

jeter en proie tout le drame à Cléopâtre seule, restait qu'on lui fît un caractère, qu'on tâchât qu'elle ne fût plus une force simple, mais un être complexe, ayant des passions diverses et des desseins divers qui pèsent les uns sur les autres. C'est. avec beaucoup de soin, et on ne l'a pas assez remarqué, ce qu'ont essayé de faire MM. Emile Moreau et Victorien Sardou.

Ils ont essayé de faire une Cléopâtre qui ne fût pas toujours la même, qui eût une évolution et une progression. Trois phases. Au début, Cléopâtre n'est que la *séductrice* (*regia meretrix*) la femme sûre de sa beauté et du charme de ses regards, qui, rencontrant un obstacle dans la volonté d'un homme, brise cette volonté et dissout cette résistance, par l'appel et la promesse de ses yeux, de ses gestes et de sa voix ; et voilà le premier acte de la pièce nouvelle.

Seconde phase : Cléopâtre est l'*amante*. En se faisant aimer, elle a fini par aimer elle-même ; elle s'est prise à son propre piège, et, du moment qu'elle aime, elle a quelques velléités de générosité et de grandeur. Elle est capable de pousser son amant au devoir et aux grandes choses. Elle est capable de se séparer de lui pour qu'il aille conquérir la gloire ou maintenir la grande situation qu'il s'est conquise, et elle est toute heureuse et toute fière de ce sacrifice qu'elle fait, qui la relève, la rehausse, la met au rang de vraie compagne et d'épouse.

Troisième phase : Cléopâtre n'est plus que la *courtisane amoureuse*. En envoyant son amant au devoir et à l'honneur, elle s'est aperçue que c'était à la politique, à l'ambition, cette rivale détestée de toutes les amoureuses, qu'elle le rendait. Antoine loin de Cléopâtre, c'est peut-être Antoine glorieux, mais qu'importe, si c'est Antoine oublieux de Cléopâtre, Antoine épousant une autre femme par politique, et finissant par l'aimer, du reste, parce qu'elle est douce et chaste?

Et alors Cléopâtre comprend qu'en sa générosité d'*amante*, la courtisane amoureuse s'est trompée, que pour avoir Antoine et le garder, il faut l'avilir au contraire, que c'est Antoine vaincu, et s'il est possible Antoine lâche, qui sera l'Antoine de Cléopâtre. Ce vilain et touchant calcul que toute femme amoureuse a fait une fois dans sa vie plus ou moins formellement : « S'*il* pouvait n'avoir pas de succès ! S'il pouvait echouer dans ses ambitions ! S'il pouvait avoir une bonne déception ! S'il pouvait être un peu méprisé ! Du moins il serait à moi ! »; ce vilain et touchant calcul, Cléopâtre le fait, mais, elle, formellement, nettement, sans réserve, sans pudeur, et jusqu'au bout. Elle est désormais la courtisane amoureuse sans aucun mélange.

Et c'est pour cela (je ne fais pas ici de l'histoire, j'analyse la pièce de Sardou et Moreau) c'est pour cela qu'elle fuit loin d'Actium, entraînant à sa suite Antoine dans la défaite, dans le déshonneur et dans l'amour. Ce qu'elle tue, ou plutôt ce qu'elle laisse tué derrière elle c'est l'Antoine-César, l'Antoine maitre du monde, enivré de grandeur et contempteur de Cléopâtre ; ce qu'elle voit là-bas, en Egypte, derrière le rempart boueux du Delta, c'est la « vie inimitable » retrouvée au moins pour un temps ; c'est Antoine amoureux et oublieux du monde, d'autant plus amoureux qu'il sentira prochaine la fin de tout, et se jetant éperdûment dans cette vie frémissante et nerveuse de folies fantasques qui est l'idéal de la courtisane et que Cléopâtre lui a apprise.

Voilà le dessin général du rôle de Cléopâtre, tel que MM. Moreau et Sardou l'on conçu. L'ont-ils très fidèlement suivi et très nettement montré à tous les yeux du public ? Non pas précisément, à mon avis. Il reste dans tout cela quelque chose de flottant. Ce défaut tient à la longueur de l'ouvrage, aux épisodes trop multipliés, aux hors d'œuvre, et aux « choses d'opéra » qui empiètent trop, et à qui, à chaque instant, sont sur le point d'absorber tout. La partie décorative, la partie grand spectacle rompt trop souvent la ligne de ce dessin dramatique, qui avait besoin, au contraire, pour être bien suivi par tout le monde, d'être maintenu très ferme, creusé très fort, et toujours présent à l'esprit de tous. — Par exemple, le passage de la Cléopâtre *séductrice,* et simple sollicteuse dans les bureaux du ministère, à la Cléopâtre amante, est indiqué, certes, et par elle-même, en quelques phrases très instructives ; mais n'est pas suffisamment analysé, ni décrit dans tout le détail qu'il fallait. Un grand diable d'acte, le second, qui pouvait précisément servir à cela, est presque tout rempli de ballets et de danses du ventre qui nous ont bien ennuyés.

Je sais bien que ce sont ces choses-là qui feront plus tard courir la foule ; mais en attendant, cela donne une sensation de vide qui est pénible. Je disais à un de mes confrères de la critique : « C'est bien simple. Il faudrait supprimer aux premières représentations tout ce qui doit faire à la trentième le succès de l'ouvrage. » Il m'a traité de farceur. Creusez-moi cette méthode, et vous verrez que c'est un trait de génie.

En somme le public n'a été vraiment pris qu'au quatrième tableau, parce que le drame y est très clair et très vigoureusement noué. C'est alors que Cléopâtre, jalouse de la jeune femme d'Antoine, reconquiert Antoine, et reprend sur lui tout son empire en le rendant jaloux lui-même du successeur qu'on lui a dit qu'il a auprès de Cléopâtre. Ce tableau, *exclusivement dramatique,* et sans aucun mélange de grand spectacle (que les auteurs y fassent attention) du reste admirablement conduit, a été celui qui a enlevé le succès.

Il y en a un autre qui est charmant de pittoresque, et d'une originalité, d'un relief extraordinaires. C'est le troisième. Cléopâtre, seule en Egypte, apprend par un messager les succès et aussi le mariage d'Antoine. Vous savez ce que sont nos messagers dans notre théâtre classique. Ce sont des porte-lettres. Ils n'ont aucun caractère. Comme ce Shakspeare vivifie tout ce qu'il touche ! Les messagers, dans son *Antoine et Cléopâtre*, ont chacun leur caractère. Ils sont peureux, méfiants, flatteurs, insinuants, que sais-je ? Et en cela Shakspeare était tout simplement ultra-classique, classique pur ; car les messagers du théâtre grec sont conçus de la même façon. Songez à celui d'*Antigone*. MM. Victorien Sardou et Moreau ont, très bien avisés, pris les messagers de Shakspeare, et en ont fait un seul messager d'une couleur et d'un relief merveilleux. La scène de Cléopâtre et du Messager, à la fois comique et tragique, est d'une vivacité, d'un charme étrange, et en même temps d'un naturel qui sont à souhait.

Le public, en la goûtant, ne l'a pas acceptée sans un certain étonnement. Il aurait fallu peut-être un peu l'avertir. Voltaire, à certains endroits de ses tragédies, criait au parterre : « C'est du Sophocle ! » M. Sardou aurait dû crier : « C'est du Shakspeare ! » et M. Moreau : « C'est du Sophocle ! » Ils auraient été dans le vrai tous les deux.

Somme toute, la pièce, un peu longue et insuffisamment serrée, est faite cependant, et se tient debout. Elle a réussi. Elle réussira de plus en plus. L'hostilité, point violente, mais réelle, point universelle, mais assez compacte, qui se fait sentir (je n'ai jamais su pourquoi) à toute première représentation d'une pièce signée de Sardou, ne va pas au-delà de la troisième représentation, et à partir de celle-ci le public se trouvera en face d'une œuvre soignée, très distinguée par endroits, qui contient quelques scènes supérieures, et où l'extrême difficulté du sujet (j'y tiens) est au moins très habilement esquivée.

Les décors sont admirables. Celui du troisième tableau (l'Egypte sous la lune, vue d'une terrasse de Memphis) est la vision la plus poétique, la plus mélancoliquement gracieuse, et la plus grande, la plus magnifiquement indéfinie que j'ai vue au théâtre.

XXVII

Variétés : *Ma Cousine*, comédie en trois actes
de M. Henri Meilhac.

4 Novembre 1890.

Ma Cousine est une pochade faite avec rien par un homme dont l'esprit naturel et la gaîté jaillissante tiennent du prodige.

A la raconter, *Ma Cousine* est une chose à peu près insignifiante, sans compter qu'elle ne va pas sans quelque invraisemblable ; à la voir et à l'entendre c'est une partie de plaisir de l'espèce la plus exquise et la plus rare, c'est une joie pure et un éclat de rire continuel, c'est une délicieuse promenade dans le pays de la fantaisie joyeuse.

Je vais vous raconter cela, et peut-être ne vous amuserez-vous pas du tout ; mais comptez que ce sera ma faute. « Ces choses-là ne s'analysent point », comme disent les chroniqueurs embarrassés devant un vaudeville ; mais ici ce n'est pas à dire que la complication des incidents mette à la gêne le chroniqueur ; et tant s'en faut ; mais c'est la difficulté de faire goûter, sans la transcrire, une pièce dont tout l'agrément est dans le détail, qui me forcera, sans nul doute, à trahir l'auteur, et à ne vous donner de ce petit bijou comique qu'une idée insuffisante.

M. Meilhac n'a pas été chercher bien loin son sujet. Son sujet, c'est celui du *Caprice*, c'est celui d'une bonne vingtaine de romans ou comédies, ou même drames, où l'on voit le mari volage ramené à sa femme par la coquette, la vertueuse et honnête coquette qu'il poursuivait de ses coupables ardeurs.

On pourra refaire ce badinage aussi souvent que l'on voudra, pour peu que l'on ait du talent. Il plaira toujours.

Il plaira aux hommes, qui, parmi leurs fredaines même, ont toujours un fond de bonne vertu bourgeoise, et ne détestent point être ramenés au foyer, pourvu que ce soit par une jolie main.

Il plaira aux femmes, qui aiment fort à être honnêtes à la condition d'être adorées, et qui se mettront toujours à la place de la vertueuse coquette, qui est honnête, qui est aimée sans avoir les ennuis de la chose, qui est remerciée par le mari, qui est bénie par la femme, et qui est la plus heureuse des trois.

Donc cet antique sujet est un sujet sûr. — Encore faut-il y mettre de l'agrément, de l'esprit et de la gaîté. M. Meilhac en a mis infiniment. Surtout, et là est le point, il a rajeuni le sujet par le sens de l'actualité, qu'il a au degré suprême, plus que personne, plus peut-être que Jules Lemaître, plus peut-être que Dumas fils ; et je le dis, c'est là le point. Dans le cadre le plus ancien et le plus connu, dans celui de l'*Ecole des Maris* ou de la *Place Royale*, mettez, un peu, des personnages vraiment modernes, et n'ayez peur, vous paraîtrez parfaitement neuf ; et, ce qui vaut mieux, vous le serez.

Donc la vertueuse coquette de Meilhac ne sera plus la grande dame du temps de Louis Philippe qui se faisait habiller chez Palmyre ; ce sera une actrice des *Délassements fantastiques ;* et une vraie actrice d'hier et d'aujourd'hui, une actrice pleine de bon sens pratique, drôle et amusante et capiteuse dans sa conversation et dans ses allures, mais parfaitement réglée et tranquille et sérieuse dans sa vie privée. De l'esprit, de la gaîté et de la fantaisie dans l'esprit ; petite bourgeoise très ordonnée et très avisée en son intérieur.

C'est Riquette, la petite Riquette, adorée de son public, idolâtrée des trois ou quatre cercles à la mode, et qui vit très tranquillement avec son amant Gaston de Tournecourt ou Gontran de Parabère, à qui elle inspire une confiance absolue. Elle est là, dans son petit entresol très riche et très coquet, et on lui annonce madame de Larnay de la Hutte.

Madame de Larnay de la Hutte est malheureuse. Son mari, le beau Raoul, est du dernier bien avec la femme d'un de ses amis du cercle, avec madame de Champcourtier. Ici, supposez ce que vous voudrez, pour vous convaincre que Riquette est toute dévouée à madame de la Hutte. Ce qu'a imaginé l'auteur pour nous expliquer cette amitié est un peu coquesigrue, et j'aime mieux ne pas vous le dire ; et il n'importe. Riquette promet à Mme de la Hutte de détourner M. Raoul de Mme de Champcourtier, et voilà tout l'essentiel.

C'est là-dessus que survient Champcourtier lui-même. Champcourtier est un vrai type, saisi avec un instinct du réel qui est charmant. C'est « l'homme du cercle ». Il devrait figurer dans la galerie des *Snobs de club* de Thackeray. Sa conception de la vie se rapporte tout entière à son cercle. Qu'il y soit, ou qu'il n'y soit pas, il y vit tout entier. C'est tout son horizon intellectuel et moral.

Il nous arrive donc chez Riquette au moment même où Mme de la Hutte vient d'apprendre à Riquette qu'il est ce que vous savez, d'où suit que Mlle Riquette le reçoit avec le visage le plus riant.

« Je suis, monsieur, toute ravie de vous recevoir. On a beau en voir tous les jours, cela fait toujours plaisir d'en voir un. Asseyez-vous donc.

— Un quoi ? madame.

— Un homme d'esprit, monsieur, asseyez-vous donc !... Le sujet qui vous amène ?

— Moins que rien ! Et cependant je suis bien ému, ému comme un collégien. C'est que... ce que j'ai à vous demander... Une faveur qui...

— Qu'est-ce à dire ? monsieur !

— Oh ! non ! ce n'est pas... pas le moins du monde !... Je ne vous offense pas au moins en vous disant que ce n'est pas cela le moins du monde ?

— Pas du tout !

— Si ! c'est injurieux tout de même. Aussi j'explique ce « pas le moins du monde ». Je ne suis marié que depuis six mois...

— Vous ne perdez pas de temps.

— A quoi ?

— A vous mettre en règle. Nous disons donc que vous me demandez ? Car enfin vous me demandez quelque chose !

— Oui, madame, voici. Je suis du cercle des Petits-Navets, et on a voulu, aux Petits-Navets, jouer la comédie, mais la comédie inédite, et l'on m'a dit : « Champcourtier, vous qui avez de l'esprit, vous devriez faire quelque chose. » J'ai dit : « Je ferai quelque chose. » Alors, j'ai fait le *Piston d'Hortense*. C'est une pièce qui n'est pas comme toutes les pièces. Dès les premières lignes, on voit que cela a été fait par un homme du monde. Eh bien ! voilà !... Voulez-vous jouer Hortense ?

— Mais, peut-être, Monsieur ! Laissez-moi le manuscrit, et je vous préviendrai, si j'accepte décidément.

— Oh ! Merci ! »

Riquette a son plan. Elle va entrer de la façon la plus simple, grâce à cette occasion, dans la vie des Champcourtier et des de la Hutte. Elle organise une répétition du *Piston d'Hortense* chez M. de la Hutte ; d'autre part elle écrit à M. de la Hutte une lettre de déclaration brûlante, tout simplement, et voilà la campagne engagée.

Au second acte, nous sommes chez M. de la Hutte ; le baron Raoul a reçu la lettre de Riquette et reconnaît bien là son pouvoir fascinateur.

« Elle m'a remarqué. Je n'ai, certes, rien fait pour me faire remarquer, mais elle m'a remarqué. J'ai quelque chose pour être aimé des femmes. Je ne sais pas ce que j'ai, mais j'ai quelque chose. Pour le moment en voilà bien trois : Ma femme, Mme Champcourtier et Riquette. Ah! après tout, il n'y a encore que les gens du monde ! »

Riquette arrive. Vous n'avez pas idée comme Mme Réjane vous joue cette entrée ! Ce regard qui rencontre celui du beau Raoul ; cette voix qui s'arrête et s'éteint ; cette confusion, cet air d'abandonnement craintif et de docilité. « *Ut vidi, ut perii !* »

Le baron Raoul est ensorcelé.

Mme de Champcourtier est déjà vaincue.

Et là-dessus on répète le *Piston d'Hortense*. C'est une merveille cette répétition. Riquette joue Hortense, Champcourtier joue le piston, Raoul fait le souffleur. Mme Raoul et Mme de Champcourtier font l'assemblée. La pièce de M. de Champcourtier commence, naturellement, par une scène de pantomime. Il faut voir cette parodie de la pantomime par Réjane et Baron, ces gestes anguleux et appuyés, ces mines exagérées, ces roulements d'yeux, ces silhouettes de Caran d'Ache dessinées par les attitudes. Tout ce qu'il y a d'artificiel dans l'art de la pantomime éclate aux yeux avec une extraordinaire puissance de bouffonnerie.

Et la pièce, la vraie pièce, continue tout de même pendant ce temps-là. Ayant, pour exprimer je ne sais quel projet de vengeance d'Hortense, à exécuter un pas de bal de barrière, Riquette esquisse une petite prouesse chorégraphique, qui, à son tour, est une parodie merveilleuse, dans une mesure admirable, de la danse pornocratique, et qui, en même temps, achève d'affoler le pauvre Raoul.

Et, l'esprit, le dieu, le démon, le génie de la pantomime finissant par pénétrer et inspirer tout le monde ; voilà Raoul, Riquette, Mme Raoul et Mme de Champcourtier qui s'avancent jusqu'au manteau d'arlequin en exprimant par gestes muets et gauches leurs divers sentiments ; et Raoul qui, regardant tour à tour les trois femmes, et comptant sur ses doigts, se désigne lui-même enfin avec effusion, pour bien faire comprendre : « Toutes trois sont à moi » ; pendant que Champcourtier, qui a pris le piano, crie, avec satisfaction, en plaquant un dernier accord : « Fin de la pantomime ! »

Cette scène nous a ravis. Elle est neuve, drôle, originale, touchant gentiment à des travers et à des manies actuels, et elle est jouée comme rien n'a été joué depuis des années sur aucun théâtre. C'est une joie, et c'est un charme !

« Eh bien ! ça va ! s'écrie tout triomphant le bon M. de Champcourtier !

— Ça va très bien, dit Raoul.

— Ça va parfaitement, dit Riquette. Seulement...

— Ah!...

— Seulement, je vois ici, dans la partie dialoguée...

— Eh! quoi donc?

— Je ne vois pas assez de relief, de montant, de... je vais m'exprimer avec précision comme les critiques du lundi... de je ne sais quoi!

— Ah!... mais dites donc, après tout je suis l'auteur; vous n'êtes que mon interprète!

— Ne vous fâchez pas! ce qui n'y est pas, c'est que vous n'avez pas voulu l'y mettre, voilà tout...

— Je vois ce que c'est! Il faudrait de l'esprit!

— Précisément!

— Ah bien! donnez, donnez! Je vais en mettre. Je dirai aux amis du cercle que c'est vous qui l'avez voulu. Je vais en mettre. »

Pendant qu'il est sorti pour aller mettre de l'esprit, Mme de Champcourtier se rapproche de Raoul et lui donne un rendez-vous pour le soir, *33, rue des Bassins*. Riquette saisit l'adresse au vol, et aussi Champcourtier, qui, entrant au même moment, dit à sa femme, avec béatitude : « *33, rue des Bassins*, c'est à Passy. » Seulement Riquette, avec affectation, répète de manière à être entendue de Champcourtier : « *33, rue des Bassins* »; et Champcourtier, un peu intrigué décidément, répète : « *33, rue des Bassins? 33, rue des Bassins?* Hum!... Soit! *33, rue des Bassins!* » — Le soir il sera 33, rue des Bassins.

Le soir, tout le monde y est, bien entendu.

Riquette d'abord, qui reçoit Mme de Champcourtier et qui lui démontre qu'elle ferait aussi bien de s'en aller. Pendant qu'elles discutent, on entend la voix de M. de Champcourtier à la porte, et les deux femmes se sauvent dans la pièce voisine, Mme de Champcourtier oubliant son manteau sur un meuble.

Champcourtier entre : « Hum ! c'est bien cela. Un souper tout prêt, et le manteau de ma femme sur le canapé. Ils ne sont pas loin... C'est désagréable cela, c'est très désagréable. Je me disais tout le temps, en venant : « Champcourtier, tu ferais aussi bien d'aller aux Petits-Navets. » J'aurais dû m'obéir. Il est étrange que je ne me sois pas obéi... On va, on va !... On a tort d'aller. Maintenant, ça y est !... Et c'est assommant !... Ce n'est pas pour le duel, ça m'est bien égal... Ce n'est pas pour le divorce, ce n'est pas une affaire... Mais les mines qu'ils vont me faire aux Petits-Navets ! Non, vous ne savez pas ce que c'est que d'avoir une affaire ridicule quand on est des Petits-Navets. Les figures des camarades !... Et puis ils vont faire de l'esprit là-dessus pendant trois ans... Jusqu'aux garçons qui auront des têtes !... Et le *Piston d'Hortense* ? Fini le *Piston d'Hortense* ! Et j'y avais mis de l'esprit. Il va falloir que je l'ôte. Dans ma position, un homme du monde ne met pas d'esprit dans le *Piston d'Hortense*... C'est assommant. »

Là dessus, c'est Riquette qui entre :

— Que faites-vous là, Riquette ?

— Moi ! je viens souper avec M. Raoul.

— Comment !

— Tout simplement. Que Riquette soupe avec M. Raoul, il n'y a rien là de bien étonnant !

— Soit. Mais ce manteau de ma femme ?

— Qu'est-ce qu'il prouve ce manteau de votre femme ?

— Il prouve que ma femme est venue ici.

— Sans doute, elle y est venue !

— Pourquoi ?

— Pour vous surprendre.

— Pour me surprendre ? Moi !

— Parfaitement ! Raoul me donne un rendez-vous « *33, rue des Bassins* ». — Votre femme entend et répète : « *33, rue des Bassins* » machinalement. — Vous entrez et vous répétez « *33, rue des Bassins* » et vous insistez ; vous dites : « C'est à Passy ! » — Et moi, pour me mettre l'adresse dans la tête, je répète : « *33, rue des Bassins.* » — Là-dessus votre femme se demande si c'est avec Raoul ou avec vous que j'ai un rendez-vous ici. Tout à l'heure, chez vous, votre hâte à sortir, et le prétexte absurde que vous lui donnez...

— C'est vrai, je lui ai donné un prétexte absurde...

— ... la confirment dans ses soupçons. Elle part en même temps que vous, elle vous devance, parce que vous avez eu des hésitations.

— C'est vrai ; j'ai eu des hésitations.

— ... et elle est ici. Vous ferez bien de lui demander pardon.

— Riquette, pour l'amour de l'art, je voudrais

qu'il n'y eût pas un mot de vrai dans tout ce que vous me contez là !

— Je regrette que ce soit la vérité ; mais ça l'est.

— C'est parfaitement possible, après tout. Je vais demander pardon à ma femme. »

Voilà Mme de Champcourtier, après cette alerte, parfaitement détachée de Raoul ; mais maintenant, comment, de plus, Riquette détachera-t-elle Raoul d'elle-même ? — Ici l'imagination charmante de Meilhac lui a fait défaut. Au reste, il ne lui était pas nécessaire du tout d'en avoir ou d'en chercher. Après que Riquette a renvoyé Mme de Champcourtier à son mari, elle pouvait tout simplement envoyer promener Raoul et lui dire qu'elle s'était proprement moquée de lui. Je ne vois pas pourquoi M. Meilhac a cherché autre chose. La pièce était parfaitement finie ; elle était complète, et, comme elle est exquise, honni soit qui en eût demandé davantage.

Cependant, l'auteur a voulu que Riquette élevât un obstacle insurmontable, un obstacle de mélodrame, tourné au bouffe, mais mélodramatique tout de même, entre elle et le beau Raoul.

Il a été question, çà et là, dans le cours de la pièce, des origines secrètes du beau Raoul. Il passe pour être le fils du comte Briquet, vous savez bien le comte Briquet, le don Juan de 1850, le Richelieu du second Empire. Au moment où il n'est que temps d'en venir aux grands moyens, Riquette, poursuivie par Raoul, s'écrie : « Ah ! si mon père était là pour me défendre ! » ou quelque chose d'approchant. — « Qui est-ce donc votre père ? » demande le beau Raoul.

— Vous ne savez pas ?... Il est mort. Je suis la fille du comte Briquet.

— Allons ! bon ! c'est ma sœur ! » s'écrie Raoul, et la comédie est finie.

Elle est délicieuse par le détail d'un bout à l'autre, cette pochade un peu incohérente, et elle est jouée, comme j'ai dit, d'une façon incomparable. Les mots commencent à manquer pour dire combien Mme Réjane est intelligente, spirituelle dans tout son jeu et dans toute sa personne. Je commence, pour ma part, à en être inquiet, parce que, maintenant, voilà qui est réglé ; on va lui faire des rôles pour elle ; on va se plier à son genre de talent, et, par conséquent, l'y renfermer, l'y parquer, l'y cantonner, l'y emprisonner. J'aimerais mieux qu'avec des rôles faits sans qu'on songeât à elle, elle fût forcée de multiplier ses ressources, dont la matière, chez une femme si infiniment intelligente, est inépuisable.

M. Baron s'est montré aussi comique et plus grand *comédien* qu'à l'ordinaire. Il a fait de Champcourtier un vrai type ; la personnification d'un des travers de notre temps.

La fatuité naïve de Raoul est fort bien rendue par M. Raymond, qui, lui aussi, a montré qu'il pouvait très bien et très aisément s'élever au-dessus du vaudeville, où il a peut-être séjourné trop longtemps.

La femme du monde née pour être cocotte est très

finement figurée par la belle Mme Lender. Je ne vois guère à regretter dans cette interprétation que Mme Crosnier, égarée dans un rôle de manicure entremetteuse, et qui, habituée au jeu large de la comédie classique, n'a pas, je dirai presque Dieu merci, assez de *modernité*, ou *modernisme*, pour jouer le personnage qu'on lui a donné dans *Ma Cousine*.

Somme toute, petit chef-d'œuvre et grand succès. M. Meilhac continue d'être, et est plus que jamais, quelque chose qui manquait à notre théâtre. Il est dans *Ma Cousine*, comme il était déjà dans *Décoré*, comme il était déjà dans *Pépa*, comme il était déjà dans la délicieuse et trop méprisée *Ronde du Commissaire*, le Labiche du *high life*, le Labiche des classes dirigeantes.

XXVIII

Menus-Plaisirs. — *L'Age critique*, drame en quatre actes, de M. Arthur Byl.

11 Novembre 1890.

L'*Age critique,* a presqu'un seul tort, qui est d'être un *scénario* et non point une pièce.

Vous n'ignorez pas que les ouvrages dramatiques passent par trois états successifs dans leur évolution vers la vie supérieure. Il y a d'abord le *monstre*, c'est-à-dire l'idée. Je demande pardon à l'idéal de cette synonymie. Il y a le *monstre*, c'est-à-dire un simple aperçu de ce qu'on pourrait faire avec une idée de pièce. Par exemple, vous lisez dans un journal qu'une femme a tiré six coups de revolver sur son mari pour l'empêcher d'aller au café. Voilà un monstre. Comme dit Meilhac dans *Ma cousine*, tout homme de théâtre voit tout de suite qu'il y a là un point de départ.

Il y a ensuite le *scénario*, c'est-à-dire le monstre mis sur ses pattes. Vous avez donné à la femme au revolver un caractère, au mari un caractère aussi ; vous avez inventé un certain nombre de circonstances amenant et préparant l'acte de vivacité de cette *anties-*

taministe. Ces circonstances vous ont obligé d'imaginer des personnages secondaires et épisodiques qui feront comme le cadre de votre action principale. Le tout, il a fallu le mettre dans un certain ordre et une certaine suite logiques, le distribuer par scènes s'enchaînant les unes aux autres, etc.

Ceci c'est le *scénario*.

Chaque scène est conçue, imaginée, fixée avec précision dans l'esprit de l'auteur, dessinée d'un trait depuis son point de départ jusqu'à sa conclusion, mais seulement conçue et dessinée, non écrite, non arrêtée dans son détail, non étendue dans tout le développement qu'elle comporte.

Nous en sommes au *scénario*, au *graphique* général de la pièce. C'est à ce moment que Racine dit : « Ma tragédie est faite. Je n'ai plus qu'à l'écrire. »

Eh bien, l'*Age critique* n'est pas un *monstre* ; mais ce n'est qu'un *scénario*. C'est quelquefois un *scénario* qui se rapproche un peu du *monstre*, il faut l'avouer ; c'est ailleurs un *scénario* qui n'est pas très éloigné d'être une pièce ; tout compte fait, c'est un *scénario*.

M. Arthur Byl a lu la *Crise* d'Octave Feuillet, qui est une chose charmante, et il s'est dit, avec raison, que de cette chose charmante on pourrait faire une chose épouvantable, qu'il y a un drame terrible dans cette passion de la quadragénaire, jusque-là femme irréprochable, dont, brusquement, le cœur a des exigences inattendues et comme des instincts de revanche impérieux. Je dis que M. Byl a eu raison. Oui, il peut y avoir là un drame singulièrement puissant et rude.

Je ne dis pas pour cela qu'il soit commode à faire, ce drame-là. Le sujet est très pénible. Nous avons tous, au théâtre comme dans la vie, un axiôme sur ce point, qui est que la jeunesse est la seule excuse de l'amour. *Turpe senilis amor*. Vieillard amoureux, vieille amoureuse, ne nous inspirent aucune pitié. Ils devraient nous inspirer une pitié infinie. Puisque le cœur n'a pas d'âge, il n'est que plus malheureux lorsqu'il bat trop tard. Ce doit être une chose affreuse que d'avoir peur des almanachs. Ce doit être un martyre minutieux que d'éviter les miroirs. Il y a là des terreurs, des angoisses, des désespoirs à se sentir ridicule, des frissons à compter les années passées et plus cruels encore à compter les années à venir dont chacune creusera un fossé plus profond entre vous et ce qu'on aime.

Non, ce n'est pas gai ; et par conséquent ce devrait être touchant et pathétique.

Ce ne l'est point. Vieil amoureux, vieille amoureuse, nous trouvons cela ridicule, et nous ne sortons pas de là ; et si cela ne nous est pas présenté comme ridicule, nous le trouvons répugnant ; et voilà toute la différence. Rien n'est plus difficile que de nous inspirer la pitié pour le quinquagénaire amoureux ou la quadragénaire passionnée. Rappelez-vous *Renée Mauperin*, dont il me semble que M. Byl s'est beaucoup inspiré ; rappelez-vous *Henriette Maréchal*, dont il paraît s'être souvenu aussi. Ce ne sont pas de mauvais drames, ce sont des sujets pénibles et où la foule n'aime pas à entrer.

On a, de nos jours, *retourné* beaucoup de sujets de la comédie classique ; on a, très souvent, présenté comme sympathique le personnage qui était autrefois ridicule. Par exemple, sans aller plus loin, le Sganarelle non imaginaire, le Georges Dandin, occupe dans notre littérature dramatique du dix-neuvième siècle une place d'honneur ; il a le beau rôle ; on vote l'impression de ses discours. Un de mes amis, qui croit que la littérature est l'expression de la société, m'en donnait une raison peut-être contestable, mais assez curieuse. Il me disait : « Cela prouve la vulgarisation, la diffusion de la chose. Ce qui est ridicule, c'est l'exception. Ce qui est approuvé, ce qui est sympathique, c'est l'ordre commun. La foule rit d'un bossu, parce qu'elle n'est pas bossue. Essayez de la faire rire d'un monsieur qui porte un chapeau haut de forme, et qui, par conséquent, est beaucoup plus grotesque qu'un bossu. Elle ne rira point. Elle dira : « Je porte des chapeaux comme cela. *Donc* ce n'est pas ridicule. » Autrefois la foule riait de Georges Dandin. C'est qu'elle ne l'était pas. C'est qu'il était exceptionnel. Maintenant elle n'en rit plus. C'est qu'elle l'est, c'est qu'elle l'est tout entière, à très peu près. Il n'est plus bouffon, parce qu'il n'est plus exceptionnel. Le progrès des mœurs a déplacé les ridicules. » — Je ne donne la théorie de mon ami que comme un aperçu sociologique qui reste à examiner. Mais le fait est vrai au théâtre. Il y a là un personnage ridicule qui est devenu sympathique.

Il y en a eu d'autres. J'ai assez fait remarquer, il y a quelque temps que, sinon le vieillard amoureux, du moins le quadragénaire soupirant, *pourvu qu'il vise au mariage*, est devenu sympathique à la foule. Elle est pour lui ; elle veut qu'il épouse ; elle veut qu'on l'épouse, de préférence au jeune étourdi. Je trouve cela abominable, parce que je suis du XVIIe siècle, mais le public n'est pas de mon avis. Il voudrait maintenant qu'Harpagon épousât Marianne. Il est pour Harpagon contre Cléante. Il dit : « Puisque Harpagon veut épouser, tout aussi bien que Cléante ! Harpagon est riche, Harpagon est raisonnable, Harpagon n'a que quarante-cinq ans. Cléante est fou, Cléante est joueur, Cléante attendra trente ans l'héritage d'Harpagon. Marianne sera bien plus heureuse, bien plus tranquille avec Harpagon. Qu'elle épouse Harpagon ! » Voilà tout juste le raisonnement qu'ont tenu toutes les femmes à la *Margot* de Meilhac. Je ne leur en fais pas mon compliment ; mais je constate ; encore un sujet qui est retourné ; encore un ridicule qui est devenu un sympathique.

La quadragénaire amoureuse, à son tour, le deviendra-t-elle ? Il est possible. Il est très possible. Je ne désespère pas de voir cette transformation. Mais aux dernières nouvelles, cette évolution n'est pas accomplie. La quadragénaire amoureuse est encore parfaitement ridicule, et nous ne nous intéressons point à ses malheurs. Voilà pourquoi le sujet choisi par M. Arthur Byl était extrêmement difficile.

Et, j'y reviens, voilà pourquoi il était nécessaire de le traiter avec le plus grand soin, de n'y pas improviser, de ne pas se contenter d'indiquer les traits généraux, de ne pas nous donner un simple *scenario*. Réussir avec un simple *scenario*, la chose est possible ; et il y a même des exemples de succès obtenus dans ces conditions, quand on est pleinement dans une idée très connue du public, très familière à la foule, qu'elle accepte tout de prime abord, et qu'elle admet si bien qu'elle la complète. La foule alors est complice et collaboratrice. Ce que vous ne lui dites pas, elle le dit elle-même, tant elle a coutume de le dire, ce que vous ne mettrez pas dans votre pièce, elle l'y met.

Il y a des exemples. Au fond, et une foule de réserves faites, le *Supplice d'une femme* n'est presque qu'un *scénario*. Ce n'est pas une pièce développée. Il n'était pas nécessaire qu'elle le fût, tant les termes en sont clairs, nets, vite saisis par tout le public. Elle serait développée que je crois qu'elle n'en serait que meilleure ; mais dans son état élémentaire, pour ainsi parler, elle est déjà singulièrement puissante, parce qu'elle est tout de suite entendue.

La Crise, l'*Age critique*, la quadragénaire amoureuse et qui doit rester sympathique, oh ! diantre !

voilà une autre affaire ; et quand Dumas fils, dont c'est le bonheur, veut nous forcer à accepter un personnage ou une idée où il sait que nous résisterons, ce n'est pas d'un *scenario* qu'il se contente. Voyez un peu les *Idées de Mme Aubray*, voyez un peu *Denise*. C'est alors toute une biographie creusée, fouillée, complète, d'un personnage et même de deux ou trois personnages qu'il nous donne dans tout le détail, pour nous familiariser à des êtres et à des conceptions qui nous sont étrangères et que nous n'apportons pas avec nous en venant au théâtre.

Ce n'est point ce qu'a songé à faire, ou, du moins, ce n'est pas ce qu'a fait M. Arthur Byl. Une pièce qui devrait être plus poussée qu'une autre est restée à l'état élémentaire.

Au premier acte, nous voyons une femme nerveuse, quinteuse et acariâtre, Mme Givray, mère d'un grand garçon de vingt ans, s'éprendre d'un jouvenceau un peu plus jeune que son fils, — et voilà tout pour le moment. Cela nous promet une étude qui pourra être curieuse, sur la façon d'aimer particulière aux femmes de quarante ans, et, tout en nous disant que le sujet est très pénible, nous nous attendons à quelque chose qui, du moins, sera étudié de près.

Au second acte nous n'avons rien autre chose que des amours adultères absolument semblables à tous les autres amours adultères. L'amant aurait quarante ans et la femme trente, ou la femme trente et l'amant vingt-neuf, ou l'amant vingt-six et la femme vingt-quatre, que ce second acte serait absolument ce que nous le voyons. Il est l'acte de l'amour coupable, satisfait, et tranquille encore, et rien de plus. — Notez que l'actrice, Mme Cogé, étant une vraie jeune femme, on finit par ne plus songer du tout à l'âge de Mme Givray, qui semblait devoir être tout le sujet.

Au troisième acte, Mme Givray a eu une idée de femme nerveuse et quadragénaire, c'est-à-dire deux fois nerveuse et deux fois jalouse. Son petit amant, M. Roger Mintreuil, donnant une fête de célibataire à ses amis de l'Ecole de droit et aux petites actrices du théâtre de Cluny, elle s'y rend, sous l'impénétrable domino des opéras comiques.

En soi, cette idée n'est pas mauvaise, et nous sommes là dans le sujet. Oui, l'idée constante, l'obsession mentale de la femme de quarante ans, qui a un amant de vingt trois, doit être la jalousie d'abord, bien entendu, mais ensuite la fureur de voir de près sa vie de gamin, de voir ses camarades, et comment il est, étant avec eux, ses petites maîtresses de passage et sa façon d'être quand il leur parle, toute cette vie morale (c'est une façon de parler) toute cette vie morale si différente de la sienne à elle, et d'où elle sait bien qu'un jour, bientôt, viendra l'obstacle et le malheur.

Ce qui est mauvais dans la pièce de M. Byl, entre autres choses, c'est que l'obstacle et le malheur précisément ne viennent pas de là. Au quatrième acte, nous rentrons dans une *adultéréide* quelconque, dans l'adultéréide éternelle, sempiternelle, qui aura été la scie littéraire de notre dix-neuvième siècle français.

J'entends dire que les auteurs anglais qui, comme nous, sont indépendants, sauf qu'ils dépendent des éditeurs, des directeurs de revue, des directeurs de magazine et des directeurs de cabinets de lecture, se plaignent amèrement de ne pouvoir, sous peine de n'être pas achetés, mettre le plus petit adultère dans leurs élucubrations en trois volumes de cinq cents pages petit texte. Je voudrais avoir la voix de Baron pour leur dire : « Ah! mes amis! ah! mes amis! Vous ne connaissez pas votre bonheur! » Trop heureux les Anglais s'ils savaient combien ils le sont! Je donnerais deux sous, et même trois francs cinquante, prix fort, pour un roman bien fait où il n'y aurait pas d'adultère. C'est pour cela (entre autres raisons, peut-être meilleures) que j'aime tant *Yvette*, de Maupassant, parce que la chose se passe dans un monde où il n'y a pas, où il ne peut pas y avoir d'adultère, et pour cause. Au moins, à la bonne heure!

Donc, le quatrième acte de M. Arthur Byl relève de l'adultérologie élémentaire. M. Givray, qui existait, encore qu'il nous ait fait jusqu'à présent peu apercevoir de son existence, se fâche au quatrième acte, encore qu'il y ait peu de raisons pour qu'il se fâche plutôt au quatrième acte qu'au troisième, plutôt au troisième qu'au second et plutôt au second qu'au premier. Enfin il se fâche. Mme Givray, ayant voulu rompre avec M. Roger Mintreuil, et par conséquent étant tombée dans ses bras avec plus de véhémence et plus d'imprudence qu'à l'ordinaire, — ce qui est juste encore, et qui aurait été bon si cela avait été *traité* et non *indiqué*, — M. Givray, ne peut plus, même quand il le voudrait, fermer ou détourner ses yeux conjugaux.

Il les ouvre donc ; et se rue.

Il se rue, le mari intempestif ; et Mme Givray vient tomber de son long sur la scène avec une large blessure au cou. Le châtiment des femmes honnêtes qui deviennent coupables est de finir en horizontale.

Le drame aussi est fini.

Oui, mais rien ne nous empêche, n'est-ce pas, d'en commencer un autre. En un cinquième acte l'auteur commence le drame des *conséquences domestiques de l'adultère de la quadragénaire*. Cela pourrait mener loin, les conséquences domestiques, comme vous pensez. Car Mme Givray ayant une bru en expectative, que j'ai oublié de vous présenter, cette jeune fille pourra difficilement se marier, comme vous le supposez très bien, avec Givray fils. Mme Givray ayant un fils, le fils va se trouver, comme je n'ai pas besoin de vous le dire, en délicatesse avec son père, et en voilà pour bien longtemps.

M. Byl, ayant pour habitude de ne faire que le *scenario*, de ne pas traiter les sujets et de se borner à les indiquer d'un trait rapide, cela simplifie singulièrement sa tâche. Il se borne à nous montrer le fils Givray traitant son père avec dureté, puis lui pardonnant. Il se borne à nous montrer le fils Givray se disputant avec le père de sa fiancée ; mais cette fiancée étant très proche de sa majorité, cette fiancée saura très bien se passer du consentement paternel, et par conséquent l'obtenir.

Et voilà qui est fini.

Evidemment cette pièce avait été *conçue*, et même assez fortement. Evidemment elle contenait des idées dramatiques, et même assez heureuses. Evidemment elle est la pensée, sinon l'œuvre, d'un homme qui est né pour le théâtre. Mais évidemment aussi elle a été improvisée avec une hâte ou une négligence extraordinaires. Elle n'est aucunement *au point*. Elle nous a été présentée à l'état chaotique, et il n'y a pas à protester contre la façon rigoureuse, encore que trop discourtoise, dont elle a été accueillie.

XXIX

COMÉDIE-FRANÇAISE. — *La Parisienne,* comédie en 3 actes, de M. Henri Becque.

18 Novembre 1890.

La Parisienne a reçu, à la Comédie-Française, un accueil sympathique, mais un peu froid. Nous en allons chercher les raisons de notre mieux.

La Parisienne a été inspirée à l'auteur par une pitié profonde, une immense commisération à l'égard des femmes adultères. « Flétrir la femme adultère, semble s'être dit l'auteur ! Mais le métier de casseur de pierres et celui de scieur de long sont des destins fleuris de rose auprès de la vie de la femme adultère. Car encore y a-t-il plus malheureux que le casseur de pierres, et c'est sans doute la pierre qu'il casse, et plus infortuné que le scieur de long, c'est ce qu'il scie ; et c'est là précisémément l'état douloureux de la femme coupable. Elle est sous le marteau et sous la scie tout le long de son existence. Elle est martyrisée minutieusement toute sa vie ; elle est entre le marteau, qui est l'amant, et l'enclume, qui est le mari ; et si elle veut se donner un peu de répit et de relâche, un petit congé, huit jours de vacances, il est très probable que c'est dans l'adultère encore qu'elle cherchera cette récréation, et c'est un autre marteau, ou une autre scie, ou une autre enclume qu'elle trouvera. En vérité, en vérité, je vous le dis ; le supplice d'une femme, c'est son amant. »

Et là-dessus les personnages se sont dessinés dans l'esprit de l'auteur. 1º Mari bête, en place de qui, et au profit de qui, il faut avoir de l'esprit ; 2º — amant importun, obsédant, insupportable, exigeant, soupçonneux, agaçant, *du droit de son amour* ; autre mari plus mari que le légitime, d'autant que les droits de l'amour sont plus impérieux et plus insatiables que ceux du devoir ; — 3º second amant, aimé un instant de toute l'horreur qu'avait fini par inspirer le premier, et qui, si par hasard il n'a pas les mêmes défauts que le premier, aura celui de ne pas aimer du tout ; car s'il aimait il serait exactement pareil au premier, évidemment ; et s'il n'aime pas, à quoi bon ?

Entre tous ces ennemis également cruels, la pauvre femme harassée, énervée, exaspérée, souhaitant la mort, ou si elle est Française, *se résignant à la résignation*, ce qui, comme vous savez bien, est un autre genre de suicide.

Voilà les personnages, lesquels sont absolument vrais, absolument.

Il n'y a rien à dire sur ce point. Et du reste, si vous connaissez le théâtre de M. Becque, vous savez que

M. Becque fait toujours vrai. Il fait noir, et comme il aime cette couleur, il la renforce, il noircit le noir, ce qui finit par faire croire ou par donner la tentation de dire que c'est faux ; mais ceci n'est qu'une illusion de notre impatience, ou une impatience de notre ennui. A réfléchir et à reprendre notre tranquilité d'esprit, nous sommes, je crois, presque toujours ramenés à confesser que M. Becque fait très vrai.

Seulement, vous les voyez ces personnages de tout à l'heure ; vous les voyez bien, n'est-ce pas ? Eh bien, remarquez qu'il y en a un qui est... neutre, c'est à peu près le mot qui convient ; c'est le mari. Confiant, naïf et bête, il ne peut être qu'une silhouette plus ou moins divertissante.

Il y en a un, le second amant, qui, si on nous le fait sec, froid, indifférent, est neutre aussi, ou à peu près ; et qui, du reste, ne faisant que passer dans la vie d'une femme, est en quelque sorte un personnage intérimaire. Bien ! seconde silhouette, qui du reste pourra être très jolie (elle le sera) mais silhouette encore.

Et la femme ? Mon Dieu, la femme, remarquez combien elle est toute passive. Puisque l'idée de la pièce c'est précisément de montrer combien est suppliciée une femme adultère, et combien elle souffre mort et passion, il faut bien que son personnage soit passif. Vous lui donnerez, vous, auteur homme d'esprit, tout l'esprit, toute la malice, tout le ressort que vous voudrez, de par l'idée initiale et fatalement elle sera passive tout de même. Elle raillera ses bourreaux, soit, mais elle sera suppliciée ; elle sera une victime récalcitrante, mais elle sera une victime ; elle sera passive ; il n'y a pas moyen qu'elle ne le soit pas.

Que reste-t-il ? Que le personnage en lumière, même contre le gré de l'auteur, soit l'amant, le premier amant, l'amant fâcheux, l'amant scieur de long. C'est lui qui mènera la pièce, comme c'est Andromaque qui mène *Andromaque*, même absente, comme c'est Achille qui mène l'*Iliade*, même « sous sa tente ». Il sera le pivot de toute la machine dramatique. C'est sur lui que pèseront tous les yeux et que se ramèneront toutes les attentions ; et vous pourrez intituler votre pièce la *Parisienne*, si vous voulez, et *Lodoïska*, si le cœur vous en dit, votre pièce, foncièrement, n'en sera pas moins l'*Amant raseur*, pas autre chose ; ou plutôt autre chose aussi, mais surtout, avant tout, essentiellement l'*Amant raseur*.

Et pourquoi pas ? — Je ne dis pas non. Je ne dis pas non, le moins du monde. Seulement, il y a des difficultés très connues à mettre les *fâcheux* ou les *raseurs*, amants ou non, et surtout amants, sur la scène. Le fâcheux est fâcheux pour les personnages de la comédie, mais il l'est aussi pour le public. Il rase sur la scène, mais il rase aussi dans la salle. Il faut bien prendre garde à cela.

Il y a des moyens d'obvier à cet inconvénient. On sait le moyen de Molière. Il n'a pas mis un fâcheux sur le théâtre ; il en a mis dix. Dès lors, il y avait variété, galerie de types divers ne se ressemblant qu'en ce qu'ils sont également insupportables, procession de fantoches variés... nous voilà sauvés.

Autre moyen, si l'on s'en tient à un seul fâcheux : varier ses *moyens de persécution*, le faire ingénieux en supplices et indéfiniment inventeur, inventeur de génie en matière de persécutions. Dès lors, parfait ! Les personnages sont rasés, non le public. Le public se dit : « Ah ! la canaille ! il en trouvera toujours de nouvelles. Il n'est pas à bout. Il va encore inventer une façon d'être plus désagréable ! Ah ! le bon bandit ! » — Le *fâcheux* d'Horace donne une indication de cette manière, qui peut être infiniment divertissante, et s'accommoder très bien même à la comédie élevée.

Autre moyen : faire le fâcheux très amoureux, mais *très délicieusement* amoureux. Cela excuse tout. Quand une femme, ou quand un public a dit : «... oui ; mais comme il aime ! », le fâcheux le plus fâcheux du monde a cause gagnée. Ainsi le veulent les desseins mystérieux de la nature, comme le prouve très pertinemment Schopenhauer.

Voilà les trois moyens, ou du moins vous m'excuserez de ne pas, pour le moment, en voir d'autres. Or, par amour de la vérité, ou plutôt *parce qu'il ne s'est pas aperçu que le fâcheux était fatalement le personnage principal*, de ces trois moyens d'empêcher que son fâcheux ne fût fâcheux pour le public, l'auteur n'en a pris aucun.

Son fâcheux est un seul fâcheux ; son fâcheux ne se

renouvelle point par sa fertilité de resssources vexatoires et suppliciantes ; son fâcheux n'est pas amoureux..... Si ! il l'est ; mais il ne l'est pas d'une façon visible pour le public ; il ne l'est pas (comme sait l'être le *Misanthrope* lui-même) en deux ou trois de ces couplets exquis de profonde et pénétrante passion qui font qu'une femme ou une foule pardonne tout. Il est fâcheux, fâcheux toujours et toujours de la même façon, pendant trois actes !... Diable !

Oui, pendant trois actes, son rôle consiste à répéter la même chose : « Où allez-vous ?... D'où venez-vous ? ... Je suis jaloux » ; et puis : « Je suis jaloux !... D'où venez-vous ? Où allez-vous ?... » ; et puis je vous assure que ça recommence.

Le maniement de la scie est difficile au théâtre. On la relègue, généralement, pour ne pas laisser se perdre complètement cet instrument dramatique, dans les personnages secondaires ; mais la scie personnage principal, non, cela est dangereux dans une pièce de théâtre.

Dans l'*Orage*, d'Ostrowski, tel, du moins, qu'on nous l'avait représenté, en le défigurant un peu, je crois, au Théâtre Beaumarchais, il y avait un personnnage dont le rôle consistait à cracher par terre. Trait de mœurs locales. Mais le représentant de la spulation fréquente n'était pas le personnage principal de l'*Orage*.

A la vérité, il n'y a pas que « l'amant fâcheux » dans la *Parisienne*. Il y a la Parisienne elle-même ;

il y a Clotilde. Mais Clotilde, j'ai cru le montrer, est personnage passif, et, dans toute une grande partie de son rôle, *dépend du fâcheux*, est comprise et jugée par le public d'après la manière dont elle agit et dont elle est à l'égard du fâcheux.

Il s'en suit que la partie de son rôle où elle nous est présentée *en soi*, pour ainsi parler, est excellente, parce qu'elle est vraie ; et que la partie de son rôle où elle nous est montrée en ses rapports avec le fâcheux nous étonne, nous inquiète et nous déconcerte.

Au commencement Clotilde est, en effet, sinon la Parisienne (et il n'importe) du moins une Parisienne de demi-ordre, de petite bourgeoisie aisée, assez bien observée et dessinée. Vicieuse et pratique, elle tient tout entière dans ces deux mots. Point de sentimenlisme, point de *Sandisme*, point de *Bovarisme*. Un bon petit vice tranquille, ménagé et prudent. Tyrannique et douce, en une mesure savante, à l'égard de son mari, qu'elle mène, et qu'elle mène très bien, et qu'elle fait arriver, sans qu'il s'en doute et en ménageant son amour-propre, par les moyens féminins que vous pouvez supposer aisément ; bonne et tendre, en même temps que railleuse et supérieure encore, à l'égard de son amant. Immoralité absolue, vue claire et sûre du réel, gentillesse et bonne grâce superficielle, un peu d'esprit, tout au fond un peu de sensualité élémentaire, très aisément réglée et gouvernée par une volonté ferme.

Voilà (si je ne me trompe) comme elle nous apparaît

au premier acte ; et cela c'est un très bon et très joli portrait, très bien saisi, qui a son degré nécessaire de généralité, qui, encore que très individuel, ressemble à un certain nombre d'êtres que nous avons connus.

Voilà où il y a du talent, beaucoup de talent, et sans outrance, remarquez-le, sans exaspération des noirs, non, une mesure parfaite au contraire et une aisance, sinon tout à fait une légèreté de touche, qui est excessivement rare.

Mais ceci c'est le *caractère* de Clotilde, à quoi je n'ai rien du tout à reprocher, et que je sais, au contraire, admirer tout comme un autre. Mais le *rôle* de Clotilde, c'est-à-dire son caractère entrant en jeu et en acte avec les autres caractères de la pièce et évoluant sous nos yeux, ah ! ceci c'est une autre affaire, et c'est ici que nous comprenons moins.

Clotilde est obsédée, harcelée, harponnée et taraudée à fond et de part en part par son fâcheux. Pourquoi le supporte-t-elle ?

C'est cela que se demande continuellement le public.

Pourquoi le supporte-t-elle ?

C'est ici que le rôle de Clotilde *dépend de celui du fâcheux*. C'est ici que le rôle de Clotilde aura le sens commun ou ne l'aura pas selon la manière dont vous aurez présenté son fâcheux d'amant. C'est ici que revient tout ce que je disais tout à l'heure du rôle de Laffont.

Si Laffont, encore que fâcheux, était amusant, on

comprendrait Clotilde. Quand on a un mari comme le mari de Clotilde, si l'amoureux est amusant, dame...!

Si Laffont, encore que fâcheux, était amoureux, de temps en temps, d'une façon aimable, passionnée, troublante et ravissante, on comprendrait encore Clotilde ; on la comprendrait encore mieux que tout à l'heure.

Mais il n'est rien de tout ce que je viens de dire. Dès lors on ne comprend rien au pacte qui semble lier Clotilde à Laffont, rien du tout. On crie tout le temps à Clotilde : « Mais puisqu'il n'est qu'assommant, rompez ! Rompez-donc ! Rompez, rompez tout pacte avec l'absurdité !... Puisque vous en aimez un autre, un troisième, rompez avec le second... Puisque, vous, femme si pratique, vous avez besoin de ce troisième pour l'avancement de votre mari, rompez avec le gêneur ! A quoi diable vous sert-il ? En quoi diable vous plaît-il ? »

A cause du caractère de Laffont, on en arrive à ne plus rien comprendre au caractère de Clotilde, qui tout à l'heure paraissait si net et si juste.

Cela pendant tout le second acte, le plus important, comme on sait, dans une pièce qui en a trois.

Mais au troisième acte, c'est bien autre chose ! Clotilde, engagée pendant quelques mois, moitié libertinage, moitié intérêt pratique (ceci est bon) dans une intrigue amoureuse, avec le *troisième* dont je vous parlais tout à l'heure, se voit abandonnée par ce tiers, qui me paraît, quoique un peu brutal, le personnage le plus discret et le plus distingué de toute cette histoire ; et alors... alors elle revient au fâcheux, et avec une promptitude d'éclair, de fauve tombant sur sa proie, ou bien plutôt d'oiselet sautant dans la gueule béante du serpent fascinateur.

En vérité, nous ne pouvons savoir pourquoi.

Il nous semblerait si naturel que cette pauvre petite femme, suppliciée par un premier amant, humiliée et mortifiée par un second, alors qu'elle voit revenir le premier s'écriât : « A l'autre maintenent ? Ah ! bien non ! vrai ! je commence à en avoir assez ! Mon mari est assommant ; mais au moins d'une façon un peu moins énervante. Tout au moins, respirons pendant quelque temps ! » Comme il arrive très souvent dans la comédie de mœurs populaires, le dénouement moral était en même temps le dénouement naturel et juste, sans que, pour cela, du reste, l'auteur eût besoin de donner à Mme Clotilde un atôme de moralité.

Au lieu de cela, cette pauvre Clotilde revient à son fâcheux, sans enthousiasme, et avec un ennui morne, comme si elle y était forcée, comme si c'était une obligation. Il semble qu'elle lui revienne par devoir, qu'elle a une manière de moralité particulière, comme les *Respectables* de M. Janvier de La Motte, qui la contraint à revenir à son amant ; il semble qu'elle se dise : « Mon second amant me quitte. Je me dois de revenir au premier. Une femme mariée sans amant, qu'est-ce qu'on dirait ? »

Le public n'entre pas du tout dans les raisons que peut avoir Clotilde.

Moi, qui suis extraordinaire, comme le monde le sait, je les connais parfaitement, les raisons de Clotilde. Elle n'en a pas d'autre que l'habitude, tout simplement. Au fond elle est très régulière, très routinière et très peu fantaisiste, comme l'immense majorité des femmes, et elle revient à son premier amant, parce qu'il est le premier, et parce que, s'il est assommant, il est assommant depuis très longtemps. Ce n'a pas l'air d'être une raison, au premier abord ; c'en est une très forte pour les femmes, et je sais même sur ce point bon nombre d'hommes qui sont des Clotilde.

Elle revient à lui par la puissance de l'habitude. Seulement l'auteur ne nous a pas mis sur cette voie et ce n'est que par réflexion que nous pouvons nous en aviser. Précisément (et c'est l'impression non seulement du public à la représentation, mais de beaucoup de critiques après réflexions mûres) Clotilde a plutôt l'air, tout le temps que dure la pièce, d'une fantaisiste, d'une « curieuse », d'une « chercheuse de sensations rares », et, traduisez ces beaux mots de français moderne en bon français de Bourdaloue, d'une libertine. La régularité routinière dans le désordre, idée qui est certainement celle qu'a eue l'auteur, est la chose sur laquelle il a certainement le moins attiré notre attention.

Il fallait que, l'œil fixé sur son dénouement, attitude

génante et obligatoire pour tout auteur, M. Becque
s'attachât à nous donner constamment cette idée-là,
et qu'à travers les frasques de Mme Clotilde, nous
nous disions toujours : « Toi, tu es une fausse fantaisiste, et tu tiens à ton raseur par la chaîne qui lie
l'homme à ses habitudes les plus insupportables; et
après tes voyages d'exploration, tu y reviendras, tu y
reviendras pour la vie, car lui aussi est tenace ; et ce
sera ton châtiment. Jusqu'à la fin de tes jours il te
dira : « Où allez-vous ?... D'où venez-vous ?... »

Ce n'est pas du tout, ou si vous voulez, ce n'est pas
assez sur cette idée que nous a installés et retenus
l'auteur.

Voilà, ce me semble, la raison pourquoi la *Parisienne* n'a pas été très bien comprise, et a paru ennuyeuse à beaucoup de gens. Ce qui reste, nonobstant,
c'est qu'elle est écrite en une langue que nous ne
sommes pas, hélas ! habitués à trouver au théâtre ;
c'est qu'elle abonde en jolis mots mordants, qui rappellent tout à fait la manière de Chamfort, et qui
seraient dignes d'être signés de ce nom ; c'est enfin
que si, des deux personnages principaux, l'un est
énervant et l'autre obscur, les personnages secondaires,
les personnages en silhouette, eux, sont exquis. Le
mari de Clotilde est un chef-d'œuvre, ne vous y
trompez pas, un grand chef-d'œuvre en raccourci. Il
vaut Bovary. Il est même, non pas plus vrai, ce n'est
pas possible, mais plus en relief que Bovary, avec la
même sûreté de dessin et de trait.

Le second amant, Simpson, moins complet, est encore un merveilleux croquis. Pas un des mots qu'il prononce qui ne soit un trait de caractère, et le caractère est d'une vérité qui a quelque chose d'effrayant. Nul d'entre nous qui n'ait un ami ou deux comme Simpson, et, chose qui nous inquiète davantage, nul d'entre nous qui ne se rappelle très distinctement avoir été Simpson, au moins une fois ou deux, avec cette cruauté indolente, laquelle est horrible, de l'homme qui, après un caprice, trouve tout naturel de s'en aller, poliment, avec une révérence des plus correctes, et qui se trouve le plus galant homme du monde.

Il faut donc voir la *Parisienne*, qui est une œuvre d'une grande valeur malgré ses défauts, et qui reste, pour l'amateur ou le critique, un sujet d'étude du plus grand intérêt.

XXX

THÉATRE DU GYMNASE : *Le dernier Amour*, drame en quatre actes, de M. Georges Ohnet.

25 Octobre 1890.

Le Gymnase, fidèle à M. Georges Ohnet, envers qui, du reste, toute infidélité serait de l'ingratitude, nous a donné une nouvelle comédie dramatique de l'auteur du *Maître de Forges*. Nous ne saurions parler qu'avec le respect convenable d'un auteur dont les succès de librairie et de théâtre ont dépassé toutes les proportions connues jusqu'à nos jours et qui a eu la plus rapide et la plus colossale des fortunes littéraires. Si la louange languit auprès des grands noms, il est probable qu'encore davantage la critique s'émousse contre les monuments, et c'en est un qu'un million d'exemplaires vendus.

Cependant nous sommes, ici, dans « l'antre du feuilleton », comme disait Hugo, pour dire ce qui nous semble la vérité, c'est à savoir tout simplement pour donner notre impression ; car c'est la seule chose dont nous soyons sûrs ; et nous la donnerons, aujourd'hui comme un autre jour, avec une pleine franchise.

Notre impression est que, depuis la *Comtesse Sarah*, en passant par la *Grande Marnière*, M. Georges Ohnet baisse un peu.

Son style est resté le même, à ce qu'il me semble, et aucune décadence n'était à attendre ni à craindre à cet égard; tout le monde est tranquille sur ce point.

Mais son système dramatique paraît donner dans l'excès, où dès le principe, il tendait, qu'il comportait, pour ainsi dire; — et, d'autre part, l'habileté d'exécution est moindre, insuffisante par conséquent, de temps à autre, pour sauver ce que cet excès dont je parle peut avoir de pénible.

Le fond du système dramatique de M. Ohnet consiste à arranger des évènements de telle sorte que les idées chères à la foule, ses sentiments universels, ses préjugés mêmes, quand ils sont comme unanimes, soient franchement, énergiquement, hardiment et audacieusement satisfaits.

C'est un système, qui n'est pas sans valeur, qui n'est pas sans grandeur non plus, et qui peut donner à une œuvre sinon une singulière originalité, du moins une incontestable puissance sur les esprits. Ces idées, ces sentiments, ces préjugés veulent avoir, soit au théâtre, soit dans le livre, leur représentation artistique et comme leur effigie idéale, et c'est, longtemps, ce que M. Georges Ohnet a excellé à leur donner.

Ces idées, ces sentiments, ces préjugés, c'est, par exemple, l'horreur de l'être oisif et inutile qui apporte le désordre et l'inquiétude dans une bonne maison de commerce, et ce jugement formel qu'un tel être doit disparaître, et c'est à cette idée que M. Ohnet donnait satisfaction dans *Serge Panine*.

C'est encore le mépris de la petite femme romanesque qui, mariée à un honnête maître de forges, ne sait pas apprécier les qualités solides et robustes de son mari, et ce jugement net qu'une telle femme doit disparaître ou se corriger ; et c'est à cette idée que M. Georges Ohnet accordait les douceurs de la victoire dans le *Maître de Forges*.

Ainsi de suite ; et c'est en même temps qu'une belle vocation artistique, une haute mission moralisatrice que poursuivait ainsi M. Georges Ohnet.

Mais ce système a son excès, comme tous les systèmes. Songez à Corneille, et à l'exagération singulière de son principe où il en était arrivé vers la fin, et même vers le milieu de sa vie littéraire. La glorification de la volonté généreuse et saine en était venue, chez Corneille, à l'apothéose de la volonté pure, de la volonté pour elle-même, de la volonté en soi, et je ne sais quelle tension bizarre et que le public jugeait peu justifiée, devenait le caractère ordinaire des œuvres de ce grand homme.

Pareille pente dangereuse se remarque dans la suite des œuvres de M. Georges Ohnet. Il en vient, parmi les sentiments et idées de la foule, à prendre les plus simples, les plus élémentaires, les plus primitifs, dirai-je les plus rudes aussi, et presque les plus féroces, et c'est à eux qu'il cherche maintenant à donner satisfaction ; et le voilà qui dépasse le but, ce me semble, va trop loin dans la direction où il s'est mis tout d'abord, et où l'applaudissement l'a poussé, et est sur le point de laisser derrière lui la foule, avec laquelle il était jusqu'ici en parfaite communion d'idées, de sentiments, comme aussi de conception artistique.

Déjà, dans la *Comtesse Sarah,* il avait été un peu loin. Quelle est l'idée de la *Comtesse Sarah* ? Que la femme qui trompe son mari doit être punie de mort, à quoi, certes, il n'y a rien à dire. Et en effet la comtesse Sarah s'infligeait à elle-même le châtiment qu'elle avait mérité. Mais déjà on pouvait voir que la foule trouvait un peu dur ce dénouement, et bien inflexible l'auteur justicier.

Plus tard, dans la *Grande Marnière,* qui se termine moins cruellement, on avait pu découvrir quelques traces aussi d'excès et d'outrance. L'idée de la *Grande Marnière* est le sentiment de l'égalité entre les classes. Le fils de l'usurier de village, si ce fils est un bon garçon, doit pouvoir épouser Mlle de Clairfontaine, et il l'épousera ; et malheur au père, au vieil usurier, s'il cherche à empêcher une union si patriotique ! Voilà qui est bien ; mais peut-être pouvait-on estimer que le vieux père, à la fin, était un peu trop rudement puni. Il l'était par une perte presque totale de ressort, de volonté et de tout son caractère. Il était aplati affreusement. C'était un peu trop. L'excès du système, ici encore, se révélait.

Et voici, aujourd'hui, que M. Georges Ohnet, toujours dans le même système, dépasse vraiment les bornes de la rigoureuse et implacable justice. Il prend cette idée populaire... il prend même ces deux idées populaires ; car cette fois M. Georges Ohnet a deux idées comme soutiens de sa pièce : 1º une femme qui a trompé son mari, même il y a longtemps, même un mari lointain, finira mal ; 2º une femme vieille, qui contrarie les amours (purs, du reste, et douloureux) de son mari avec une jeune fille charmante, doit disparaître.

Mon Dieu, oui, ce sont bien là encore deux idées populaires, et assez justes en leur généralité. Elles sont assez répandues. Voyez-vous, entendez-vous les propos des voisins : « Est-ce pas dommage ? un homme de trente-neuf ans.

— Et qui ne les paraît pas.

— Non, il ne les paraît pas ; avec cette pauvre femme de quarante-deux ans.

— Et qui paraît plus.

— Ah ! oui ! qu'elle paraît plus ! Serait-il pas à souhaiter qu'elle mourût pour le laisser épouser Mlle Victorine, qui est un ange, et qui est amoureuse de lui ; car ça se voit.

— Du reste, ce n'est pas grand chose encore que la vieille. Elle a fait parler d'elle dans le temps.

— Vraiment ?

— Comme je vous le dis ! Pour sûr que cela voudrait mieux qu'elle s'en allât. »

Voilà les propos populaires, et voilà les deux idées initiales du drame de M. Ohnet. Certainement, elles sont justes ; mais elles sont un peu cruelles ; il n'y a pas à se le dissimuler.

Aussi M. Ohnet a eu beau arranger les choses pour que la femme mariée fût dans son tort, et pour que le mari et la jeune fille fussent intéressants, il y a eu toujours quelque résistance contre la conclusion qu'on pressentait, et contre le dénouement vers lequel on voyait que se dirigeait la pièce.

Oui, le mari et la jeune fille sont présentés comme sympathiques. Ils sont très purs et très sages. Ils s'aiment sans se le prouver et, notez-le, sans se le dire, depuis trois ans. Ils ne veulent point faire de mal. Ils n'y songent pas. Ils s'aiment, voilà tout, parce qu'il leur est impossible de ne pas s'aimer. Qu'exigez-vous davantage ?

La femme mariée, elle, est bien dans son tort. Elle a été quand elle était princesse de Schwartzbourg, maîtresse de M. de Fontenay, son mari actuel, ce qui est bien abominable. Il y a longtemps de cela ; mais l'expiation doit venir ; il faut qu'elle vienne, n'est-ce pas ? La justice immanente des choses ne plaisante point.

De plus, elle est bête, la comtesse de Fontenay, ex-princesse de Schwartzbourg. Que fait-elle quand elle découvre les relations amicales, purement amicales, de M. de Fontenay, avec sa cousine Lucy ? Elle retire Lucy chez elle, chez son mari ; au foyer conjugal, pour qu'ils se voient tous les jours, et comme pour multiplier les tentations et les occasions. Ah! c'est trop! C'est elle qui l'aura voulu! Elle est coupable. Son imprudence a quelque chose de criminel.

Nous devons faire comme les bonnes gens, comme les bons voisins ; nous devons souhaiter la mort de Mme la comtesse de Fontenay.

Malgré tout cela, que voulez-vous? nous avons eu des scrupules. Non, décidément, l'auteur allait trop loin dans la rigoureuse logique d'un principe juste ; il abondait trop dans nos idées.

Oui, d'accord avec le vœu de la nature, nous souhaitons la mort des vieux gêneurs ; qu'on ne nous soupçonne pas à leur égard d'une ridicule sensibilité. Mais ce souhait nous ne l'exprimons pas tout haut. Nous l'atténuons, nous y mettons des tempéraments, nous ne l'avouons, même à nous-mêmes, qu'avec des restrictions et des ménagements de pudeur. C'est peut-être de l'hypocrisie; mais nous y tenons. C'est à cette hypocrisie intime, à laquelle nous tenons, que M. Georges Ohnet a peut-être fait un peu violence.

Lorsque Mme de Fontenay, se rendant compte et qu'elle a une ancienne faute à expier, et que son existence est un supplice immérité pour deux être jeunes, beaux, purs et tendres, absorbe une dose suffisante de poison rapide, et vient, en mourant, recommander à son mari d'épouser Lucie, le mari a un mouvement d'hésitation, vraiment assez marqué; et le personnage qui joue dans la pièce le rôle de raisonneur s'écrie, montrant le cadavre de la comtesse : « Si ! Tu dois épouser Lucie… Elle l'a ordonné ! » — Parfaitement ! semble répondre M. de Fontenay.

Non, nous autres, nous protestons sourdement. Cette rigueur dans le bon sens et cette rudesse dans la justice nous dépasse un peu, et, parce qu'elle nous dépasse, nous déconcerte.

Il règne, il plane sur tout ce drame une sorte de fatalité des idées saines qui étonne un peu notre sens timide.

Voilà ce que j'appelais l'excès du système de M. Ohnet, dont il devra, désormais, se défier dans une juste mesure, et se défendre avec quelque attention.

J'ai dit aussi que l'exécution, dans ce drame, n'avait pas l'adresse et la sûreté qui n'ont pas laissé d'être pour beaucoup dans les succès antérieurs de M. Georges Ohnet. Les deux premiers actes, entendez-le bien, sont une exposition, et ne sont qu'une exposition. C'est un peu long, et cela ne va pas sans indisposer un peu le public.

Au premier acte, nous n'apprenons qu'une chose, c'est que M. de Fontenay se fait attendre quelquefois pour dîner ou pour recevoir ses invités du soir. Ce n'est pas assez pour un acte.

Au second acte, nous faisons connaissance avec Lucy, et Lucy est amenée par Mme de Fontenay au domicile conjugal. Vous voyez assez que c'est seulement au troisième acte que commencera le drame.

Eh bien, ce drame, commençant si tard, il est

encore d'une part retardé, d'autre part embarrassé et comme faussé par l'incident des amours du petit Cravant.

Qu'est-ce que le petit Cravant? C'est un jeune homme, ami de Fontenay, qui est amoureux de Lucy.

Certes il sert à quelque chose cet incident. C'est en voyant que Lucy repousse Cravant, et c'est en voyant que Fontenay se désespère rien qu'à l'idée du mariage de Lucy, que Mme de Fontenay s'aperçoit à n'en pas douter de l'amour de Lucy pour Fontenay, et de Fontenay pour Lucy. Mais franchement, Mme de Fontenay aurait pu s'apercevoir autrement de la chose, et par un chemin moins long et moins détourné ; et, de plus, le drame est faussé par cet incident, parce que cet incident rend moins nécessaire, moins fatal le dénouement que vous savez.

Répugnant naturellement à l'idée de la disparition de Mme de Fontenay, nous sommes, nous, bon public, très heureux de l'amour de Cravant, et nos vœux sont pour lui. Du moins, nous sommes, moins inclinés que l'auteur ne veut que nous le soyons, à cette idée qu'il n'y a pour Lucy que M. de Fontenay. Nous nous disons : « Ah ! s'il y en a un autre pour elle, et qui est très bien, elle n'est pas si malheureuse. Qu'elle s'y habitue peu à peu, et que le calme renaisse dans cette maison, et que Mme de Fontenay ne meure pas. »

Donc, cet incident qui, d'un côté, je le reconnais, précipite le drame, d'un autre côté, le retarde, et le pousse dans une direction qu'il ne doit pas suivre, et que nous voudrions lui voir prendre. Par conséquent il embarrasse la pièce et ne fait que divertir, que tirailler inutilement notre esprit.

Enfin le quatrième acte, qui est le drame lui-même, n'est pas mauvais, vraiment; la scène décisive entre Lucy et Fontenay est même forte et vigoureusement et habilement menée; mais on voit par ce qui précède que nous n'étions pas suffisamment bien préparés, suffisamment bien entraînés pour le dénouement, qu'au contraire nous en avions plutôt été détournés au moment que nous commencions à l'apercevoir, que, par suite, surtout étant donné qu'il est dur en lui-même, et un peu féroce, nous n'étions pas dans de bonnes dispositions à l'accepter. Il n'a pas passé Nous l'avons encore sur l'estomac.

Le *Dernier amour* a été convenablement joué, surtout par Mlle Sisos, à qui le charme manquera toujours, mais qui est bien intelligente et pleine de ressources. Elle a souvent sauvé à force de mesure ce que certaines situations avaient d'invraisemblable ou de brusque et heurté.

M. Duflos a une énergie qui est une singulière et précieuse richesse, mais comme dit La Rochefoucauld dans ses études sur le théâtre de la Renaissance, c'est peu d'avoir une qualité, il faut en avoir l'économie. L'énergie de M. Duflos est bien peu réglée et gouvernée, et elle éclate par coups de tonnerre quelquefois un peu imprévus.

Mme Tessandier a tenu avec dignité le rôle sacrifié de l'épouse qui se sacrifie. Il n'y avait pas à tirer un triomphe de ce rôle monotone et un peu faux.

Citons encore avec éloge le très intelligent et très avisé M. Burget. On lui a reproché d'avoir joué le rôle de Cravant trop en petit jeune homme sans conséquence, sans largeur et sans « envergure ». Rien, au contraire, n'était plus juste, et n'était plus dans l'intérêt de l'œuvre que cette interprétation. Puisque Cravant ne doit pas réussir, il ne faut pas qu'il joue de manière à nous faire croire que voilà l'amoureux irrésistible qui va tout faire plier et aplanir tous les obstacles. Nous n'étions que trop portés à faire des vœux pour lui et à désirer que Lucy se laissât séduire à son charme ; nous n'avons, au dernier acte, que trop de colère contre Lucy, de ce qu'elle ne s'est pas résignée à aimer Cravant pour nous faire plaisir. Jugez si M. Burguet avait joué avec « envergure » ! Le dénouement nous eût été encore plus pénible. Ce qu'il fallait, c'est donc bien, comme a fait M. Burguet, jouer Cravant en petit jeune homme très sympathique, mais sans puissance conquérante et triomphante. Il est celui « qu'on aime bien », et qu'on « n'aime pas ». Il s'est tenu dans cette nuance avec beaucoup de goût.

XXXI

THÉATRE LIBRE : *Monsieur Bute*, pièce en trois actes, en prose, de M. Maurice Biollay ; *Amant de sa femme,* scène parisienne en un acte, de M. Aurélien Scholl.

2 Décembre 1890.

Tantôt, à propos d'une pièce de théâtre, on échafaude toute une petite théorie d'art dramatique toute nouvelle, ou que l'on croit telle, et cela est un jeu d'esprit qui vaut sans doute celui des trente-six bêtes; tantôt c'est une très vieille théorie que l'on retrouve, appliquée sur la scène, par un auteur qui, très probablement, ne s'en doutait guère, et l'on en suit comme l'expérimentation, l'essai sur le vif, la mise en pratique.

C'est ainsi qu'à propos de la *Comtesse Romani*, j'ai été amené, il y a quelque temps, et certes sans vain souci de vous montrer mon érudition, à vous parler des théories de Diderot sur les « professions » au théâtre. Eh bien, la voilà qui revient, sans que je la cherche, la théorie des professions, à propos de *Monsieur Bute*, pièce en trois actes, du Théâtre-

Libre, et, certes, l'exemple est aussi topique qu'il soit possible. On dirait que l'auteur l'a inventé exprès.

N'est-il pas vrai que la difficulté, quand on s'avise d'étudier, au théâtre, et même dans le roman, des *professions* au lieu de *caractères*, c'est qu'il ne faut montrer que les ridicules et les travers de professions très connues du public, si l'on ne veut pas comme le dépayser et le dérouter.

Dans la *Comtesse Romani* c'était l'état d'âme particulier, très particulier, d'une comédienne, que l'auteur analysait devant nous. L'état d'âme d'une comédienne est une chose dont le public n'a pas assez les premières notions pour qu'il soit comme *amorcé* d'avance à l'analyse que vous allez en faire. Il n'a pas le point de départ nécessaire, et l'on a vu, en effet, que, malgré tout le talent de l'auteur, la *Comtesse Romani* n'a jamais percé à fond dans le public, touché le tuf. Elle n'a mordu que superficiellement, si j'ose m'exprimer ainsi.

Et il ne s'agit pas ici de subtilité plus ou moins grande. Les analyses de Racine sont subtiles ; mais les sentiments sur lesquels elles s'exercent sont d'ordre commun. *Adolphe* est subtil, mais la situation d'un homme qui reste par respect humain avec une femme qu'il n'aime plus est d'ordre commun, à ce que je me suis laissé dire ; et le public entre dans les subtilités d'*Adolphe* comme dans celles de Racine, parce qu'il a en lui les premiers éléments de la question. Mais la *Comtesse Romani*, c'est autre chose ; mais les romans professionnels où les jeunes littérateurs nous peignent les mœurs et travers des jeunes littérateurs, parce que c'est là tout ce qu'ils connaissent de la vie, c'est autre chose. L'âme d'un amoureux ou d'un avare m'est connue au moins en ses traits essentiels ; et c'est à l'auteur de compléter et de percer plus avant ; je le suivrai. L'âme particulière d'un ciseleur sur noix de coco m'est inconnue, même en ses premiers et généraux linéaments. J'y entre très difficilement quand l'auteur s'efforce de me l'ouvrir.

Voilà une des difficultés, car il y en a d'autres, du roman, et à plus forte raison de la comédie « professionnelle ».

Eh bien, de toutes les professions possibles, supposez celle qui s'éloigne le plus de toutes celles que vous avez pu observer, dont vous avez pu vous donner au moins une vue générale et sommaire. Cherchez bien. Pêcheur de corail? Dresseur de crocodiles? Tourneur de mâts de cocagne en chambre, comme on disait dans *Henriette Maréchal*? Cherchez encore. Voyons... que diriez-vous de... bourreau, oui, d'exécuteur non testamentaire? Nous y voilà-t-il bien? Est-ce pas de tous les états d'âme possibles celui qui vous est assurément le moins familier? Est-ce pas de toutes les professions, celle, sans doute, qui est le plus formellement exceptionnelle? Je crois que l'exemple est bien choisi pour la vérification de la théorie.

Eh bien, voulant faire une comédie professionnelle,

c'est la vocation de bourreau que M. Maurice Biollay a été choisir. Nous voilà pleinement dans le théâtre des professions. Diderot aurait écouté la pièce de M. Biollay avec un singulier intérêt.

Il se serait convaincu sans doute qu'au moins ne faut-il pas, au théâtre, de profession trop exceptionnelle. De tous les personnages de la pièce de M. Biollay, c'est le bourreau qui nous a le moins intéressés. L'idée de la pièce, c'est que le bourreau, même en lui supposant une âme douce et compatissante, comme tout le monde conviendra qu'il est naturel, ou tout au moins charitable, de l'admettre, s'il cesse d'être bourreau, finira par devenir assassin.

La chose est possible; mais qu'en savons-nous? Nous avons, chacun, si peu de bourreaux dans notre famille! Nous suivons l'auteur où il nous mène, mais sans avoir en nous ce qui est nécessaire pour prendre plaisir à une étude, à savoir de quoi contrôler, d'une manière générale au moins, cette étude; et tout vrai plaisir disparaît. Reste une manière d'énorme plaisanterie macabre, qui ne nous chatouillerait un peu, à l'aventure, et je ne dis pas non, que si elle était courte.

Cela est si vrai qu'une seule phase de l'histoire de M. le bourreau destitué nous a un peu amusés. C'est le moment qui suit sa révocation. Nous le voyons, en quelques jours, devenu tout déprimé, mélancolique et maramateux. La plaisanterie patibulaire ici nous amuse un peu, non pas parce qu'elle est patibulaire, mais parce qu'elle est d'observation générale encore et que nous en pouvons contrôler l'exactitude fondamentale. Ce bourreau, c'est un fonctionnaire comme un autre, encore qu'il ait plus de congés, et nous savons ce que fait d'un fonctionnaire sa mise à la retraite. « L'exil, première mort des rois », dit Victor Hugo ; la retraite, première mort des fonctionnaires. Nous qui sommes tous plus ou moins fonctionnaires, comme M. Bute, nous comprenons la tristesse de ce confrère.

Plus tard, quand nous le voyons dévoré du désir de voir une exécution capitale, nous comprenons encore cette impatience à reprendre un peu l'air du bureau. Mais quand il tue sa vieille bonne sans savoir pourquoi, comme il le dit lui-même, nous comprenons moins. Nous sommes ici au seuil du mystère. Monsieur l'exécuteur des hautes œuvres a une âme pareille à celle du commun des hommes, et celle-là nous l'entendons ; mais il a, de plus, son âme professionnelle, et celle-là ne laisse pas de nous être quelque peu inaccessible. Or c'est dans celle-là que l'idée, la vision du crime s'est élaborée. Nous n'avons plus de criterium. Décidément M. Bute est un être trop particulier ; il se distingue trop du commun des mortels ; il tranche trop.

Voulez-vous une vérification des hautes considérations critiques qui précèdent? Bute n'est pas le seul « caractère professionnel » de la pièce de M. Biollay.

Toute la pièce de M. Biollay est « par professions ».

Or les autres caractères professionnels ne nous ont pas déplu du tout. Il y a là, au premier acte, un *reporter*, un *interviewer*... que sais-je ? « Au diable tes mots anglais », comme dit l'oncle Van Buck... qui vient interviewer le bourreau.

Interviewer le bourreau est plus légitime qu'interviewer le juré ; parce que le bourreau, lui, a le droit de dire quels sont ses desseins à l'égard du condamné. Il ne doit nullement mettre une délicatesse exagérée à les cacher.

Donc un reporter interviewe M. Bute. La scène a diverti assez, d'abord parce qu'elle est assez bien faite, ensuite parce que le flegme du reporter, sa curiosité grave et tenace, sa chasse consciencieuse aux détails caractéristiques, sont choses dont nous avons au moins une connaissance générale, que vient raviver et compléter l'auteur intelligent et judicieux.

De même encore le médecin du second et du troisième acte.

Ah ! mais, savez-vous qu'il est excellent, par exemple, ce médecin ?

« Est-ce grave, docteur ? »

Après un long examen mental : « Oui et non... » A ce simple « oui et non », si parfaitement doctoral, nous sommes tous partis de rire. Et à la fin de la consultation : « Donc, docteur, la guérison... ?

— Etant donné l'état général du malade, à condition que toutes les précautions indiquées soient bien prises, la guérison est assurée, s'il ne survient pas de complications. »

Et la recherche des antécédents : « Voyons, mademoiselle, parmi les ascendants de M. votre père, vous n'en connaissez aucun qui ait eu quelque maladie mentale ?

— Aucun.

— Hum... Parmi les parents plus éloignés de M. votre père, vous ne trouveriez point, en cherchant bien, rassemblez vos souvenirs de famille, quelque dément, ou alcoolique, ou mélancolique ?

— Un cousin de ma mère, je crois, a été placé à Sainte-Anne.

— Ah ! Ah !

— Et y est mort...

— A la bonne heure ! »

Cet « à la bonne heure », savez-vous, est excellent.

M. Biollay, pour sa première pièce, a donc montré qu'il a du talent et qu'on peut compter sur lui pour l'avenir. Mais trois actes de comédie professionnelle, extraordinairement exceptionnelle, et de plaisanteries superlativement macabres, il est évident que c'est beaucoup trop. Voyez-vous, *les Tourtereaux* de MM. Ginisty et Guérin, en un petit acte seulement, voilà le vrai modèle de ce genre de comédie-là.

Amant de sa femme, de M. Aurélien Scholl, n'a qu'un acte, lui, mais c'est l'exécution qui en est bien maladroite. Il s'agit d'un viveur qui, apprenant que sa femme le trompe, se bat avec le « séducteur » et le blesse ; mais est ramené à sa femme par l'idée même qu'elle l'a trompé, trouve dans cette idée je ne sais quel piment de libertinage, revient en effet à sa femme en la traitant comme une maîtresse, et devient enfin « l'amant de sa femme ». Vous reconnaissez l'idée. C'est celle de la *Visite de noces*, de Dumas fils. Supposez seulement que Mme de Morancé soit la femme légitime de M. de Cygneroy. Mais un pareil sujet veut être manié avec une extrême légèreté de main, bien entendu ; et c'est, au contraire, de parti pris, évidemment, avec une lourdeur et une brutalité violente que l'auteur l'a traité. Il a voulu nous faire crier. Il a réussi. Quelques mots spirituels ont atténué la gêne que le public, même du Théâtre-Libre, éprouvait à écouter cette histoire désobligeante ; mais l'impression finale a été défavorable. M. Scholl, qui souvent, sans parler de son esprit, a montré une vraie délicatesse, a fait, cette fois, bien fausse route.

XXXII

Menus-Plaisirs : *Lucienne,* pièce en cinq actes de M. Louis de Gramont. — Palais-Royal : *Un prix Montyon*, vaudeville en trois actes de MM. Valabrègue et Maurice Hennequin.

9 Décembre 1890.

M. Louis de Gramont poursuit, avec beaucoup de fermeté et de rectitude un but qui me semble excellent. Autant qu'on en peut juger par les deux pièces qu'il a présentées jusqu'à présent au public, à savoir *Rolande* et *Lucienne*, il voudrait nous donner, ou nous rendre, le *drame* pur et simple.

Il ne s'agirait ici ni du drame du boulevard du Crime, singulier mélange de truculence et de burlesque, et, aussi, de mœurs prétendues populaires et de mœurs prétendues aristocratiques ; — ni de ce drame-comédie, acclimaté (et illustré) chez nous par Augier et Dumas, où une terrible histoire domestique se résout agréablement, grâce à un coup de pouce ingénieux, en un dénouement de comédie. De ces deux formes dramatiques (dont, du reste, je ne repousse ni l'une ni l'autre, étant l'eclectisme même, et croyant que là où il y a du talent, nul n'y doit rechigner), il faut bien avouer pourtant que l'une est démodée à ne pouvoir être supportée même par le petit public le plus gros ; et que l'autre, nécessaire, du reste, et qui fut un progrès singulier sur ce qui précédait, paraît avoir fait son temps.

A tout prendre, les meilleurs encore de ces drames qui se démasquaient en comédie au cinquième acte, les meilleurs encore, dis-je, étaient bien ceux, ce me semble, qui ne se démasquaient point. *Maître Guérin*, qui est un chef-d'œuvre, à mon avis, est un drame d'un bout à l'autre, et la fin, sans en être lugubre, sans en être sanglante, n'en est pas moins parfaitement triste, et a très bien son petit « frisson » pour qui sait comprendre. Si vous croyez que tous ces gens là, qui tirent chacun de leur côté, vont être gais le reste de leur petite existence !

Ainsi de quelques autres, en trop petit nombre. A un certain point de vue, la comédie dramatique de Dumas et Augier est un pur drame en son fond ; seulement c'est un drame qui n'a pas toujours jusqu'au bout le courage de son opinion. Sur cette espèce de cote mal taillée entre la comédie et le drame vous verrez des choses très intéressantes dans une étude que M. Le Corbellier a fait paraître dans la *Revue d'art dramatique*, et qu'il se prépare à vous donner en volume.

Tant y a que M. de Gramont semble vouloir nous donner le drame-comédie d'Augier et Dumas complètement dépouillé de l'élément comique et de l'élément consolateur, et allant franchement à son dénouement naturel, lequel est tragique. Il avise un des drames qui sont fréquents, ou qui sont possibles, dans l'intérieur des familles bourgeoises ; il le décrit, il l'analyse, il en développe les suites, et il l'arrête sur une conclusion dramatique et terrible, comme il est assez vraisemblable.

En d'autres termes, il fait tout simplement la « tragédie bourgeoise », et il tâche de la bien faire.

La voie est là, j'en suis sûr, ou, du moins, c'est une des voies. Sans entrer dans les grandes théories, de ce seul fait que la comédie-drame a fourni sa petite carrière de trente-cinq ou quarante ans, il est très probable qu'il va y avoir bifurcation et que nous allons, pendant une génération, avoir, d'une part une tragédie bourgeoise qui ne sera que tragédie, et d'autre part une comédie qui ne sera que comédie. Au mélange des genres va succéder la distinction des genres, pour cette seule raison, qui en est une suffisante, que cela vient d'être, et que par conséquent ceci sera.

Je crois donc que M. de Gramont est dans le train ; et il convient de dire cela tout d'abord, et d'y insister. S'aviser de ce qu'il y a à faire, c'est déjà très joli. Quand Augier a fait *Gabrielle*, après tout, il n'avait guère que ce mérite-là.

Maintenant que M. de Gramont, comme exécution, en soit encore où il faut être, c'est une autre affaire. C'est tout à fait une autre affaire.

M. de Gramont, dans *Lucienne*, s'est avisé du sujet de *Denise*.

Vous entendez bien qu'il n'y a pas songé un instant. C'est une rencontre. Mais pour mieux me faire comprendre, je suppose que l'auteur de *Lucienne* est parti du sujet de *Denise*. C'est simplement pour m'aider en ma démonstration que je me place dans cette hypothése. M. de Gramont, donc, partant du sujet de *Denise*, s'est dit ce qui suit :

« Parbleu ! comme cela, c'est trop simple ; c'est trop agréable aussi pour la petite fille fautive. Elle n'est pas si malheureuse que cela, cette Denise ! Elle a eu un enfant. Mais elle a de la chance : l'enfant est mort. Elle est, de plus, très protégée, très défendue dans la vie. Elle a son père ; elle a sa mère. Ce n'est pas tout : elle a un beau ténébreux de trente-cinq ans, qui est millionnaire, et qui l'adore. Non, Denise n'est pas si malheureuse. Ce qui est dramatique, pathétique, tragique, et ce qui est diablement plus fréquent, aussi, dans la vie, c'est une Denise sans père ni mère, et sans le sou, et sans appui, et sans amoureux riche, et qui a eu un enfant, et dont l'enfant vit encore. Voilà qui est plus commun, je veux dire plus usité, et voilà qui est poignant. Ma Lucienne, ce sera une Denise sans toutes les bonnes fortunes qu'une Providence ingénieuse a ménagées à Denise. »

Voilà Lucienne. C'est une orpheline qui a été recueillie chez les Dubreuil, qui sont vaguement ses oncle et tante. Elle y a été élevée à peu près, et elle est devenue, vers sa dix-septième année, la maîtresse de son cousin Octave, imbécile incolore.

Un enfant est né. Il est nourri chez une pauvre femme à moitié idiote, mais très bonne, la Mathurine. Octave ne va jamais la voir. Lucienne y va autant qu'elle peut, et l'élève comme elle peut, en arrachant louis par louis, à Octave, le peu qu'il faut pour cela.

A la bonne heure ! nous voilà dans la vérité ! Je le dis sans déprécier *Denise* pour autant. *Denise* aussi est vérité ; *Denise* est parfaitement possible ; *Denise*, c'est arrivé. Seulement *Lucienne,* c'est arrivé plus souvent.

Et que va-t-il advenir du drame bourgeois, de la tragédie domestique ainsi posée ?

Eh bien, la fable imaginée par M. de Gramont, jusqu'au troisième acte, à peu près, est assez juste, assez vraisemblable et assez intéressante. Il arrive qu'Octave Dubreuil est demandé en mariage, c'est le terme exact, par le père Loriquin, qui a une fille à caser. Les Dubreuil ne sont pas très bien dans leurs affaires ; mais ils ont un bon renom sur la place de Paris ; Loriquin est très riche, mais très déconsidéré.

Chaque partie contractante a son intérêt dans l'affaire, et suffisamment vraisemblable.

Et que dit Octave à tout cela ? Il ne dit rien. C'est son rôle. Octave est une matière malléable. Il est éminemment textile. Il prend la forme qu'on veut lui faire prendre. Il est d'une merveilleuse veulerie.

Voilà encore qui est très bien. Il en résulte que

l'acteur qui joue Octave n'a pas de rôle, et est furieux. Mais cela n'empêche pas que cela ne soit très bien. Jusqu'à présent les dramastistes qui mettaient en scène un « vibrion » dont le caractère était de n'en avoir aucun, *lui en donnaient un tout de même*, pour que l'acteur eût encore un rôle. Ils faisaient de leur vibrion, soit un clubman tout plein d'aristocratique élégance, soit un théoricien prestigieux et amusant de la « sensation ». Pourquoi? Pour que l'acteur eût quelque chose à dire. Je sais bien. Mais mieux vaut, pour la vérité, que l'acteur ne dise pas le mot. La vérité est que les gens de cette espèce ne disent rien du tout. Que diable voulez-vous qu'ils expriment?

Tout au plus je hasarderai peut-être que j'eusse aimé que l'Octave de M. de Gramont dit de temps en temps : « Mon Dieu ! que c'est embêtant ! Oh ! que c'est embêtant, mon Dieu ! » — C'est à peu près tout ce que les gens sans l'ombre de caractère savent dire au milieu des drames qu'ils ont déchaînés. L'Octave de *Lucienne* ne prononce pas trois paroles dans tout le cours du drame ; il s'y promène d'un air gauche et inquiet ; et j'ai trouvé cela parfaitement observé et très juste.

Lucienne, elle, se défend et défend son pauvre petit, tant qu'elle peut : « Tu vas repousser ce mariage qu'on t'offre, dit-elle à Octave, ou je dis tout. » Octave n'a pas l'air content ; mais voilà tout ce que nous pouvons obtenir de lui.

Mais Lucienne a d'autres affaires, qui vont compliquer sa situation, et qui, tout à coup, se révèlent. Un commis des Dubreuil, Gédéon, sans nom de famille, et pour cause, sorte d'aventurier sans scrupule, a pénétré le secret de Lucienne. Il a su l'enfant, sa naissance, sa demeure. Sentant qu'il y avait là, sans doute, quelque bon coup à faire, il est devenu l'amant de la Mathurine, et il tient tous les fils dans sa main.

Quand il voit s'apprêter le mariage d'Octave et se dessiner la résistance de Lucienne, il sent la poire mûre, et il vient dire à Dubreuil : « Lucienne a un enfant. Il est d'Octave. Là est un obstacle au mariage de votre fils. Cet obstacle, je le lève, je reconnais l'enfant, et j'épouse Lucienne avec une dot convenable. Voilà. »

Dubreuil consent, Loriquin aussi ; Lucienne résiste. Epouser ce vague Lacenaire, jamais ! Mais Gédéon, qui ne perd pas de temps, a déjà reconnu l'enfant, le fait enlever de chez Mathurine, et le confie aux Dubreuil. Ah ! cette fois il faudra bien que Lucienne cède.

Il le faudra d'autant plus qu'elle donne barre sur elle par une imprudence. Elle sort de la maison des Dubreuil, au bras d'un jeune docteur qui a pour elle beaucoup d'affection, et qui, en cette circonstance, est aussi étourdi qu'elle. On est très fort contre Lucienne, toutes ces conditions réunies, et on l'amènera à composition.

Eh bien ! Est-il bien engagé ce drame, fortement,

clairement, simplement, et, en vérité, avec aussi peu de conventions et aussi peu de procédés que possible.

Oui, certes ; mais à partir de ce moment, je ne sais pas ce qu'il devient, ce drame ; il tombe par morceaux, il glisse et s'effondre par pans, comme s'il était bâti sur terre glaise, ce qui n'est pas, cependant. Nous sommes à la fin du troisième acte. Savez-vous ce qui se passe au quatrième ? Une foule de revirements sans cause appréciable, et de renoncements sans raison plausible. Tout le monde abandonne la partie, chacun celle qu'il jouait, tout comme s'il en avait assez, et ce semble que l'auteur lui-même abandonne son drame à vau-l'eau. — Par exemple, que fait Loriquin ? il abandonne complètement la poursuite du mariage d'Octave avec sa fille. Pourquoi ? Parce qu'un avocat qui passe par là lui apprend que les affaires de Dubreuil ne sont pas en très bonne situation. — Que fait Gédéon ? il abandonne la poursuite de son mariage avec Lucienne, parce que le même avocat annonce que Lucienne attaquera la reconnaissance faite par Gédéon de l'enfant naturel, comme le Code lui en assure le droit.

Que résulte-t-il de si rapides et si faciles retraites et désistements ? Tout simplement que ces bonshommes qui, jusqu'à présent, nous étaient donnés comme des hommes forts, et en vérité paraissaient tels, ne nous paraissent plus que des fantoches découpés dans du carton.

C'était donc un simple niais, ce Loriquin, si, avant

d'engager l'affaire avec Dubreuil, il n'avait pas pris tous les renseignements possibles sur la situation financière dudit Dubreuil ?

C'était donc un pur nigaud, ce Gédéon, s'il est si surpris d'un obstacle judiciaire très facile à prévoir, s'il ne l'a pas vu à l'avance et si, à l'avance, il n'a pas trouvé la parade à y opposer ?

Et, par suite, c'est tout le drame, si bien posé tout à l'heure, qui *nous paraît* n'être plus fondé sur rien, puisque si peu de chose suffit pour en disloquer toute la machination. L'auteur nous fait l'effet d'un de ces hardis et habiles dialecticiens qui, après nous avoir exposé une théorie qui semble irréfutable, nous disent : « Et maintenant, cette théorie, je vais vous montrer qu'elle ne tient pas debout. » Après avoir construit un drame assez solide, il nous montre combien il était faible au fond, et que nous avons eu tort de lui attribuer une certaine cohésion et vigueur.

C'est un beau détachement artistique, c'est un dilettantisme très élégant ; mais, comme théâtre, non, il est difficile de dire que ce soit du théâtre.

L'impression du public est : « Alors, ce n'était pas la peine ! »

Tant y a que le drame, ayant été échafaudé pendant trois actes et démoli au cours du quatrième et au commencement du cinquième, il n'y plus rien du tout ; et que le dénouement ne peut être que postiche, accidentel, surajouté, adventice, en un mot tiré d'autre chose que de ce qui le précède, en d'autres termes, ne peut être qu'un dénouement qui n'est pas un dénouement.

En effet, Gédéon se désistant, Loriquin renonçant, la fille Loriquin s'évanouissant, restent en présence Lucienne et Octave qui n'ont plus rien à se dire. Les malheureux en sont si bien à n'avoir plus rien à faire ensemble, qu'ils ne peuvent *même plus se marier*. Après les infamies où Octave a trempé, c'est impossible.

Alors quoi? Alors... le voici le dénouement accidentel. Transporté brusquement, violemment, avec effroi, et probablement sans précautions, de la maison de Mathurine à la maison des Dubreuil, l'enfant, qui, du reste, était déjà malade, se laisse définitivement mourir. Lucienne devient à peu près folle de douleur devant le cadavre de son fils, et brûle la cervelle au bel Octave.

Vous le voyez comme il est accidentel le dénouement. Si l'enfant n'avait pas pris une fluxion de poitrine en traversant les ponts, il n'y aurait pas de dénouement du tout.

De plus, même devant son fils mort, Lucienne fait une action qui dépasse peut-être un peu la mesure de son caractère, énergique, têtu, mais peu susceptible, ce semble, d'affolement brusque.

L'auteur, sentant ce point faible, a voulu un peu renforcer ce dénouement; mais il l'a fait avec une cruelle maladresse. Il a supposé que Lucienne, après avoir serré dans ses bras le cadavre de son fils, revient à Octave, et lui dit : Viens t'agenouiller devant lui ; » et qu'Octave répond « Non ! Jamais ! » — Et c'est alors seulement qu'elle le brûle.

Mais on a rien compris à cette résistance du bel Octave. Lui qui n'a jamais de volonté, c'est alors qu'il s'avise d'en avoir une ! Et quelle ? Bien étrange de sa part. C'est lui qui se refuse à une grimace d'hypocrite douleur ou de banale convenance, qui ne peut ni rien lui coûter, ni l'engager à rien ! — Eh ! tout au contraire ! Les gaillards comme lui ne font rien pour un fils naturel tant qu'il vit ; mais, dès qu'il est mort, ils lui sont trop reconnaissants de cet acte de délicatesse pour ne pas s'agenouiller avec élan et pleurer avec tendresse sur son cercueil.

L'indécision avec laquelle le quatrième acte, le cinquième acte, et le dénouement de *Lucienne* ont été accueillis s'expliquent donc et se justifient pleinement.

Reste qu'il y a là trois actes bien faits, de la clarté, de la vigueur, de la précision et du mouvement presque partout, et un dialogue très ferme et très en relief. Reste encore qu'il y a deux personnages, celui de Gédéon et celui de Mathurine, très bien saisis, et dessinés avec une rare exactitude et une certaine puissance. Il est clair comme le jour que M. de Gramont sera un bon dramatiste.

La pièce a été jouée admirablement par ce M. Lerand, à peu près inconnu hier, et dont tout le monde parle depuis qu'évadé de la féerie, il a trouvé une scène où il pût montrer qu'il est un comédien d'une extraordinaire originalité. Il nous a donné un Gédéon merveilleux de vérité.

A côté de lui, Mme Forgues a montré de grandes qualités de douleur triste et d'énergie sombre ; Mme France, une vulgarité vraie et sans outrance, une manière d'inconscience tantôt effrayante, tantôt touchante, qui étaient d'un très grand effet. Moncavrel joue toujours les Moncavrel sans effort et avec succès.

Le Palais-Royal a donné *Un Prix Montyon*, comédie-Vaudeville de M. Valabrègue et Maurice Hennequin.

C'est une assez bonne pièce et qui a eu beaucoup de succès. Vaudeville mêlé par ci par là d'un peu de comédie ; c'est là bonne et juste mesure du Palais-Royal. La fable consiste dans les tribulations d'un honnête et tiède bourgeois accusé d'un attentat à la morale publique, et réussissant à grand peine à se tirer d'affaire. M. Vauverdin est un bon propriétaire rangé et sérieux qui ne songe point à la bagatelle. Mais son locataire du premier, professeur de morale pour dames, et honoré d'un prix Montyon par l'Académie française, s'est laissé aller à une tendre faiblesse tout au milieu des bois de Clamart, a été surpris par le garde champêtre, et, *dans son trouble*, a donné tout simplement le nom de son propriétaire au lieu du sien.

Ce pauvre M. Vauverdin est donc traîné devant la justice de son pays et tombe dans les mains, sinon d'un juge d'instruction, ce que, peut-être, la censure n'aurait pas permis, mais d'un greffier qui opère pour l'amour de l'art, et pour montrer à ses supérieurs ce qu'il aurait pu être si on avait su apprécier ses mérites.

Une fois pris dans cet engrenage, M. Vauverdin est perdu. Tout se conjure contre lui avec une merveilleuse précision.

Il est reconnu par tout le monde, et par les uns c'est à sa figure, et par les autres c'est à sa voix, et par chacun c'est à quelque chose.

Il rencontre sa femme, v'lan une gifle; il rencontre l'amant sérieux de la petite dame qui était au bois de Clamart : ci deux gifles ; il rencontre le même amant qui, cette fois, croit que c'est, non avec sa maîtresse, mais avec sa femme que Vauverdin s'est promené à Clamart : ci deux gifles nouvelles.

Et toujours ce juge d'instruction qui répète : « Quel sang-froid, quel cynisme! Quel coquin !... Avouez donc ! vous arrangerez votre affaire. »

Le pauvre Vauverdin, tantôt se fâche tout rouge, tantôt s'écrie : « Non, c'est trop drôle. C'est à en crever de rire. Je finirai par croire que j'ai été à Clamart. »

Et pendant ce temps le coupable, le professeur de morale, M. Pontbichot, a des remords et des tergiversations de conscience très douloureuses. « Dois-je laisser ainsi la vertu soupçonnée ? » Non ; mais dénoncer un prix Montyon comme coupable d'un attentat à la morale publique, c'est compromettre non seulement le professeur, mais encore la morale et l'Académie française. C'est une chose bien grave. Il est permis de sacrifier son propriétaire. A un certain point de vue même cela lui fait honneur : « Non, je vous assure, mon cher propriétaire, cela vous fera honneur. Cela vous posera bien auprès des femmes. Vous aurez 100 francs d'amende, mais vous aurez votre petite auréole...

— Merci ! En attendant, je suis giflé par tout le monde, et ma femme veut que je m'empoisonne pour sauver du moins l'honneur. »

Ainsi vont les choses avec gaîté, bonne humeur, et même avec beaucoup de variété, sans qu'il y ait digression pourtant, et sans que le sujet soit lâché une minute, jusqu'à ce qu'un dénouement quelconque (un peu trop quelconque, mais pour un vaudeville !) vienne nous permettre de nous en aller. Un intéressé dans l'affaire, je ne sais plus lequel, reçoit un télégramme lui annonçant que les vrais coupables de Clamart se sont dénoncés pour couper court aux bruits qui couraient et étouffer l'affaire avant qu'elle devînt grave. C'étaient deux très hauts personnages, un sénateur et la femme d'un ambassadeur. Il ne sera donné aucune suite, crainte de complications diplomatiques.

Tout le monde respire. Quelle chance que les bois de Clamart aient été si fréquentés ce jour-là !

Cette petite comédinette a été jouée à ravir par

Milher, en pseudo-juge d'instruction, et par Dailly, en propriétaire soupçonné et persécuté. Tous les deux sont admirables. Quand ils occupent la scène, c'est une joie sans mélange.

M. Calvin a été fort bon dans le rôle du vieux galantin dont la maîtresse fréquente les silvains de Clamart. Il a le gâtisme très élégant et très fashionable.

M. Saint-Germain, très fin et très sournois, avec une excellente tête, dans le rôle du professeur de morale Silvestre, ralentit un peu trop toutes les scènes où il figure par manie de prendre des temps, et par défaillances de mémoire.

Mme Lavigne, un rôle de trente lignes, mais impayable à chacune de ces trente lignes.

Le *Prix Montyon* sera un succès qui se placera immédiatement au-dessous des plus grands.

XXXIII

Théatre du Gymnase : Reprise de la *Fiammina*, comédie en quatre actes de M. Mario Uchard. — Petit Théatre de la Galerie Vivienne : *Noël ou le Mystère de la Nativité*, en vers, en quatre tableaux.

16 Décembre 1890.

La *Fiammina*, qui fut un des grands succès de la Comédie Française, il y a trentre-trois ans, a trouvé au Gymnase un accueil sympathique, mais n'a pas soulevé l'admiration, ni même, sauf au quatrième acte, inspiré une émotion très vive.

Je ne connais pourtant pas de pièce qui, en son fond, soit plus forte et plus capable de passionner et d'attendrir. Une femme mariée qui a jeté son chapeau par dessus les moulins et dont la trahison désole et torture un pauvre diable de mari, cela suffit bien pour nous émouvoir ! Que dirons-nous donc quand la vraie douleur que l'adultère traîne après lui, quand la vraie suite funeste et épouvantable de l'adultère sera mise sous nos yeux, quand nous verrons souffrir à cause de la femme coupable, non un grand nigaud de mari, homme de quarante ans qui pleurniche pour une escapade de détraquée, mais un fils, un jeune homme bon, vaillant et tendre, qui voit sa vie brisée par la faute de sa mère, qui, à cause de cette mère, ne peut pas se marier avec celle qu'il aime et dont il est aimé ; à qui, enfin, s'applique dans toute sa vraie horreur, le vers classique, devenu un peu ridicule par l'accoutumance, mais diablement vrai tout de même :

> Le crime d'une mère est un pesant fardeau ?

Et qu'on ne dise point, comme on l'a dit je crois un peu légèrement dans les appréciations toujours un peu trop improvisées du lendemain, que depuis le divorce, le bienheureux divorce, tout cela est fini, et que ces situations n'ont plus d'intérêt parce qu'elles n'ont plus de vérité. « Elle est bien bonne ! », comme dirait assurément Bourdaloue. Depuis le divorce un honnête homme que sa femme a abandonnée est moins à plaindre ; et elle est moins à plaindre aussi, quoique il y ait encore beaucoup à dire, l'honnête femme qui a réussi à se débarrasser d'un mari indigne. Mais la question des enfants reste entière, et la loi ne peut rien pour eux en cette affaire-là.

Dans la *Fiammina*, Mme Daniel Lambert a abandonné son mari et son petit garçon pour courir les théâtres, où elle a des succès de chanteuse, et les aventures où elle a des triomphes d'un autre genre. Quand le petit garçon a vingt-trois ans, il veut se marier dans une honnête famille avec une très aimable jeune fille, et les choses iraient très bien, n'était qu'il faut bien dire qu'il est le fils de la *Fiammina*, chanteuse légère.

Eh bien, ici le divorce n'a rien à faire. Daniel Lambert serait divorcé que Lambert fils serait encore le fils de la *Fiammina*, maîtresse de lord Dudley, et que cela empêcherait très bien son mariage, son bonheur et tout ce qui s'ensuit à l'ordinaire. « Le crime d'une mère... » parfaitement ; et le divorce n'a nullement effacé cet alexandrin. L'alexandrin est plus fort que lui.

Le sujet reste donc bon, très bon, et l'idée de la pièce est une des plus fortes qui puisse être, encore à l'heure où nous sommes, et tant que les vieux préjugés dont la bonne compagnie et les bonnes familles ont vécu jusqu'ici se maintiendront, ce qui, j'espère, durera encore quelques années.

C'est donc dans l'excellence de l'idée générale de la pièce qu'il faut chercher la raison du succès d'il y a trente ans, et dans les défauts de l'exécution qu'il faut chercher la raison de l'insuccès relatif de lundi dernier.

Ces défauts ne laissent pas, à mon avis, d'être assez graves. Je me permets de les voir dans une pièce qui a été froidement accueillie parce que je me flatte de la persuasion que je les aurais vus même si la pièce avait eu un grand succès ; quoique, hélas, je ne sois pas sûr du tout de ce dernier point.

De ces défauts, il y en a de tout petits et d'assez

gros. Les tout petits sont dans le premier acte. Il est bien rare que les pièces de trente ans n'aient pas un premier acte un peu long, un peu traînant, un peu vide. On faisait long à cette époque, et surtout on exposait longuement. Un premier acte n'était pas seulement une exposition ; c'était… c'était un exorde. Dans un exorde, l'orateur classique ne se contente pas d'exposer le sujet ; il se « concilie la bienveillance de l'auditoire », ainsi qu'il appert de tous les manuels de rhétorique congrûment faits. A cette époque on se conciliait la bienveillance de la salle dans le premier acte. On y montrait sa bonne grâce et son esprit. On y faisait des *parabases*, c'est-à-dire des chroniques, et des discours du « genre démonstratif » c'est-à-dire des discous où l'on ne démontre, rien.

Cela plaisait, ou, car je ne sais nullement si cela plaisait, c'était une convention de courtoisie. L'auteur devait au public ces petits hors-d'œuvre où il lui faisait les honneurs de sa maison et de son esprit. Il n'aurait peut être pas fait bon de se soustraire à cette manière d'obligation mondaine.

Il y a trop de ces bagatelles de la porte pour notre goût actuel dans le premier acte de la *Fiammina*.

Mais ceci est un tout petit défaut et la pièce, s'il n'y en eût pas eu d'autres, aurait certainement marché sans encombre. Mais en voici déjà un qui est, ce me semble, un peu plus considérable. Pour que ce mariage entre le fils de la *Fiammina* et sa petite adorable fiancée soit impossible, mais, là, bien évidemment impossible, à cause de la conduite acrobatique de la *Fiammina*, il faudrait que la famille où veut entrer le jeune homme fût profondément pénétrée de ces excellents préjugés dont je parlais en commençant; il faudrait qu'elle fût, non seulement très honnête, mais très austère, quelque chose comme la famille vendéenne et féodale du *Mariage d'Olympe*.

C'est évident, c'est obligatoire. Au lieu de cela, l'auteur nous présente une famille de 1857 qui est presque fin de siècle. Ce n'est point pour l'anachronisme que je me fâche, c'est pour l'erreur au point de vue de la conduite de la pièce. Cette famille, où veut entrer le fils Lambert, a pour chef un mélomane qui sacrifierait tout à la musique, et pour qui la musique est évidemment une excuse suffisante à n'importe quoi.

Ce mélomane adore la Fiammina, en raffole, en rêve la nuit; et il semble (en forçant un peu les choses) que quand il saura que Lambert fils est le fils de la Fiammina, son premier mot sera: « Ah! quelle chance! » et son second: « Ah! quel honneur! »

Et dans cette famille, la Fiammina est reçue couramment! Elle est reçue à bras ouverts ou à bras tendus tant par le père que par la mère, et tant par la mère que par la fille. L'impression du public est celle-ci: « Oh! si nous sommes dans ce monde-là, il n'y aura pas le moindre obstacle au bonheur du petit jeune homme. »

Je sais bien que, dans la pièce, la famille Duchateau n'est pas tout à fait autant que je le dis la famille du Moulin-Rouge. Je sais bien que les Duchateau ignorent que la Fiammina est la maîtresse de lord Dudley. Ils la croient sa femme. Ils l'appellent lady Dudley. Mais, outre que la chose est invraisemblable, et que voilà des Parisiens abonnés de l'Opéra bien ignorants de la petite chronique européenne, une famille qui reçoit si chaudement une lady, même authentique, qui chante la *Sonnambula* aux Italiens, peut être une famille très honnête, ce n'est pas la famille très austère, très antique et très collet monté qu'il nous faudrait, qu'il nous faudrait *pour l'obstacle*.

Nous avons beau faire, l'obstacle nous parait faible. Cette impression s'étend et s'étale sur la pièce tout entière, depuis le commencement jusqu'à la fin. En particulier, elle fait que le rôle du père Duchateau, malgré quelques bons traits, n'a aucune solidité.

Enfin — et nous voici à la défaillance d'exécution la plus grave, à mon avis — les deux scènes maîtresses de la *Fiammina* sont mal posées. Les deux scènes maîtresses vous entendez bien que c'est : 1º le fils en face de sa mère; 2º le fils en face de l'amant de sa mère. Ces deux scènes sont au troisième acte, comme bien vous pensez, puisque la pièce en a quatre; car, c'est une justice à rendre à l'auteur, la pièce est très bien coupée. Mais dans cette scène entre la Fiammina et son fils, le fils sait que la Fiammina est sa mère, la Fiammina sait que Henri Lambert est son fils; mais *elle ne sait pas qu'Henri Lambert sait qu'il est son fils*. Il en résulte que l'effet de la scène est très faible. Les propos, discrets, mais très froids, d'Henri Lambert sur le compte de sa mère ne tombent qu'à moitié, pour ainsi dire, sur le cœur de la Fiammina. Ils sont trop en style indirect. « *Elle* » ce n'est pas du tout la même chose que « *Vous* ». Entre « elle m'a abandonné » et « vous m'avez abandonné », il y a une très grande différence, sans qu'il y paraisse.

La chose apparaît bien, quand, à l'acte suivant, la Fiammina apprenant qu'Henri Lambert savait depuis longtemps de qui il est fils, s'écrie : « Ainsi *il savait*, quand il me disait hier ceci et cela ! O douleur ! O honte ! » Elle dit précisément aujourd'hui ce qu'il aurait fallu, pour l'effet dramatique, qu'elle dît hier. La scène entre la mère et le fils est une scène maîtresse dont la moitié est renvoyée à l'acte suivant.

Quant à la scène entre le fils et l'amant de sa mère, elle n'est pas mal faite en elle-même, si l'on veut, mais elle est vraiment assez mal amenée. Savez-vous ce que, dès qu'il a su qu'il était fils de la Fiammina, Henri Lambert a eu en tête ? C'est de se battre avec lord Dudley, l'amant de sa mère. Je ne dis pas que ce ne fut pas *indiqué*, en bonne pratique mélodramatique. Mais comme, nonobstant, cela n'a pas le sens commun, ce devait être préparé avec beaucoup d'art.

Ce devait être un coup de passion et non une détermination froide et résolue. Comme détermination froide et résolue, c'est une sottise. Qu'espère Henri Lambert par un duel retentissant avec l'amant de sa mère? Ce duel empêchera-t-il la Fiammina d'avoir été ce qu'elle a été; effacera-t-il le passé? Et puisque c'est le passé qui est l'obstacle, à quoi sert le duel?

Comme coup de passion, au contraire, rien de plus naturel que ce duel. Il n'a pas plus le sens commun que tout à l'heure; mais il est naturel. Ce petit bonhomme maudit sa mère; donc il sent le besoin de faire passer sa colère sur le complice de sa mère; rien de plus vraisemblable. Il fallait donc que le duel arrivât sans avoir été résolu, par une impatience au cours d'une conversation, par un besoin instinctif de gifler quelqu'un, besoin qu'on aurait senti naître et grandir dans les nerfs de M. Henri.

Ce n'est pas ainsi que se passent les choses. Froidement, après avoir appris sa situation, Henri, à la fin d'un acte, dit à deux amis : « J'aurai besoin de vous demain. » Froidement, à l'acte suivant, il vient chez lord Dudley et le provoque sans vouloir lui dire le motif de sa provocation. On ne le comprend pas du tout ainsi, et la scène a paru fausse.

Ce qui est resté très vrai, très vigoureux et assez puissant dans ce drame, c'est le quatrième acte, c'est-à-dire le désespoir et l'expiation de la mère. Ici nous sommes dans la vérité, dans le naturel et le ton un peu déclamatoire lui-même ne nous déplaît pas, la situation comportant toutes les expressions les plus vives et les plus déchirantes de la douleur, et la Fiammina étant une femme naturellement emportée et véhémente dans ses remords comme dans ses fautes.

Le dénouement est ce qu'il peut-être, sans *truc*, sans moyen de comédie, et satisfait l'esprit par sa simplicité même et ce qu'il a d'incomplet et de boîteux. En cela il est réel. La Fiammina disparaîtra (dans un couvent sans doute) ; on n'entendra plus parler d'elle. Avec le temps on pourra à moitié la croire morte, et tout à fait le dire, et Henri épousera Laure, et l'oubli couvrira tout, comme il a coutume. Ce dernier acte est vrai et d'un ton juste. Il a fait plaisir. Il a permis de remercier l'auteur, parfaitement sympathique au public, par des applaudissements qui étaient sincères.

La pièce a été bien jouée par Mme Tessandier, qui a eu de très beaux élans et cris de passion au quatrième acte ; par M. Noblet, dans un petit rôle accessoire ; par M. Burguet, qui est un des jeunes premiers les plus *vrais* que je connaisse ; par Mme Julia Depoix, à qui vont si bien ces rôles de jeunes filles gracieuses et un peu délurées dont tout le monde est amoureux.

Enfin je puis parler avec quelque détail du joli spectacle que nous ont donné MM. Bouchor, Pierre Vidal... et nombreuse compagnie au petit théâtre de la galerie Vivienne. C'est le second « mystère », comme vous savez, qu'écrit pour ses chères marionnettes et pour nous M. Maurice Bouchor. L'année dernière c'était *Tobie*, aujourd'hui c'est la *Noël* elle-même, c'est le *Mystère de la Nativité*.

Je n'avais guère été content, on s'en souvient peut-être, de *Tobie*. Ce mélange non seulement continuel, mais indiscret et systématique, et comme provoquant, de tragique et de burlesque, ces plaisanteries non seulement triviales, mais, qui pis est, boulevardières, traversant la légende biblique, les souvenirs des feuilletons de Sarcey fraternisant avec les réminiscences de Jérémie, et Caliban brochant sur Ezéchiel, malgré tout le talent de l'auteur, m'avaient un peu suffoqué, s'il faut tout dire, et gêné pour admirer autant qu'on aurait voulu, et que j'eusse désiré, les prouesses de style du maître écrivain.

De *Tobie* à *Noël* il y a un très grand, un immense progrès, et tel, que je ne comprends pas, pour ma part, que ceux qui ont admiré *Tobie* puissent avoir pour *Noël* une sincère estime. Il me semble, en vérité, qu'il faudrait choisir.

Dans *Noël* plus d'allusions à Sarcey, plus de chronique parisienne, plus de badinage de Chat-Noir, plus de *Ponchonisme*, régal très piquant et que je sais goûter dans Raoul Ponchon, mais qu'il m'est impossible de savourer dans un hagiographe. Restent les rusticités, les trivialités, les coq-à-l'âne populaires dont, peut être, je me passerais ; restent

Que réclames-tu, fils de rogne ?

et encore :

> Allons ! roule vieille toupie !

et autres propos familiers ; mais ceci, c'est pour que ce soit un mystère, et pour que cela ait un air vraiment moyen âge ; et il n'y a rien à dire à cette raison-là.

Remarquez, du reste, que ces propos, dans *Noël*, ne se trouvent guère qu'au commencement, et que peu à peu le poème, et avec lui le style, semblent s'élever et se purifier par degré, jusqu'à ce qu'ils deviennent tous les deux véritablement vénérables, touchants et charmants. Cela fait une progression, et par là une composition, qui ne laisse pas d'être assez attractive et même assez savante. Il n'y avait pas l'ombre de composition dans *Tobie*. Ici il y en a une, et qui tient non seulement à ce que je viens de dire, mais à la distribution même des idées poétiques.

Ces idées les voici. Jésus va naître. Une immense bonté s'étend sur toute la nature. Cette bonté, elle est sentie vaguement par les plus humbles, plus distinctement par les esprits déjà ouverts, pleinement par les âmes élevées, quoique encore naïves. Et, donc, d'abord l'âne et le bœuf dans leur étable se sentent remués de douceur et d'amitié fraternelle, et le bouvier lui-même leur devient plus doux et clément ; — puis les petits bergers amoureux, dans la montagne, sentent une pureté grave et douce se mêler à leur affection, et le « père barbare » pour la première fois les regarde d'un œil miséricordieux et favorable ;

— puis enfin les rois, les *mages*, paraissent, tout attendris et exaltés de foi et d'espérance, et, cette fois, donnant son expression, humble encore, mais définie à ce sentiment nouveau qui semble descendre du ciel sur le monde entier ; — et alors il est temps que se révèle à nos yeux le *bambino* lui-même, souriant sur les genoux de Marie.

Voilà, au moins, qui se tient, qui a une suite, un enchaînement, une disposition très heureuse et très significative ; en un mot voilà vraiment un poème, une œuvre d'art, qui, aussi bien sous la forme épique que sous la forme dramatique, aurait son unité, aurait sa forme, serait un organisme véritable.

Ajoutez à cela que l'exécution en est très remarquable. Il n'y avait dans *Tobie* que de bons vers ; dans *Noël* il y en a de très distingués, et même quelques-uns qui sont très beaux. Les deux couplets, mêlés d'amour et de piété, du petit berger et de la petite bergère me paraissent charmants. Le berger chante :

> J'adore mon amie, elle m'est bien plus douce
> Qu'à l'oiseau nouveau né son nid d'herbe et de mousse,
> Au jeune agneau son lait, ou l'ombre au moissonneur ;
> Mais je rêve à l'enfant qu'un Dieu bon nous envoie,
> Et le bonheur de tous me donne plus de joie
> Que mon propre bonheur.

La bergère « antistrophe » comme suit :

> Va ! je suis bien heureuse ; et je perdrai la tête
> Lorsque des violons, jouant des airs de fête,

> Viendront me réveiller à l'aube du grand jour ;
> Mais je rêve à Jésus, qui près d'ici repose,
> Et tout au fond de moi je ressens quelque chose
>   De plus doux que l'amour.

Ils sont bien aimables dans leurs sonorités volontairement un peu étouffées, dans leur grâce un peu molle, ces petits vers là.

Et les strophes du bon roi noir ! J'adore les strophes du bon roi noir. Elles ont de l'envergure, de la force, et presque de la grandeur :

> Dans cette monstrueuse Afrique d'où je sors.
> J'ai vu l'homme écraser l'homme sans un remords,
>   Toute multitude asservie ;
> D'horribles dieux, ouvrage informe de nos mains,
> De rouges lacs de sang, des mers de pleurs humains,
>   La mort plus douce que la vie.
>
> Mais quelquefois après le dur labeur du jour,
> Mes pauvres frères noirs dansaient, ivres d'amour,
>   Devant leurs misérables huttes.
> Ils dansaient innocents, pleins de grâce, enfantins ;
> Leurs beaux yeux rayonnaient ; des rires argentins
>   Se mêlaient aux sanglots des flûtes.
>
> Un soir je dis au Maître inconnu : « Pense à nous ! »
> Je demeurai longtemps, bien longtemps à genoux,
>   Dans la montagne solitaire,
> Priant sans remuer les lèvres, en esprit,
> Pour que l'amour, un doux et chaste amour, fleurît
>   Eternellement sur la terre.

Vous voyez quel aimable petit poème de grâce et de tendresse *Noël* peut être. M. Bouchor n'a pas l'imagination puissante ; il l'a délicate, fine, et toute pénétrée et mouillée de bonté douce. C'est vous dire qu'il a l'onction et le sourire, les deux qualités essentielles pour faire un poème religieux. Il l'a fait Il était né pour écrire le poème de la *Nativité*. Je gagerais qu'il songe à nous écrire celui de la *Passion*. Je l'y engagerais plus faiblement. J'aurais plus de défiance. Les coups de brosse à la Michel Ange ne me paraissent moins son fait ; mais je n'ai pas à préjuger ; je n'ai même pas à juger, mais à dire l'impression que me donne ce que j'ai sous les yeux, et cette impression est toute d'approbation et de sympathie.

Et maintenant, cette forme même de l'ancien mystère, reprise et remise en honneur par M. Bouchor, est-ce que je l'approuve absolument, même avec les atténuations que, de *Tobie* à *Noël*, M. Bouchor a apportées à sa manière ? Je ne puis pas dire : oui ; — et, contrairement aux usages actuels, n'ayant pas dit : oui, je dis : non.

M. Bouchor me paraît marcher d'une très jolie et charmante allure dans une fausse route. Il veut ressusciter l'ancien mystère, notre mystère du quatorzième siècle, comme les Alexandrins voulaient ressusciter la poésie homérique. « Ça n'a jamais réussi, ces choses-là », dit Margot, dans la pièce de M. Meilhac. Ça n'a jamais réussi complètement. M. Bouchor veut *faire de la naïveté, il veut faire de la poésie populaire*. La naïveté ni la poésie populaire ne se font point. Ils sont où ils sont, et contrefaits par un artiste, quelque habile qu'il soit, ils ont un drôle d'air.

Les faiseurs de mystères et de miracles du quatorzième siècle étaient naïfs et triviaux, parce qu'ils ne pouvaient pas être autre chose, et ils attrapaient quelquefois la poésie et l'élévation à la volée et par hasard; et dans cette impuissance qui a parfois une bonne aventure, ils ne laissent pas d'être aimables. M. Bouchor, tout au contraire, on le sent trop, est naturellement élevé, grave et attendri, et c'est avec des efforts inouïs qu'il réussit à mettre en vers « la rogne » et la « vieille toupie ». Ces efforts ont quelque chose de pénible, et aussi de parfaitement irrévérencieux. Un pastiche a toujours l'air d'une parodie ; il l'est même *ipso facto*, et par définition. Le manque de sincérité est un élément de ruine dans toute espèce d'art, et probablement dans l'art religieux plus qu'en tout autre.

Je serais donc très tenté de dire à nos poètes néo-chrétiens : « Vous aimez à mettre en vers les légendes chrétiennes ; rien de mieux ; mais ne les traitez pas comme une mythologie ; ne les traitez pas *en vous refaisant l'âme de ceux qui y croyaient*, comme c'est votre grande et absurde prétention. Traitez-les, je vous en supplie, avec votre âme à vous, avec votre conception à vous, avec votre religion à vous.

« Eh bien, j'en suis sûr, et je n'admettrais guère que vous même me disiez le contraire, votre esprit religieux, à vous homme du dix-neuvième siècle, n'a rien de trivial, n'admet rien de trivial. Si vous êtes religieux, vous ne parlez et ne pensez des choses religieuses qu'avec la plus grande, la plus scrupuleuse gravité.

« Depuis la Réforme, on n'a parlé des choses chrétiennes qu'avec gravité, quand on les aimait ; on n'a été burlesque que pour les railler. Quoi que vous fassiez donc, il y a dans le genre que vous avez adopté un anachronisme, un pastiche, une parodie, bref, un manque (voulu et délibéré) de sincérité. Je me creuse la tête pour savoir, je dis au simple point de vue artistique, ce que vous y gagnez.

« Remarquez que les choses qui plaisent le plus dans vos petits drames, et entre nous les seules qui plaisent, sont les sérieuses, sont celles *que n'aurait jamais écrites* un poète du quatorzième siècle, sont celles qui ont été écrites par un homme qui a lu *Moïse* et *Eloa*, sont celles qui ont été écrites par un esprit grave, religieux et un peu mystique de notre temps. Pourquoi maintenez-vous les autres ? Par simple goût du pastiche, par parti-pris, ou pour amuser Ponchon ? De ces trois raisons, la dernière seule me paraîtrait louable ; mais elle n'est pas assez considérable pour vous obliger à gâter des œuvres charmantes et à altérer un très joli talent. »

Je souhaite que le prochain mystère de M. Bouchor soit tout franchement, tout sincèrement, tout simplement, tout bassement, un mystère comme en aurait écrit Alfred de Vigny ou Lamartine.

XXXIV

Renaissance. — Les *Douze femmes de Japhet*, comédie-vaudeville en trois actes, de MM. Antony Mars et Maurice Desvalières, musique de Victor Roger.—Vaudeville. — *Madame Mongodin*, comédie en trois actes, de MM. Ernest Blum et Raoul Toché.— Déjazet.— *Ferdinand le noceur*, comédie en quatre actes, de M. Léon Gandillot. — Gaité.— *La Fée aux chèvres*, pièce à grand spectacle en quatorze tableaux, de MM. Ferrier et Vanloo, musique de Varney.

23 Décembre 1890.

Il est certain que trois vaudevilles dans une semaine c'est peut-être beaucoup de vaudevilles ; mais quand, sur deux vaudevilles, il y en a deux qui sont bons, que voulez-vous bien qu'on dise, si ce n'est que le vaudeville est « un genre éminemment français ? » C'est ce que je dis, mon Dieu, c'est ce que je dis.

Le vaudeville de la Renaissance est le moins heureux des trois ; mais ce n'est pas à dire qu'il soit mauvais, et dans une semaine ordinaire il aurait eu sans doute les honneurs du feuilleton. Il s'agit, à la Renaissance, de faire évoluer sous les yeux du public de douze à dix-huit jeunes femmes, toutes charmantes, bien entendu, et qui soient costumées d'une façon identique, ce que réclame, paraît-il, « l'optique de la pièce à femmes », comme dit Scaliger. Si vous croyez qu'il y ait tant de sujets qui comportent de douze à dix-huit femmes charmantes costumées identiquement ! Non, il n'y en a pas tant que cela, et il faut du flair pour en trouver un.

Il y a le lycée de jeunes filles ; bien entendu. C'est indiqué. Il y a le royaume des femmes ; c'est inévitable. Un royaume où les femmes sont les hommes, a une armée de femmes, et une armée de femmes suppose des femmes en uniforme. Voilà l'identité de costumes trouvée. — Il y a le couvent d'ancien régime, et c'est pour cela que vous avez vu au théâtre tant de mousquetaires au couvent, de dragons au couvent, de carabiniers au couvent, etc.

Il y a... quoi encore ? Les téléphonistes ? Peut-être ! C'est une idée, cela. On n'a pas encore fait une pièce sur mesdames les employées du téléphone. Titre : *Mesdemoiselles Allô-Allô*. Je donne mon idée pour ce qu'elle vaut. Elle vaut cent mille francs, tout simplement (1).

En attendant, MM. Antony Mars et Maurice Desvallières ont eu l'idée du ménage mormon. Ah ! ah ! C'est très simple. Mais c'est comme l'œuf de Colomb ; il fallait s'en aviser.

Le ménage mormon est sans doute la pièce à

---

(1) La pièce, bien entendu, a été faite dans le courant de l'année 1891. Titre : *La Demoiselle du Téléphone*.

femmes par excellence, et c'est pourquoi M. Antony Mars et M. Maurice Desvallières nous ont transportés aux bords du Lac Salé. Ne craignez rien ; nous n'y resterons pas longtemps. C'est un faux mormon que M. Adhémar. Il n'a jamais de plus grand plaisir que d'abandonner ses douze femmes et de venir faire la fête à Paris. Faire la fête, pour un homme à douze femmes, c'est se promener dans Paris en regardant les étalages des marchands de comestibles, passer trois heures par jour au musée Grévin, et dîner avec son oncle. Tous les Turcs me comprendront.

Mais si vous avez jamais été aimé par une femme, ce qui est possible, vous vous doutez de ce qui advient à un homme qui est aimé par douze femmes. Il est harponné par les douze crampons de diamant du *Ramayana* ; voilà tout. Les douze mormonnes rattrapent Adhémar à Paris, et lui font une vie...

Heureusement Paris est Paris. Il a sur la fidélité des femmes je ne sais quelle puissance de dissolution : c'est dans l'air ; et M. Adhémar ne tarde pas à placer très avantageusement ses douze compagnes aux bras conjugaux de douze excellents garçons qui s'en accommodent avec enthousiasme. On lui dit à la fin : « Dites-donc ? mais ce n'est pas votre ménage que vous avez amené en France ; c'est un stock. Vous êtes un simple courtier matrimonial.

— Non, répondit-il, mais comme on vient d'abolir la polygamie aux Etats-Unis... »

Cette pièce est gaie et quelquefois drôle. Elle est

relevée de la jolie musique, allègre et émoustillante, de Victor Roger. Elle est bien jouée par Regnard dont le bafouillement commence à devenir une qualité, comme il arrive de tous les défauts des comiques, une fois que celui qui en est affligé s'est fait accepter. On y remarque la bonne duègne Mme Aubrys, et la chanteuse assez agréablement fantasque Mme Berthier. Les mormonnes sont jolies. Les septuagénaires vont aller voir cela ; ils demandent toujours le chemin de la Renaissance.

Madame Mongodin est un des chefs-d'œuvre de Blum et Toché. Les chefs-d'œuvre de Blum et Toché n'ont que de faibles analogies avec les chefs-d'œuvre de Shakspeare ou d'Henri Ibsen ; mais ce sont des chefs-d'œuvre tout de même. *Madame Mongodin* est un des chefs-d'œuvre de l'éclat de rire. On a fait remarquer que *Madame Mongodin* n'est pas une pièce sérieuse. J'en suis profondément convaincu. Ceux qui y allaient pour entendre une tragédie ont bien dû souffrir. Voici les faits dans toute leur candeur.

Madame Mongodin est un des quatre types d'Alençon. Car chacun sait que chaque petite ville de province (c'est généralement en province qu'on trouve les petites villes ; mais il y en a ailleurs) a quatre types, rarement plus, mais toujours quatre.

Supposez Alençon. Il y a : 1° l'homme à femmes d'Alençon ; 2° l'homme d'esprit d'Alençon ; 3° le savant d'Alençon, et 4° la femme vertueuse d'Alençon. Voilà les quatre types essentiels. Chacun a des imitateurs, des copies, des élèves et des contrefacteurs ; mais il y a un homme qui est par excellence le séducteur du pays, un autre qui fait les mots du pays, un autre qui en écrit l'histoire, et enfin une femme qui est la vertueuse madame une telle, qui préside toutes les sociétés moralisatrices et qui est citée jusqu'à sa mort comme résumant en elle la vertu de l'arrondissement.

Or Mme Mongodin est cette femme-là. D'autres sont honnêtes, quelques-unes même sont vertueuses ; elle, elle est la Vertu. Elle a quelque chose de symbolique et de théologal.

Pourquoi ? A cause du couteau.

Il y a vingt-cinq ans, revenant seule de Pontarlier, elle a été suivie par un « monsieur qui suit les femmes », poursuivie avec escalade jusque dans sa chambre... et elle a donné un coup de couteau à Tarquin le jeune. Les domestiques, accourus au bruit, ont vu et suivi les traces de sang jusque dans le jardin.

Dès lors, Mme Mongodin a été marquée pour le rôle de la femme vertueuse d'Alençon. Elle s'y est habituée, s'y est installée ; elle a pris sur toute la ville, et particulièrement sur son mari, incapable de résister au suffrage universel, un empire saintement despotique. Elle est le gouvernement moral d'Alençon. Le préfet a des ordres pour traiter avec elle de puissance à puissance.

Cependant son mari, quelque hypnotisé qu'il soit, a des yeux pour une grande horizontale qui est venue, comme la *marquise* de Sardou, prendre une retraite anticipée à Alençon, dans son beau château des Grands-Ecarts ; et celle-ci a retrouvé avec plaisir à Alençon M. Adolphe, qui fut jadis son peintre de prédilection ; et M. Adolphe, revenu des erreurs de ce demi-monde, ne songe qu'à épouser Mlle Mongodin ; — et maintenant vous êtes au fait de toutes choses.

Il arrive que M. Mongodin, amoureux fou de la cocotte, prend pour lui une « assignation » comme on disait au bon vieux temps, qui était à l'adresse de M. Adolphe, et fait répondre à la Châtelaine des Grands-Ecarts : « Oui, rue des Barbillons, n° 4. »

Rue des Barbillons, n° 4, c'est le domicile du jeune peintre, de M. Adolphe, qui l'a mis gracieusement à la disposition de M. Mongodin dans le cas où par hasard... ; car tout est possible.

Donc, M. Mongodin, sa femme étant au concert, se rend vers huit heures et demie du soir chez M. Adolphe, et lui demande de lui prêter pour une couple d'heures son domicile. Il arrive très bien, M. Mongodin, car tout-à-l'heure Mme des Grands-Ecarts est venue, sur la foi de son assignation, voir son cher Adolphe, l'a fortement ennuyé, a insisté pour rester, lui a proposé de poser pour une étude qu'il est en train de faire, et est précisément occupée dans le cabinet d'à-côté à se costumer à cet effet.

Adolphe, qui ne savait comment se débarrasser de

cette femme gênante, est enchanté de l'arrivée de M. Mongodin: « Restez, mon ami, restez! », et zeste, il file, en les enfermant à clef. C'est une bonne farce, un peu invraisemblable, et peu expliquée par le texte; mais c'est une bonne farce.

Madame des Grands-Ecarts sort du cabinet, costumée en naïade du Bas-Empire, et, au lieu d'Adolphe, trouve M. Mongodin, plein de bonne volonté et de bienveillance à son égard :

« Que faites-vous ici ?

— Je vous attendais. Ne m'avez-vous pas donné un rendez-vous ici ?

— A vous ! jamais ! Où est Adolphe ?

— Il est au concert, Vous ne m'échapperez pas...

— Si ! en m'en allant ! »

C'est alors qu'ils s'aperçoivent que la porte est fermée. M. Mongodin est tout à fait apaisé par cette découverte, et tous les deux ne songent qu'aux moyens de s'échapper. Ils essayent de cordes et de draps noués les uns aux autres comme dans les romans feuilletons. Finalement ils appellent par la fenêtre : « Ouvrez ! ouvrez ! la clef est en dehors. »

Qui répond à leur appel? Mme et Mlle Mongodin, qui reviennent du concert spirituel, accompagnées d'un cavalier servant. M. Mongodin est pris en flagrant délit d'escapade amoureuse. Comment se tirera-t-il de là ?

Une inspiration de génie lui vient. Certains mots d'extase amoureuse à l'adresse de son idole lui étant échappés pendant son sommeil, il les a expliqués à Mme Mongodin par un prétendu somnambulisme. C'est le moment de donner suite à cet heureux point de départ. Et nous voyons Jolly, qui, brusquement, avec des gestes d'hypnotisé, et un regard perdu dans le vague, marchant à pas raides et lourds, s'écrie : « O âme ! ô esprit ! oh ! qu'elle est belle l'âme de ma femme ! » etc.

Cette fin d'acte, si imprévue et si bien préparée, a été une joie immense.

Au troisième acte nous voyons Mongodin, toujours Mongodin, toujours en état de prétendu somnambulisme rentrer chez lui suivi de Mme Mongodin soupçonneuse et de toute sa famille désolée.

Il s'est tiré d'affaire ; mais voici qu'il s'engage à nouveau dans les mêmes embarras. Pour une raison ou pour une autre, la cocotte étant revenue chez lui et l'ayant entendu s'exprimer à l'égard d'elle en termes méprisants devant Mme Mongodin, s'arrange de manière à lui remettre au cœur une passion ardente, et de fil en aiguille, se fait surprendre par Mme Mongodin chantant avec M. Mongodin un duo incendiaire sur une musique de café chantant. Cette fois c'est fini, M. Mongodin est convaincu. Il a beau retomber immédialement en état de somnambulisme et s'écrier : « O âme ! ô esprit ! » ; cette fois cela ne prend plus du tout, et les châtiments les plus terribles vont lui être infligés, lorsque...

Un ami de M. Mongodin, que M. Mongodin n'a

pas vu *depuis vingt-cinq ans* (ah! vous l'attendiez, celui-là) vient raconter à M. Mongodin qu'autrefois à Alençon il a eu une aventure... et il narre, comme vous pensez bien, l'histoire du couteau. Il la narre avec une version un peu différente de celle de Mme Mongodin, très différente même. La jeune femme pelait une orange. En l'embrassant, le jeune audacieux s'est coupé le doigt, assez fort. Il a poussé un cri. Il y a eu quelque désordre. Les domestiques sont arrivés. Le blessé n'a eu que le temps de fuir... C'est l'auréole de Mme Mongodin qui s'évanouit. Si Mme Mongodin n'est plus une Lucrèce, M. Mongodin n'a plus pour elle un respect superstitieux. Il reprend toute sa fermeté et son autorité, non sans quelque véhémence même, et marie sa fille au petit peintre devant Mme Mongodin, humiliée désormais et effacée, du moins pour quelque temps.

Cette copieuse farce a beaucoup amusé. Elle est divinement jouée par Jolly, qui a été délicieux dans les scènes de ménage et dans les scènes avec la cocotte, et qui s'est surpassé dans la scène du somnambulisme. Mme Grassot nous a fait une Mme Mongodin très étudiée et très vraie. M. Romain a de la bonne grâce dans son rôle de petit amoureux peu convaincu ; et Mme Caron beaucoup de gaieté et de désinvolture dans le personnage de la cocotte mystificatrice.

Madame Mongodin verra de longs jours au théâtre du Vaudeville. C'est de la bouffonnerie maniée à ravir par des hommes qui savent admirablement mettre dans tout son jour, et dans tous ses jours, le talent et la mimique d'un comédien. « C'est une pièce faite pour un acteur, me dit-on. » — Eh! sans doute! Mais, après tout, Racine faisait ses pièces pour la Champmêlé, et il n'est pas jusqu'à Poquelin qui ne fît les siennes pour Molière, à ce que j'ai entendu dire.

Ferdinand le noceur, s'il était un peu plus court, serait un petit chef-d'œuvre, lui aussi, et tel qu'il est, c'est une des meilleures pièces de M. Léon Gandillot, dit l'Espoir-du-Vaudeville. Il faut placer *Ferdinand le Noceur* un peu au-dessus ou un peu au-dessous des *Femmes collantes*, mais, en tous cas, à côté d'elles. Il y a là du bon vaudeville avec un peu de comédie, comme dans toutes les pièces de M. Gandillot. Nous en ferons la répartition, si vous voulez, tout en racontant.

M. Ferdinand est simple secrétaire chez M. Fourageot, riche négociant en produits pharmaceutiques. Un peu moins payé que le domestique, il recuit sa bile en silence, en déplorant les erreurs de son patron, vieux beau à qui « les petites femmes » font faire toutes les sottises qu'on peut imaginer. Les amis de M. Fourageot embrassent ses maîtresses devant M. Ferdinand, et quand M. Ferdinand, indigné, dénonce ces turpitudes à son patron, son patron interroge le domestique et en croit le domestique plutôt que le secrétaire.

Outré de tant d'injustice, le vertueux Ferdinand finit par s'emporter : « Monsieur, vous êtes un homme à femmes. Savez-vous ce que les femmes ont fait de vous ?

— Quoi donc ?

— Elles ont fait de vous un idiot.

— Monsieur, je vous chasse.

— ..... et par conséquent, je continue sans me gêner. Un idiot qui sera ruiné de fond en comble dans trois ans.....

— Vous n'aimez donc pas les femmes, M. Ferdinand ?

— Monsieur j'aimerai ma légitime uniquement et fidèlement ; pour ne pas devenir gâteux, comme Monsieur.

— Je vous chasse ! allez !... Revenez ! Ferdinand, voulez-vous être mon gendre ?

— Hein ?

— Mon gendre ! J'ai dit mon gendre ! Ne me croyez pas aliéné. Comme secrétaire insolent, je vous chasse ; mais, comme gendre, vous me plairiez ; parce que, comme homme, je suis un viveur ; mais, comme père, je voudrais un gendre qui ne le fût pas. Gendre et associé, ça vous va-t-il ?

— Monsieur, c'est le ciel !

— Evidemment ! Eh bien ! partez pour Montargis, où ma fille est élevée chez sa tante. Restez-y huit jours pour voir si le cœur vous en dit, et revenez me demander la main de Melle Fourageot.

— Oui, Monsieur ; mais, avant de partir, j'ai à faire une communication au domestique.

— Faites ! »

Le domestique entre. Ferdinand lui allonge un coup de pied magistral dans le derrière. Stupéfaction du domestique : « Monsieur a remarqué ?

— Sans doute, Baptiste, sans doute. Vous pouvez vous retirer..... Ferdinand, pourquoi ce coup de pied ?

— Monsieur, pour m'assurer que tout cela n'est pas un rêve. »

Ce joli premier acte est suivi d'un autre qui est une comédie très amusante. Nous sommes à Montargis, dans la maison du pharmacien, correspondant de Fourageot, où Ferdinand a pris une chambre. Une légende s'est faite sur Ferdinand. Ferdinand, très élégant, ne faisant rien, et se promenant depuis huit jours dans Montargis, cela n'a pas paru naturel. « Qui est-ce ? a-t-on dit. — Un parisien ! — Un parisien, suffit ; il est là pour une femme. — C'est un gommeux ! — Un séducteur ! — Un don Juan ! — Un Richelieu ! — C'est Ferdinand le noceur ! »

Désormais Ferdinand a sa légende et son surnom. Rien en province ne prévaut contre cela. Il sera Ferdinand le noceur toute sa vie. Dès lors la femme du pharmacien le regarde d'un œil fort doux ; l'élève du pharmacien lui demande des conseils, et la bonne du pharmacien veut se faire lancer par lui comme grande cocotte. Il fait à la femme du pharmacien la confidence de ses projets sur Mlle Fourageot. La pharmacienne prend cela pour elle, et lui passe la main dans les cheveux : « Seulement je suis une honnête femme, ajoute-t-elle, je ne serai jamais à vous.

— Je ne lui demande pas cela, dit Ferdinand étonné. »

Mais un quart d'heure après, Ferdinand, ayant reçu une mauvaise réponse de la part de Mlle Fourageot, annonce son départ immédiat : « Restez ! restez ! s'écrie la pharmacienne éplorée, je suis à vous.

— Tiens ! pourquoi ça ? dit le bon Ferdinand. »

Et il n'y a pas à dire, Ferdinand, le vertueux, sera pour cette nuit au moins, Ferdinand le noceur. Quand la légende veut quelque chose...

Les deux autres actes sont moins moins bons. Ils sont de pur vaudeville. Revenu à Paris et devenu fiancé en titre de Mlle Fourageot, Ferdinand est encombré de la pharmacienne qui lui court après, et du pharmacien qui veut faire la fête avec le roi de la haute noce, et de la bonne du pharmacien... Quiproquos, imbroglios, ahurissements, petite musique ordinaire. Quelques jolis mots encore. La pharmacienne : « Je vous ai écouté. Qui pourrait vous résister ? Mais je suis une honnête femme. Je n'aurais jamais cédé à quelqu'un de la localité. » — La pharmacienne encore. Elle apprend que Ferdinand a toujours été le plus vertueux des hommes : « Misérable ! vous m'avez donc trompé ! »

Tout finit par s'arranger à la fin, comme vous voudrez bien ; car il n'importe.

De vrais types de comédie dans une intrigue de vaudeville, et des scènes de comédie éclatant dans le vaudeville par moments : tout compte fait, une très jolie pièce. Elle est jouée très agréablement par tout le monde, supérieurement par Narball en vieux beau, et par Mme Josset en Bovary de Montargis.

XXXV

GYMNASE. — L'*Obstacle*, pièce en quatre actes de
M. Alphonse Daudet.

30 décembre 1890.

L'*Obstacle* est une pièce qui prouve le talent, l'esprit de recherche et d'initiative, la hardiesse, et enfin la bonté de cœur de l'auteur.

On a du talent, on trouve un sujet, un beau sujet; un sujet sombre et triste, n'importe, on a l'audace de le traiter; un sujet cruel, n'importe, on le pose dans toute sa cruauté et on le pousse aussi loin qu'il peut être poussé; — mais on a bon cœur, grande pitié pour la sensibilité du public, grand ménagement pour les nerfs des spectateurs; de soi-même, du reste, on est optimiste, et l'on voudrait que tout ce qui empêche la vie d'être bonne disparût par cela seul qu'on se déciderait à n'y pas croire; — et pour toutes ces raisons, ce sujet, ce beau sujet, ce sujet sombre, ce sujet cruel, on l'abandonne à la fin, après l'avoir traité, on le lâche, on le dénoue tout simplement en prévenant les spectateurs qu'il n'existait pas et n'était qu'une chimère, et l'on donne un dénouement inconnu jusqu'à présent au théâtre : le dénouement par suppression du sujet.

Figurez-vous un professeur de mathématiques qui, après avoir poussé un problème très loin et avoir couvert de chiffres son tableau noir, s'apercevant qu'il approche d'une solution contraire à ses idées générales, ou seulement à son caprice, s'écrierait : « Et la solution, messieurs, la voici la solution : mettez que je n'ai rien dit ! » — et donnerait un grand coup d'éponge sur le tableau noir.

Ce professeur serait un homme à fantaisies et incartades, ce serait un nerveux et, tout compte fait, un professeur assez étrange ; mais cela empêcherait-il son problème d'être bon, d'être nouveau, d'être ingénieux ; et cela empêcherait-il un disciple respectueux, mais sans nerfs, de trouver au bout de cinq minutes la solution montrée par le maître, devant laquelle le maître, sans qu'on sût pourquoi, aurait reculé ?

Voilà l'histoire de l'*Obstacle* en toute sa simplicité. Vous allez voir si je mens d'un seul mot.

Ayant lu les *Revenants*, d'Ibsen, M. Alphonse Daudet s'est dit qu'il fallait essayer, sur le théâtre français, de la question de l'hérédité. Vous savez qu'Ibsen non seulement est chef d'école, ce qui est donné à tout le monde, il suffit pour cela de dire qu'on est chef d'école, mais, ce qui vaut beaucoup mieux, suscite des émulations, des rivalités, est un initiateur et un inspirateur. M. Daudet a pris le sujet même d'Ibsen, ce qui était parfaitement son droit, en se disant qu'il pouvait y avoir pour la mère du fils d'un fou une autre espèce de dévouement que le dévouement tout passif et abandonné et sinistrement résigné de la mère qu'Ibsen nous a montrée ; et il a conçu l'histoire suivante :

Nous sommes à Nice, en temps de Carnaval. Tout le monde est joyeux. La marquise d'Alein est là avec son fils, grand jeune homme brillant et charmant de vingt-six ans. Ce grand jeune homme est fiancé à Mlle de Rémondy qui est charmante et délicieuse. Cette jeune fille, mineure encore, et au pouvoir de M. le conseiller à la Cour d'appel de Montpellier, Pierre de Castillan, aime de tout son cœur l'aimable Didier d'Alein.

On cause, on chuchote, on rit, ce qui est bon ; on sourit, ce qui est meilleur ; on se donne des aubades, on organise des mascarades, le ciel est pur, la mer est bleue et chantante ; etc.

Il y a un point noir, le point noir qui, tout au bord de l'horizon, annonce le *grain* aux matelots.

C'est le père de Didier d'Alein qui avait un grain, dans un autre sens de ce mot. D'une expédition au Sénégal, où il a été frappé d'une insolation, il est revenu fou à lier. A cette époque, le petit Didier avait deux ans, et, par conséquent, il n'est pas dans le cas de l'hérédité proprement dite. Mais que sait-on ? C'est toujours un mauvais signe que de devenir fou à un moment donné, c'est signe qu'on était capable de le devenir. Qui sait si l'insolation de M. le marquis d'Aleïn et la méningite qui s'en est suivi n'ont pas été seulement les occasions, les déterminantes d'une folie, qui, bien longtemps auparavant, couvait à l'état latent, était comme en suspension, et en ce cas, l'avenir du jeune Didier reste obscur et reste menaçant.

Voilà ce qui a fait depuis vingt-quatre ans, voilà qui fait encore la torture morale de Mme Aleïn, et voilà ce qu'elle confie à M. Hornus, le vieux précepteur de son fils, le vieil ami de la maison, qui est, dans l'*Obstacle* de Daudet, ce que le pasteur Manders est dans les *Revenants* d'Ibsen.

Le vieil Hornus combat les scrupules et endort les craintes de Mme d'Aleïn. Mais il combat les uns et endort les autres avec une rhétorique si vaine et si puérile qu'il ne fait que les confirmer, et que le spectateur croit qu'il n'est là que pour confirmer aussi nos craintes à nous, et nous convaincre, sans le vouloir, de la gravité de la situation. Il dit : « Ah ! oui ! la science nouvelle ! Elle est agréable la science nouvelle ! Elle est gaie ! Elle est rassurante ! » — Comme ce n'est pas précisément l'office de la science d'être gaie, agréable est rassurante, nous traduisons immédiatement ainsi : « Voilà un imbécile ; ou voilà un professeur de belles-lettres. Encore que ce ne soit peut-être pas la même chose, dans l'espèce cela revient au même. Voilà un brave homme qui n'a jamais su que son Virgile, qui en est à la science de Lucrèce. Par la faiblesse de ses arguments contre les théories de l'hérédité, l'auteur veut nous rappeler combien elles sont graves et considérables. »

Et, en effet, Mme d'Alein reste très inquiète et très troublée. Tout à coup « l'obstacle » prend corps. Malgré tout le soin qu'a pris Mme d'Alein pour cacher les antécédents héréditaires de Didier, tout finit par se savoir. Des domestiques ont parlé. M. le conseiller à la cour d'appel Pierre de Castillan (pourquoi un conseiller ? Un médecin très moderne, très au courant de la science contemporaine et très convaincu de l'infaillibilité de cette science était plutôt indiqué) M. de Castillan, donc, vient dire à Mme d'Alein : « Nous savons tout ! M. d'Alein père était fou. Le mariage de M. votre fils avec ma pupille est impossible. »

Sans être absolument de l'avis de M. le conseiller, nous ne le trouvons ni déraisonnable, ni cruel, ni coquin.

Le vieil Hornus dit : « En voilà un Tartuffe ! » Nous ne voyons aucune tartufferie dans M. de Castillan. Il dit ce que nous sommes tous capables de dire en pareil cas. Je dis *nous*, nous gens du commun et du gros public, ce qui est le point, gens non scientifiques, non médecins, non physiologistes. Longtemps avant que la science de l'hérédité ait été constituée, ou du moins dessinée en ses traits généraux, ç'a toujours été dans les familles un grave, un très grave empêchement au mariage que l'existence d'aliénés dans la famille soit du fiancé, soit de la fiancée. Et toujours il s'est trouvé des Castillan, qui n'étaient point des Tartuffe, qni disaient : « Non ! quand elle sera majeure, elle décidera elle-même ; mais jusque-là je n'en prends pas la responsabilité. »

Si nous ne sommes pas absolument avec Castillan, nous ne sommes donc pas contre lui ; d'autant plus que, dans ses craintes si formellement exprimées, Mme d'Alein, remarquez-le, si raisonnable, est au fond exactement du même avis que Castillan.

Nous croyons donc à l'obstacle, et en vérité je vous le dis, l'auteur y croit aussi ; il le prend parfaitement au sérieux. Il n'y a que ce bon Hornus, lequel nous paraît assez insignifiant, qui n'y croie point, sur cette raison qu'une science qui n'est point rassurante n'est point vraie. C'est une raison éloquente, mais qui n'a pas fait une suffisante impression sur notre esprit.

L'obstacle existe donc, et, au second acte, nous voyons le jeune Didier lutter contre l'obstacle, et contre l'obstacle qu'on lui cache, qu'il ne connaît pas, qu'il fait des efforts inouïs pour connaître. Ah ! cela est intéressant, et très bien fait, et passionnant. Nous sommes dans le « genre *Œdipe roi* ». Un secret à découvrir, un secret dont dépend la destinée de celui qui le cherche, et auquel par conséquent celui qui le cherche s'acharne avec fureur et fièvre et tremblement. « Devine, ou je te dévore » disait le Sphinx. Ces choses-là seront toujours dramatiques.

Elles le sont même dans la pièce de M. Daudet. La scène où la sœur de M. le conseiller vient rendre à

Didier la parole de Madeleine, est très vive et très en relief. Rien de plus émouvant que ce pauvre jeune homme sentant qu'il y a quelque chose de terrible qu'on ne lui dit pas, et criant à tous ceux qui l'entourent : « Mais pourquoi ? mais pourquoi ? mais quoi ? »

Son explication avec sa mère est même de premier ordre : « Voyons, je suis calme, tu vois bien. Qu'y a-t-il ? Que me cache-t-on ?... Voyons ! Ces magistrats sont très scrupuleux... Y aurait-il quelque tare dans notre famille... Non ?... Quelque légère tache dont ils s'exagéraient l'importance... Mon père... Voyons ! mon père aurait-il eu une faute à se reprocher ?

— Jamais ! Je te le jure ! Jamais !

— Dès lors ! je m'y perds, je deviens fou. »

Il tombe anéanti sur un siège ; et alors la mère : « Le cher enfant ! Moi, il n'a même pas songé à me soupçonner ! »

Cela est touchant, et cela est vraiment beau. Le public était très ému. Il était pris par la vérité de la situation et la vérité des passions. Nous nous sommes crus partis pour un grand, pour un souverain succès.

Vous entendez bien que le troisième acte ce sera la « scène à faire », la scène entre Didier et Madeleine. C'est inévitable, et l'auteur a fort bien fait de la placer là, au troisième acte d'une pièce en quatre actes. Cet auteur sait son métier. Seulement les scènes maîtresses, il faut les faire désirer, il ne faut pas les faire trop attendre. Ce troisième acte est beaucoup trop long.

Les trois quarts environ en sont pris par une grande scène entre M. le conseiller, sa sœur, Madame d'Alein, M. Hornus, et la supérieure du couvent où l'on a retiré Madeleine ; longue, interminable scène, où tous ces gens délibèrent sur la question de savoir si l'on permettra à Didier d'avoir un entretien avec Madeleine. De deux choses l'une : ou M. le conseiller est sûr de ce qu'il veut, et alors tous les entretiens de M. Didier avec mademoiselle Madeleine lui sont bien indifférents. Il ne donnera pas Madeleine à Didier, quoi que se disent Didier et Madeleine ; et voilà tout. Ou, homme bon et doux, mais croyant « l'obstacle » invincible, l'ayant montré à Madeleine, et confiant dans la raison et le bon sens de Madeleine, il compte sur Madeleine elle-même pour écarter Didier. Et dans ce cas il permettra l'entretien tout de suite.

Et c'est bien là ce qui semble être l'état d'esprit de M. le conseiller ; car il a prévenu Madeleine ; il lui a dit les choses, toutes les choses. Il ne lui a pas dit : « Je ne veux pas de ce mariage ; et voilà ! » ; il lui a dit : « Le père de ton fiancé était fou » ; et là dessus Madeleine s'est retirée au couvent, sans donner signe d'existence à Didier. Donc Madeleine est convaincue ; elle est avec Castillan ; sans cesser d'aimer Didier. elle a renoncé à être la femme de Didier. Hornus nous a prévenus du reste au second acte. Il a dit : « Une fille de dix-huit ans ne se laisse pas fourrer au couvent par son tuteur sans protestations et sans débats quand ce n'est pas dans ses idées. » Donc Madeleine croit à « l'obstacle ». Donc le plan de M. le conseiller est de laisser Madeleine causer avec Didier. Pourquoi tergiverse-t-il si longtemps ?

Et puis, sans tant de raisonnements, sans dilemme, le public sait bien que la scène entre Didier et Madeleine est inévitable, que l'auteur ne peut pas ne nous la point donner, qu'il nous la donnera ; il en est sûr, et dès lors ce qui la retarde au-delà des bornes d'une honnête coquetterie d'auteur lui est insupportable. Il est sur le gril. Il s'impatiente, comme font généralement, à moins d'être des Saint-Laurent, les gens qui sont sur le gril. Cette première partie du troisième acte a refroidi le public, admirablement disposé par le second.

Elle arrive cette scène, et elle est bonne. Madeleine est convaincue de la réalité de « l'obstacle ». (Du moins elle paraît absolument l'être : et tout public qui ne connaîtra pas à l'avance le dénouement sera persuadé à l'entendre qu'elle est convaincue de la réalité de « l'obstacle » ; et moi, au moment où j'écris la huitième colonne de mon feuilleton je suis au théâtre au troisième acte de l'*Obstacle* et je ne connais pas le dénouement). Madeleine est donc convaincue que son mariage est impossible, et elle dit à Didier : « Non, mon pauvre Didier, je ne puis pas être votre femme. »

Les *Pourquoi?* furieux de ce pauvre Didier recommencent. « Mais qu'y a-t-il donc ? Ce n'est pas vrai ! Vous m'aimez. Je le sais, j'en suis sûr, je le sais mieux que vous ! qu'y a-t-il donc ? qu'y a-t-il donc ? »

Et toujours la réponse obstinée et navrante de la pauvre fille : « Il n'y a rien. Je vous aimais, je ne vous aime plus. Voilà tout !

— Mais vous pleurez ! Mais tu pleures ! Les larmes ne mentent pas ! Tu m'aimes et tu me refuses ! qu'y a-t-il donc ?

— Adieu, Didier. »

En supposant, ce qu'il est impossible de ne pas supposer, que Madeleine est sincère, cette scène est belle (quoique développée avec une insuffisante sûreté et une insuffisante largeur). C'est un duo de Chimène et Rodrigue avec un mystère impénétrable à l'un des deux amants qui ne fait qu'ajouter à l'intérêt passionnant qu'a la situation en elle-même.

Au sortir de cet entretien on sent bien que Didier, ahuri et affolé, n'a qu'un sentiment, celui de se brûler la cervelle ou de casser la figure à quelqu'un. A sa place vous n'auriez pas un autre état d'âme, soyez-en sûr.

Précisément, M. le conseiller à la cour d'appel de Montpellier vient se présenter avec une sérénité bien imprudente. Ah ! celui-là, il est sûr de son affaire. Didier qui, sans rien savoir, ne peut que soupçonner vaguement M. le conseiller d'être pour quelque chose dans ses malheurs, et qui est dans l'état nerveux que vous savez, marche droit devant lui, et lui met à peu près le poing sous le nez.

— Monsieur, répond le conseiller, on ne se bat pas avec les gens comme vous. On les douche. Vous êtes fou, comme était votre père !

— Eh !... Ah ! enfin j'ai compris ! Enfin, je sais ! L'obstacle c'était donc cela. Mon père était fou ! » — La toile tombe.

Eh bien ! où en sommes-nous ? Est-ce que l'obstacle n'est pas plus grand qu'avant ? Didier, nature généreuse et noble, maintenant qu'il sait, ne va-t-il pas avoir les mêmes scrupules que tout le monde ? Ne va-t-il pas ou se tuer, ou se résigner tristement, ou plutôt enfoncé dans la contemplation de son malheur, devenir fou lui-même ?

C'est ce que craint sa mère, c'est ce que nous craignons tous, sauf Hornus ; mais je ne sais pas pourquoi nous nous sommes habitués à considérer Hornus comme un imbécile. L'auteur nous enfonce dans ce sentiment avec le plus grand soin. Il nous montre Didier consultant les médecins, lisant jour et nuit des livres de physiologie et de médecine concernant les maladies mentales. A ce régime, vous savez ce qu'on devient. Mettez-vous un jour dans l'imagination que vous êtes atteint d'une maladie de foie, lisez toutes les monographies des maladies de foie et vous en aurez une l'année prochaine.

De plus, l'auteur a mis tous ses soins à bien nous le montrer, Didier n'est pas fou ; mais il est bien violent. Les émotions qu'il vient de subir s'ajoutant aux prédispositions héréditaires, sinon nécessaires, du moins très probables, on peut tout craindre.

Sa mère est dans l'angoisse, et à bout d'espérance, elle s'avise d'une supercherie héroïque qui est un peu folle, mais qui n'est pas sans grandeur : « Voilà, dit-elle à Hornus, Didier qui est possédé par l'idée de la folie menaçante, par la vision de l'hérédité. Il n'y a qu'un moyen : lui persuader qu'il n'est pas le fils de M. d'Alein. J'aurai commis une faute ; tenez, avec vous, Hornus. Ne me démentez pas ; voilà tout ce que je vous demande. »

L'idée de Mme d'Alein a de la grandeur. Remarquez que dans sa pensée *il ne s'agit plus d'assurer le mariage de son fils avec Madeleine*. Dans ce but, s'il était le sien, l'idée de Mme d'Alein n'aurait pas le sens commun ; car il s'agirait de faire cette héroïque confession mensongère, non seulement à son fils, mais à Madeleine, et peut-être au conseiller, et à tout le monde. Non, Mme d'Alein considère le mariage comme définitivement rompu. Ce qu'elle veut seulement, c'est guérir son fils qu'elle croit rendu fou par la crainte qu'il a de le devenir. Son idée a donc une vraie grandeur et n'est pas absurde.

Le public, et j'en ait été enchanté, y est très bien entré. Il avait, ce public, l'idée d'un drame sérieux et profond, où ces idées nouvelles sur l'hérédité seraient tenues pour vraiment graves, comportant, entraînant dans la vie des formes nouvelles, des procédés nouveau d'immolation et de sacrifice.

Mais ce n'est pas ainsi que l'auteur avait entendu les choses. Au premier mot que lui dit sa mère de sa prétendue faute passée, Didier s'écrie : « Laisse-moi donc tranquille, avec tes histoires de brigands. Tu es une sainte, et M. d'Alein est mon père. »

Mais alors... « Alors, lui dit à peu près sa pauvre mère, tu vas devenir fou.

— Moi! pourquoi? Je ne crois pas à l'hérédité. Je n'en ai jamais cru un mot. Je crois au libre arbitre. Nous avons en nous une force intime qui nous permet d'être bien portants pourvu que nous le voulions.

— Mais alors, tes consultations aux médecins aliénistes?

— C'était pour m'amuser.

— Tes lectures assidues de livres physiologiques?

— C'était pour me distraire. »

Comprenez-vous bien que c'est tout le drame qui s'en va, que c'est l'auteur qui nous dit : « Tout ce que je viens d'écrire ne compte pas, et ne doit pas être prix au sérieux. » — Mais vous nous avez donc pris pour dupes? La déception du public est extrême.

Elle l'est bien plus quand Madeleine survient. Que vient faire Madeleine? Elle vient épouser Didier. Mais alors, elle n'était donc pas, au troisième acte, convaincue de la réalité de l'obstacle?

Non! Elle non plus ne croit pas à l'hérédité.

Il est permis de ne pas croire à l'hérédité, mais pourquoi avait-elle l'air d'y croire au troisième acte, pourquoi a-t-elle torturé Didier? Pour le plaisir? Pourquoi ne lui a-t-elle pas donné un mot d'espoir? *Ils étaient seuls!*

Parce qu'elle dépendait de son tuteur, dit-elle. Eh

bien ! elle n'avait qu'à dire : « Je dépends de mon tuteur, attendez ma majorité. »

Non. L'auteur avoue naïvement, en ce dénouement, qu'il n'y avait pas de sujet du tout, mais que, pour nous retenir trois heures au théâtre, *il a feint qu'il y en avait un*. Il est minuit, passons l'éponge, il n'y avait qu'un pseudo-sujet. L'hérédité n'est pas un obstacle, personne n'y croit. Elle n'a été pour M. le conseiller, qui voulait épouser sa pupille, qu'un prétexte, pour Didier, qu'un fantôme ridicule, pour Hornus qu'un texte à tirades, et pour Madeleine qu'une occasion de faire une scène qui n'était belle que si Madeleine était sincère, que nous n'avons trouvée belle que parce que nous croyons Madeleine sincère, et que, maintenant, nous regrettons d'avoir trouvée bonne parce que nous nous apercevons après coup qu'elle n'avait pas de sens.

Ce dernier acte est donc comme une espèce d'écroulement, d'effacement, de dissolution, de déliquescence de tout ce qui faisait l'intérêt du sujet. Il nous reste une sorte d'irritation d'avoir pris le sujet plus au sérieux que l'auteur ne l'avait pris lui-même.

Je crois pourtant que l'*Obstacle* aura du succès ; car il contient de très belles scènes que j'ai signalées chemin faisant.

Mme Pasca et Duflos y sont très remarquables, Lafontaine assez bon, Mme Sizos assez touchante, Léon Noël assez original, Mmes Darlaud et Lécuyer très agréables à regarder.

XXXVI

Mahomet, drame en cinq actes de M. Henri de Bornier
(Dentu).

« Et d'abord pourquoi un *Mahomet* de M. de
Bornier puisqu'il y en a un de Voltaire ?

— Ce n'est pas le même.

— Je pense bien ; mais cela fait double emploi.

— Mais puisque le *Mahomet* de M. de Bornier ne
ressemble pas du tout à celui de Voltaire.... »

Pour cela non, et des deux boulevardiers qui échangeaient le dialogue ci-dessus, c'est certainement le second, encore que, tout comme le premier, il n'eût pas lu un *Mahomet* de sa vie, qui avait raison. Le *Mahomet* de M. de Bornier ne ressemble pas le moins du monde à celui de Voltaire. Il ressemble à... nous y arriverons chemin faisant.

Ce n'est pas le « fanatisme » qu'a voulu peindre M. de Bornier. Il a jugé que Voltaire avait fait cela très suffisamment, et il a cherché autre chose. Je ne sais s'il a eu raison. Une étude sur *Mahomet* fanatique pourrait être reprise, parce que là, comme ailleurs, « nous avons changé tout cela. »

Au temps de Voltaire, où l'on était « simpliste », et tout à fait « bon sens populaire », on n'y allait point par quatre chemins, et l'on ne coupait point les cheveux en quatre. Fanatique voulait dire escroc, tout simplement, et escroc voulait dire bandit-charlatan, sans plus d'affaires. Un fondateur de religion et d'empire était un coupe-jarret intelligent, un tire-laine éloquent et subtil, et voilà tout. Et, donc « nommez-le fourbe, infâme et scélérat maudit », votre tragédie est faite, ou à bien peu près.

Je ne sais si nous avons élucidé la question ; mais à coup sûr nous l'avons creusée. Nous avons cru démêler et reconnaître la part considérable de conviction, de foi, et de véritable conscience morale qui se mêle chez ces grands remueurs d'âmes au machiavélisme des moyens et aux supercheries de pratique. Nous avons cru voir à quel point ils sont les premières dupes de ce qu'ils inventent, et combien se confondent, indistincts, au fond de leurs âmes, un mysticisme où entre de l'égoïsme, et une ambition où entre du dévouement ; nous voyons en eux des êtres beaucoup plus complexes que ce « clair » dix-huitième siècle, oh ! si clair ! n'avait accoutumé d'en voir.

Et il se peut que nous ayons tort ; mais il se peut aussi que nous ayons raison; et l'on penche pour cette dernière hypothèse quand on songe que si nous voyons ainsi, le dix-septième siècle voyait un peu, ce me semble, de la même manière. Joad est bien un peu un Mahomet, il me semble ; et Joad n'est pas tout d'une pièce, comme le *Mahomet* de M. de Voltaire. C'est un conspirateur froid, adroit et subtil, et c'est aussi un mystique, un apôtre et un illuminé ; et jamais Racine n'oublie de nous montrer au-dessus des mains ingénieuses, sûres et fortes, ourdissant la trame, l'œil extatique fixé au ciel. Le personnage est complexe. C'est ce qui gênait tant M. Homais, ainsi que les recherches de Flaubert nous l'ont appris, pour admirer *Athalie* avec certitude.

Une étude sur le « fanatisme » tel que nous le comprenons aujourd'hui, ou essayons de le comprendre, eût donc été très intéressante à tenter, et n'eût pas risqué de ressembler au *Mahomet* de Voltaire. Il est vrai qu'il y aurait eu danger qu'elle ne ressemblât à l'*Athalie* de Racine.

Mais, encore une fois, ce n'est pas à cela que M. de Bornier a songé. Il a songé à la polygamie, au christianisme, et à la conquête du monde par les armes. En vérité, il a songé à tout cela, ce qui était songer à beaucoup de choses ; mais quoi ? toutes ces choses sont dans Mahomet.

Mahomet est un homme qui a aimé les femmes ; Mahomet est un homme qui a voulu avoir la gloire pacifique de Jésus ; Mahomet est un homme qui a voulu avoir la gloire impériale de César. Mahomet est un homme qu'une religion à fonder, un empire à établir et des femmes à aimer ont également empêché de dormir, si j'ose m'exprimer ainsi.

C'étaient bien des affaires, pour Mahomet ; c'en

étaient beaucoup aussi pour M. de Bornier. Mais, pourquoi non? L'homme est complexe, et, conséquemment, complexe doit être l'art, et M. de Bornier s'est dit : « Soyons complexe ». Dès le prologue il a bien marqué ce triple caractère qu'il voulait qu'eût et gardât son Mahomet.

« Sois grand! lui dit Abou-Becker, l'Arabie a besoin d'un homme! »

— Sois grand! mais sois pur et doux, lui dit Géorgios. Songe au Christ!

— Sois grand! mais méfie-toi des femmes, lui dit Kadidja. Les femmes te perdront. C'est moi qui te le dis! »

Et voilà, dès le premier acte, Mahomet lancé à la conquête du monde, rédacteur du *Koran*, et pourvu d'un peu plus de femmes qu'il n'en faut pour faire damner un honnête homme et pour l'embarrasser dans ses affaires.

Mahomet conquérant, Mahomet prophète, Mahomet amoureux, voilà le triple sujet. Le concept est triple, comme dit Bellac, à qui le Mahomet de M. de Bornier ressemble un peu.

Le sujet est triple, et voilà le gros inconvénient de notre affaire. L'admirable clarté, netteté et sûreté de marche de la *Fille de Roland* a des chances de ne plus se retrouver ici.

Il faut bien reconnaître qu'en effet elles ne s'y retrouvent pas. Jusqu'au troisième acte, nous ne savons pas très nettement où nous pouvons bien aller. Cela ne laisse pas d'être un peu pénible. Il faut même dire que jusqu'à la fin Mahomet est comme partagé entre ses trois rôles, sans réussir à s'y reconnaître lui-même très distinctement. Ce qu'il aime le plus, de sa mission religieuse, de sa gloire de conquérant, ou d'Ayesha, on ne le sait pas trop, et il ne le sait pas trop non plus; et « c'est là le drame », je le sais bien, mais le drame oscille et se balance sur ses trois points d'appui comme un trépied, mais il ne marche pas, ne se dirige pas bien clairement vers quelque chose. Je me dis ici : « Il est jaloux de César, Mahomet! et même d'Attila; » je me dis là : « Il est jaloux du Christ »; et je me dis plus loin : « Non! c'est d'Ayesha qu'il est jaloux. » Tout cela n'est pas net.

La complexité des caractères, il n'y a rien de plus vrai au monde; et il n'y a rien, j'en suis absolument convaincu, qui soit plus digne de tenter le vrai artiste; mais un drame est un drame, et un roman aussi est un drame, moins ramassé seulement. Autrement dit, étant donné la complexité permanente d'un caractère, choisir un moment, ou une période de la vie d'un homme, où, cette complexité subsistant, un des sentiments essentiels de notre personnage finisse, nonobstant, par l'emporter, par se dégager de l'étreinte ou de l'entrave des autres; pour que notre drame ne soit pas une simple étude, pour qu'il ait son unité et sa direction, pour qu'à la fois il soit clair et soit une vraie œuvre d'art, voilà ce qui est nécessaire.

Tous les drames à caractères complexes qui ont réussi sont faits comme je viens de dire. Ce Néron, affreux brigand, qui a encore, comme dit Vautrin, « quelques petits langes tachés de vertu », est un caractère complexe (plus complexe même qu'on a accoutumé de le voir, et plus je le relis... mais ceci pour une autre fois). Ce Néron, donc, est un caractère complexe ; mais comment, du conflit, de la mêlée confuse plutôt, de cinq ou six sentiments très divers, sinon tout à fait contraires, qui sont en lui, se dégage peu à peu, se démêle et se développe, pour éclater brusquement, un de ces sentiments-là, je ne dis pas le plus fort en soi, peut-être, mais le plus fort pour le moment ; voilà le drame, voilà la netteté et l'unité du Britannicus.

Et en voilà la progression aussi, voilà pourquoi il marche ; car c'est au progrès, arrêté quelquefois, suspendu par moments, mais toujours visible, soupçonné ou pressenti de ce sentiment-là que nous mesurons le chemin parcouru et sentons la direction imprimée.

Il n'en va pas de même dans le *Mahomet* de M. de Bornier, et le prophète au manteau vert est *tantôt* le prophète, *tantôt* l'amoureux, *tantôt* le conquérant, sans que nous voyions bien nettement l'action et la réaction de ces sentiments les uns sur les autres.

La faute en tient peut-être à ce que c'est *toute la vie* de Mahomet que M. de Bornier nous a mise sur la scène par larges fragments. Ah ! un drame contenant toute la vie d'un homme, c'est une belle tentative, mais c'est le plus grand risque à courir !...

C'est le plus grand risque à courir surtout quand c'est à la fois toute une vie, et un caractère complexe que vous prétendez me mettre sous les yeux. Je disais tout à l'heure que, quand vous avez affaire à un caractère complexe, ce qu'il faut, c'est choisir un moment où, cette complexité permanente toujours subsistant et toujours bien montrée par vous, une des passions peu à peu, *pour le moment*, se fait maîtresse. C'est elle, luttant contre les autres, et en triomphant, qui fait le drame actuel. Un autre drame pourra commencer dans le même personnage, après-demain.

Mais ce même caractère complexe si vous le présentez au cours de toute une vie, il va probablement rester complexe, ce qu'il faut, et flottant, ce qu'il ne faut pas. A tel moment de ma vie, j'ai été *surtout* ambitieux, je suppose, et à tel autre *surtout* amoureux, et à tel autre *surtout* dévoué à une grande cause. Soit ; cela peut faire trois drames, et chacun clair, encore que mon caractère ait été complexe toujours. Mais si c'est de ma vie tout entière que vous faites un poème dramatique, l'impression d'ensemble sera que je n'ai jamais bien su ce que j'étais.

Vérité ! dira-t-on. Oui, mais intérêt dramatique, c'est une autre affaire. Il me semble que plus le drame embrasse une longue période de la vie d'un homme, plus c'est de la complexité du caractère du personnage qu'on doit se défier, plus c'est à une grande unité de caractère, un peu artificielle peut-être, mais nécessaire ici, qu'il se faut ramener. Voyez-vous Macbeth, par exemple, comme il n'est qu'ambitieux, et l'Antoine d'*Antoine et Cléopâtre* comme il n'est qu'asservi à ses sens exigeants de soldat parvenu. (Il faut lire *Antoine et Cléopâtre*, c'est plein d'actualités).

Voilà, à mon sens, le gros défaut du *Mahomet* de M. de Bornier, comme œuvre dramatique, encore que, comme étude historique, l'œuvre me paraisse assez exacte, assez pénétrante même, et, à coup sûr, très intéressante.

Encore un point curieux, je crois. Je n'ai jamais si bien vu qu'en lisant le *Mahomet* de M. H. de Bornier, combien Voltaire avait raison de dire qu'il faut dans une pièce que l'amour soit tout, ou qu'il ne soit rien. Dès que l'amour a une place dans un poème dramatique, il prend la place tout entière. Il est de nature particulièrement absorbante, au théâtre comme dans la vie, mais essentiellement au théâtre. Ce triple caractère de sensuel, de prophète et de conquérant dont je parlais plus haut, M. de Bornier l'a donné à son Mahomet, et il a essayé de le lui maintenir. Mais malgré l'auteur, pour ainsi dire, l'amour a vite pris le pas devant, et absorbé tout l'intérêt.

Le Mahomet prophète, le Mahomet mystique, le Mahomet conquérant ont disparu derrière le Mahomet amoureux, et les scènes qui se rapportent à la mission et à l'ambition de Mahomet font l'effet tout simplement de hors-d'œuvre, de hors-d'œuvre brillants, mais inutiles.

Il en résulte que le *Mahomet* de M. de Bornier ressemble, comme je l'indiquais en commençant, non au *Mahomet* de Voltaire, mais tout à fait au *Mithridate* de Racine.

C'est le même procédé, la même composition, et le même défaut fondamental. Vous vous rappelez le *Mithridate*, vous vous rappelez ce roi oriental, mi-partie héros, mi-partie Géronte ; mi-partie Sertorius, mi-partie Arnolphe ; mi-partie grand roi poursuivant un grand dessein, mi-partie sultan de harem, amoureux de la « favorite » et jaloux de ses propres fils, qui ont sur lui l'immense avantage d'un peu plus de jeunesse....

>Qu'a donc l'ombre d'Allah, demandaient les sultanes,
>A-t-il avec son fils trouvé sous les platanes
>Sa brune favorite aux lèvres de corail ?

Vous vous rappelez cette charmante et bizarre tragédie, moitié drame cornélien, moitié « orientale » ; vous savez comme les deux *moitiés* du magnanime et faible Mithridate sont peu ou mal soudées ensemble, font peu corps, et surtout font peu une âme, à ce qu'il semble du moins à la scène, et comme Mithridate a l'air, selon le caractère du spectateur, ou d'un héros qui brusquement, à certaines minutes, devient un peu jocrisse de l'amour, ou d'un bonhomme berné qui de temps en temps se rappelle qu'il est roi, se remet vite en mémoire son discours du trône, et se dit : « Souvenons-nous que nous sommes à cheval. »

Il n'y a rien de plus *vrai* au fond, que cela ; ce doit être l'histoire de tous les grands hommes ; mais cela, même avec tout le génie de Racine, d'abord, a quelque chose d'un peu incohérent ; et puis ce rapetissement subit (et intermittent) d'un héros déconcerte le spectateur, fait qu'il se demande : « Est-ce la part de burlesque qui entre dans les plus grandes destinées humaines que veut me montrer le poète, et ai-je affaire à une grande comédie ironique ? »

Question terrible. Dès qu'il est possible que le spectateur se la pose, il faut que l'auteur en prenne son parti et pousse nettement à la comédie, sans rester, en quelque sorte, à moitié chemin, dans une sorte d'incertitude ou de timidité.

Ce que je dis du *Mithridate* de Racine s'applique exactement, mais encore plus, au *Mahomet* de M. de Bornier.

On dirait même que le fond initial, le plan premier du *Mahomet*, est un démarquage de *Mithridate*.

Comme Mithridate, Mahomet au fond est un homme qui aime Ayesha, sa femme, sans être aimé d'elle, et quand je dis Ayesha, prononcez Monime.

Comme Mithridate, Mahomet a pour rival (au moins dans le cœur d'Ayesha) son fils, ou tout au moins son fils adoptif (Safwan).

Comme Mithridate, Mahomet se consume et sent qu'il diminue, en quelque sorte, dans cet amour, lutte contre lui, cherche à le secouer, *et paraît*, ce qui est grave, *le moins grand homme* de tous les personnages qui l'entourent.

Et, comme Mithridate, il finit par apprendre la trahison (morale au moins) dont il est victime, et par sentir la profondeur de son amour à la douleur de la blessure.

Et, comme Mithridate, aussi, il est, de temps en temps, où il semble qu'il soit interrompu et troublé dans ses amours par le rôle qu'il a à jouer dans le monde. L'histoire le rappelle à l'ordre, et le rappelle à elle-même. Et alors : « Les Romains, les Romains !... L'Islam !... le monothéisme... Allah !... Il s'agit d'être plus grand que Jésus ! »

Ce dualisme, et ici cela va jusqu'au *triplisme*, n'était pas impossible à résoudre et à ramener à l'unité (et je ferai remarquer que Racine y a presque réussi), mais ce n'était pas chose facile, et M. de Bornier y a à peu près échoué.

Un Mahomet incertain, indécis, flottant, malaisé à comprendre, et restant toujours vague ; — si on ne fait attention, comme ferait le spectateur, qu'au Mahomet amoureux — un Mahomet trop petit et trop bourgeois pour qu'on y puisse reconnaître l'homme qui a remué si profondément une partie de l'humanité, voilà l'impression d'ensemble et l'impression finale que laisse *Mahomet*.

Il y a pourtant une idée, une inspiration très heureuse, qui a de la grandeur. (On trouve presque toujours un vrai sentiment de la grandeur dans tout ce qu'écrit M. de Bornier). Et je ferai remarquer que cette idée est bien à l'auteur, est tout originale, ne me semble empruntée à personne.

Mahomet aime Ayesha, et il a peur de l'aimer, et se refuse à croire qu'il aime. Pour s'en détourner et pour s'en garantir, il a eu recours d'abord à la polygamie. Riez si vous voulez, mais ceci est très vrai et très sérieux. On conçoit très bien que la polygamie ne soit pour Mahomet, comme pour un de nous, qu'un moyen de se préserver ou de se guérir du dangereux grand amour solitaire, concentré sur un seul objet, et redoutable et fort « comme la mort ».

Le moyen, bien entendu, ne lui a réussi que très provisoirement. Il est revenu à Ayesha, il sent avec terreur qu'il l'aime, vraiment, qu'il l'aime non comme « *une d'elles* », mais comme « *elle* »; en un mot, qu'il l'aime.

C'est là-dessus qu'il apprend la trahison, qu'il fait périr, ou laisse périr les dénonciateurs, et qu'il dit à Ayesha : « Ce n'est pas vrai ? n'est-ce pas ? »

— Si ! c'est vrai ! » répond froidement Ayesha, et elle appuie cette déclaration, dont la netteté ne laisse rien à désirer, d'un petit discours bien senti :

« C'est que je ne t'aime pas ; c'est que je ne t'ai jamais aimé ; non, je n'ai jamais aimé Mahomet. J'aimais Safwan, mon fiancé, mon compagnon d'enfance, mon élu, un tendre et doux, non un orgueilleux comme Mahomet. Non, entends-tu, Mahomet, je ne t'aime pas. J'aime mieux Jésus. » (Ceci est de trop. Ça n'a rien à faire ici ; c'est très pédantesque de la part d'une petite arabe, et altère le sens de la scène.)

Après cette algarade, que fait Mahomet ! Voici ce qui me semble très beau. Il ne fait pas couper le cou à Ayesha, il lui pardonne ; et *parce qu'il lui pardonne, il se sent perdu* ; et comprend qu'il faut qu'il meure.

Une femme a insulté Mahomet, et Mahomet lui a pardonné ! Que cela soit possible, cela prouve que Mahomet aime éperdument, plus que Mithridate, plus qu'Arnolphe, et dès lors il n'y a plus de Mahomet. Demain le premier gamin arabe pourra lui jeter des pierres. Pour cela, non ! Quand Mahomet en est à ce point, qu'il disparaisse ; qu'au moins son œuvre ne soit pas compromise entre ses mains, entre ses mains désormais d'enfant débile et avili.

Et en effet, Mahomet, après avoir bu du poison, descend les marches de son tombeau, depuis longtemps creusé d'avance.

Oui, cela a de la grandeur et de la vérité ; oh ! non pas de la vérité historique : Mahomet ne s'est pas tué, et surtout ne s'est pas tué pour une femme ; mais cela a de la vérité générale et humaine, et une certaine concordance avec le caractère de Mahomet. On sent que si Mahomet avait été capable d'aimer une femme à ce point, il eût été capable aussi d'agir de cette façon, de frémir devant la révélation définitive et évidente du Dieu plus fort que lui, et auquel il n'aurait pu se soustraire que par la mort.

Cette idée de Mahomet toujours tremblant d'être vaincu par l'amour, et quand il reconnaît enfin à un signe terrible qu'en effet il est vaincu, secouant le joug dans une résolution héroïque, où tant de fatalisme, notez-le, entre encore ; cette idée me paraît donc très belle et très dramatique.

Au fond elle est tout le drame de M. de Bornier ; et c'est bien celle-là qu'à travers tout son drame, il poursuit toujours. Mais cette idée elle aurait dû en effet, visiblement pour le spectateur, soutenir le drame tout entier. Or ce n'est qu'à la fin (ou j'ai mal lu, et qu'on me condamne) que le lecteur s'en aperçoit, s'en avise décidément ; ce n'est qu'à la fin que l'attention est fortement attirée sur elle. Tout le reste est flottant et semble sans direction. C'est le défaut de ce drame, original du reste, non sans couleur orientale assez attachante et curieuse, et enfin non sans grand mérite littéraire. C'est une politesse, quand on a consciencieusement étudié un drame en vers, de citer au moins quelques vers de l'ouvrage, et ce devoir de courtoisie, avec M. de Bornier, ne donne que l'embarras du choix ; car on sait qu'il fait bien le vers de théâtre, avec solidité, vigueur et éclat. Voici donc, au hasard du doigt, un couplet de Ayesha à Mahomet (Rappelez-vous qu'elle se trompe, Ayesha. Mahomet l'aime, et ne l'aime que trop ; mais elle dit ce qu'il est naturel qu'elle dise, et elle le dit très brillamment) :

> Ecoute jusqu'au bout, toi, l'apôtre, le maître,
> Toi, l'envoyé de Dieu, son image peut-être :
> Toi qu'un ange saisit dans son vol effrayant.
> Et qui n'as frissonné qu'une fois — en voyant
> Dans le septième ciel, au milieu des étoiles,
> Les yeux d'Allah briller sous ses vingt mille voiles ;
> Toi dont ici partout, Dieu, par de prompts secours
> Et par plus d'un miracle a protégé les jours,
> Toi qui reçus le droit de quitter cette terre
> Au jour par toi choisi. — Ta faute volontaire,
> Le reptile vivant dans ton sein enfermé,
> Ton malheur, le voici : tu n'as jamais aimé !
> Tu n'as jamais senti les douleurs, les ivresses,
> Les célestes frissons des humaines tendresses ;
> Tu ne l'as pas voulu. Tu m'offrais l'autre jour
> Des grandeurs, des grandeurs encor... jamais l'amour !
> Ton orgueil veut qu'à lui sans cesse tout s'immole :
> Il m'avait fait esclave ; il me faisait idole...
> J'étais femme !... Mon cœur a lutté cependant,
> Jusqu'à l'heure où passa le grand nuage ardent.
> Ton amour m'eût sauvée ; aujourd'hui c'est l'abime ;
> Tu ne connais mon cœur qu'en punissant mon crime.
> Les hommes tels que toi, tout est jouet pour eux ;
> Ils croient que leur bonheur ne fait que des heureux.

Je vous recommande, tout compte fait, la lecture de *Mahomet*. Ce n'est peut-être pas un très bon poème dramatique, mais c'est un beau *poème*.

XXXVII

Le capitaine Fracasse, comédie héroïque, extraite du roman de Théophile Gautier, par M. Emile Bergerat. (Charpentier).

Je regrette que le *Capitaine Fracasse* n'ait pas été joué quelque part. Je le regrette, entendons-nous bien, pour moi, pour mon compte, et à titre tout personnel. Qu'on ait eu tort ou qu'on ait eu raison de n'en point vouloir sur nos deux théâtres subventionnés, je n'en sais rien, et ne suis pas assez sûr de moi pour prétendre en décider.

Il me semble bien, si vous voulez que je dise, qu'on y a joué des choses moins agréables, moins bien venues, et dont l'insuccès était beaucoup plus probable. Mais cela n'est pas une raison. Quelque mauvaise que soit une pièce, on a toujours joué plus mauvais soit à l'Odéon soit à la Comédie-Française, et l'argument péjoratif ne doit pas être accepté en bonne logique. Toutes les fois qu'on demande une place, on peut toujours dire : « De pires que moi y ont été nommés », et l'on a toujours raison ; mais l'on peut toujours vous répondre : « Monsieur. c'est avec ces prédents fâcheux que nous voulons rompre. »

Je ne puis donc me fonder sur de douloureux souvenirs scéniques pour affirmer qu'on devait faire bon accueil au *Capitaine Fracasse*; et, ne le regardant qu'en lui-même, j'en reviens à ce que j'ai dit; je regrette personnellement de ne l'avoir pas vu à la scène, où il m'aurait amusé; mais je ne sais pas, je ne puis pas savoir s'il aurait intéressé la foule.

J'ai quelques doutes à cet égard. Le *Capitaine Fracasse* m'a amusé parce qu'il est très clair en sa conduite, très bien mené, très bien coupé, très bien filé. J'aime même et ne trouve point si maladroites ces lenteurs du début avec ce je ne sais quoi d'un peu précipité à la fin (encore que, vraiment, la fin me semble, nonobstant, trop brusquée et bousculée). A tout prendre, c'est la progression naturelle, c'est le dénouement qui se hâte quand il est temps qu'il arrive, et il n'y a pas grand chose à dire.

Cette disposition du drame par tableaux ne va pas non plus sans me plaire. Ils se détachent bien, ces sept tableaux, ne se confondent point et ne débordent point l'un sur l'autre. Il sont bien distribués.

C'est d'abord le *Château de la Misère* où ce pauvre baron de Sigognac se morfond entre son chien, son chat, son vieux cheval et son vieux unique domestique, et héberge du moins mal qu'il peut, la troupe des comédiens de campagne. C'est ensuite la fameuse *Attaque des bandits*, c'est-à-dire, comme vous vous le rappelez, car le roman de Gautier est dans toutes les mémoires, Agostin et Chiquita et douze mannequins, plantés le long de la route, attaquant les comédiens, qui, moins peureux que les voyageurs ordinaires, rossent Agostin et éventrent les mannequins rébarbatifs et innocents.

M. Bergerat a inséré ici, intercalé, peu adroitement à mon avis, la mort dans la neige du Matamore, et l'enterrement hâtif du pauvre diable dans la terre glacée. Il a été très gêné par cet épisode à faire entrer de force dans l'autre, et cette gêne se sent trop. Pour que le Matamore soit seul sur la scène au moment de mourir, il faut qu'Agostin et Chiquita s'éloignent un moment ; et on ne sait pas trop pourquoi ils s'éloignent. Pour que les comédiens retrouvent le Matamore gelé, il faut, dans la pièce, que le Matamore les précède au lieu de les suivre, et on ne sait pourquoi il les précède, au lieu, ce qui est naturel et nécessaire, de les suivre péniblement de loin, et de s'égarer dans les chemins neigeux. Il fallait avoir le douloureux courage de supprimer cet épisode, ou, naïvement et bravement aussi, en faire un tableau séparé.

C'est ensuite les comédiens à Poitiers, leur annonce, leur parade, leurs gaîtés et facéties, le frémissement et fourmillement d'une petite ville du dix-septième siècle à l'arrivée d'une troupe de comédiens et particulièrement de comédiennes ; et déjà Vallombreuse, le duc de Vallombreuse, le traître Vallombreuse, qui rôde, épris d'Isabelle, autour de l'auberge des Trois-Piliers, et se plante, en cormoran, devant la boutique de l'apothicaire qui fait le coin. — Un peu vide ce tableau, quoique égayé (?) par la *Chanson du poignard*, de Chiquita.

C'est ensuite la représentation donnée par les comédiens dans le Jeu de paume, et la passion grandissante du duc de Vallombreuse pour Isabelle, et la première rencontre de Vallombreuse avec Sigognac, et le duel de ces deux rivaux, et le commencement de la lutte entre eux. C'est ce tableau qui est le meilleur de tout le drame, et celui où l'auteur a mis le plus d'adresse et de talent. Le foyer des comédiens, le public qui s'impatiente, et ce guet-apens dans la rue, auquel, grâce au courage de Sigognac, échappent Sigognac et Isabelle, et le duel improvisé de Sigognac et Vallombreuse, sur la scène même, pendant que, de l'autre côté du rideau, le public appelle les acteurs ; et, à peine Vallombreuse blessé et emporté dans la coulisse, Sigognac s'avançant au manteau d'Arlequin et commençant à jouer son rôle. Tout cela est réglé avec beaucoup d'art, conduit avec beaucoup d'habileté et une grande science (pardon pour la turlupinade) du coup de théâtre.

C'est ensuite Paris et le second guet-apens de cet affreux Vallombreuse, le duel, sur le Pont-Neuf, de Sigognac avec le *bravo* Lampourde, une peinture assez vive et truculente de bandits, maroufles, écornifleurs, pille-bourses, vide-goussets, coupe-jarrets, tire-laine et truands assortis.

C'est ensuite le rapt d'Isabelle, son internement au château de Vallombreuse, et le siège de Vallombreuse par les comédiens, et l'escalade, et l'envahissement, et les coups de rapière, et le troisième duel de Sigognac (troisième de Sigognac, deuxième de Sigognac avec Vallombreuse). Un peu moins clair ce tableau-là et moins adroitement arrangé pour la scène. Il y a quelque confusion et quelque incertitude.

Et c'est enfin le retour au *Château de la Misère*, et Vallombreuse et Sigognac se réconciliant, et Sigognac devenant riche, et Isabelle devenant baronne de Sigognac.

Vous voyez que les principales scènes du roman sont bien là, nettement découpées, et que le regard et l'attention du spectateur sont bien appelés et arrêtés, comme dans un livre illustré par un dessinateur intelligent, sur les points saillants et essentiels de l'œuvre.

C'est là certainement une adaptation au théâtre proprement et gentiment faite, je dis aussi allègrement et amoureusement, sans rien (sauf peut-être à l'avant dernier tableau) de cette fatigue, de cette tension, de cette contorsion que l'on sent souvent chez les auteurs qui s'ingénient à faire entrer un roman dans le cadre du théâtre, inventé, comme on sait, par le nommé Procuste. Je recommande à M. Bergerat les rimes de Procuste et Locuste. Elles sont admirables.

Maintenant, si le *Capitaine Fracasse* est amusant pour les yeux et pour l'imagination, est-il, dans le sens propre du mot *intéressant ?* Serait-il suivi avec la petite palpitation nécessaire par la foule idolâtre ? J'ai dit que j'avais quelques doutes là-dessus. Je dis quelques doutes, et ne donnez au mot que le sens qu'il a. A partir du quatrième tableau (sur sept) la pièce devient un peu monotone. Un duel à chaque acte, un guet-à-pens à chaque acte, une petite tuerie à chaque acte. La foule s'apercevrait peut-être de cette légère monotonie. Toute cette bonne moitié du drame est un peu commune et banale, si j'ose m'exprimer ainsi.

Cela vient du sentiment le plus généreux et le plus touchant. M. Bergerat admire trop Théophile Gautier, si on peut trop l'admirer, et surtout il admire trop le *Capitaine Fracasse — tout entier.* C'est d'un bon gendre. C'est l'effet de cette piété quasi-filiale, et même plus que filiale, que M. Bergerat a exprimée mille fois, et dont il ne faut pas médire, d'abord parce que c'est une très belle passion, et ensuite parce qu'elle nous a valu un très bon, très amusant, très utile et très précieux livre sur Théophile Gautier.

Mais encore est-il que M. Bergerat, comme tous les croyants, ne distingue pas assez peut-être dans l'objet de son culte. Il est dévot jusqu'à n'être pas schismatique, même en pensée, même par restriction ou par omission, et pour lui le *Capitaine Fracasse* est un chef-d'œuvre depuis la première page jusqu'à la dernière.

C'est une légère exagération. Je ne serais pas éloigné de penser que Théophile Gautier lui-même fût d'un avis un peu différent de celui de M. Bergerat sur ce point. On sait que le *Capitaine Fracasse* avait été commencé en pleine ferveur et puissance juvéniles, vers 1840, et qu'il était resté inachevé jusque vers 1865. A cette époque, Gautier prit son courage à deux mains et acheva son ouvrage. Il l'acheva un peu vite, je crois, et sans grande dévotion. Il l'acheva pour qu'il fût achevé.

« Il y paraît, je le confesse », non pas au style, car Gautier ne pouvait pas mal écrire, mais au relief des scènes et au vivant des personnages. Non, ce n'est plus cela tout à fait ; et même il y a une très grande différence. J'ai dit, je ne sais plus où, un peu brutalement, que la première partie du *Capitaine Fracasse* est du Gautier, et du meilleur Gautier, et que la seconde est de l'Amédée Achard. Je ne m'en dédis pas absolument. Or, cette première partie, qui est une pure petite merveille, c'est le *Château de la Misère*, c'est Agostin et Chiquita, c'est la mort et l'enterrement du Matamore dans la neige, c'est les comédiens à Poitiers. A partir de Poitiers j'avoue que pour mon compte, je ne relis guère, ou je relis un peu vite.

Or, c'est de cette seconde partie que M. Bergerat a fait la plus grosse partie de son drame, et de la première il n'a fait qu'un « prologue », comme il dit, plus deux actes (dont un quelque peu vide) qui se passent à Poitiers.

Il en résulte que la seconde partie de son drame

est bien un peu traînante, et semble parfois répéter et doubler, pour ainsi dire, ce qui précède.

Au fond, dans ce drame, comme dans le roman, tout ce qui concerne Vallombreuse fils et ses machinations, et Vallombreuse père et ses anciennes amours, et la naissance mystérieuse d'Isabelle, ne nous intéresse point. Il fallait mettre tout cela au second ou au troisième plan. Il fallait en faire un simple dénouement, préparé par deux ou trois courtes indications au cours du drame.

Vous voyez d'ici ce que devient le *Capitaine Fracasse* traité ainsi : un simple *Roman comique* picaresque. Un jeune gentilhomme pauvre rencontre des comédiens, il s'éprend de l'ingénue, suit les comédiens et devient jeune premier lui-même, pour ne pas la quitter, rencontre en elle une vertu inattendue, ne la suit que mieux, pour cela, se bat pour elle avec un certain Vallombreuse ou Rohan-Chabot, qui apparaît brièvement de temps en temps ; mœurs des comédiens, leurs misères, et leurs joies, et leurs insouciances ; mœurs des provinciaux au dix-septième siècle... *A la fin*, seulement à la fin, on découvre, bien entendu, que l'ingénue est une Rohan-Montmorency elle-même, qui a été enlevée dans son enfance par des pirates, des bohémiens ou des montreurs d'ours.

Voilà le *Roman comique* picaresque, et il n'y a que cela de vraiment intéressant, pittoresque, curieux, et touchant aussi, par endroits, dans le roman de

Gautier ; et le reste est pour les estomacs un peu exigeants ; et ce reste ne devait pas entrer, ce me semble, ou n'entrer que comme dénouement de comédie dans la pièce de M. Bergerat.

Dirai-je une impression que j'ai eue ? Il me semble qu'à ce reste il s'ennuie un peu lui-même, et n'a pas la même verve et le même *brio*, et la même élasticité de *dialogiste* et de styliste que partout ailleurs ?

Une autre observation, et que je fais toujours en me plaçant au point de vue où serait, je crois, le bon gros public, c'est que le personnage sympathique manque un peu dans cette pièce-là ; et l'on m'accordera que, dans un « *drame de cape et d'épée* », et dans une « *comédie héroïque* », comme l'auteur lui-même appelle sa pièce, le personnage sympathique est bien à peu près essentiel.

Il y a Sigognac, je le sais bien. Sigognac est sympathique ; il l'est même avec une constance, une suite, une infaillibilité imperturbables. Mais entendons-nous sur ce que la foule appelle le personnage sympathique au théâtre, et sur ce qu'elle exige comme tel.

Le personnage sympathique, ce n'est pas tel ou tel personnage, ne nous y trompons point. Le personnage sympathique est un peu plus grand personnage que cela. Le personnage sympathique, c'est l'amour, c'est l'amour lui-même. Ce n'est pas Sigognac ou Isabelle qui doivent être sympathiques précisément, c'est l'amour de Sigognac pour Isabelle et d'Isabelle pour Sigognac qui doit l'être. C'est à l'amour de Sigognac et Isabelle qu'on doit s'intéresser.

Or, dans la pièce de M. Bergerat, on s'intéresse, sans doute, à l'amour de Sigognac pour Isabelle, mais non pas beaucoup à l'amour d'Isabelle pour Sigognac, parce que, vraiment, elle n'a pas l'air de beaucoup l'aimer.

On voit qu'elle est vertueuse, et voilà qui est bien. On ne voit pas assez qu'elle aime passionnément son petit baron ; et dès lors l'équipée du petit baron au pourchas d'Isabelle à travers le monde, dans une caravane de comédiens, ne nous prend pas aux entrailles, comme il faudrait.

Nous sommes très désappointés, par exemple, à l'acte IV, quand nous voyons Isabelle reconnue pour être née de Vallombreuse, se séparer si tranquillement de Sigognac, et paraître si peu désireuse de s'attacher à lui. Nous ne comprenons pas beaucoup ni son attitude ni ses sentiments. Elle semble comme étourdie de la révélation de sa destinée, comme éblouie de sa nouvelle fortune, et elle demeure un peu stupide, pour parler classique.

On s'attendait plutôt à lui entendre dire : « C'est bien, mon père ; vous êtes mon père ; mais je reste avec Sigognac, s'il vous plaît ». Il faudrait au moins une scène où le père fît intervenir son autorité récente et exigeât l'obéissance de sa fille. Rien de cela, à ce qu'il me semble. Il lui dit simplement : « Allez soigner monsieur votre frère, qui est navré d'un coup d'épée, le second depuis trois semaines, et veillez à son chevet comme il sied à une Vallombreuse ». — Et elle va, silencieusement, sans se faire autrement prier. On ne voit pas bien clair dans ses sentiments.

A vrai dire on n'y avait pas vu assez clair depuis le commencement de la pièce. L'indifférence relative où nous ont laissés depuis le début les chastes et loyales amours de Sigognac et d'Isabelle tient à la première scène entre Isabelle et Sigognac, laquelle n'est pas une scène d'amour assez tendre, assez touchante, et en un mot assez bien faite. Elle est un peu froide. C'était là un point initial qu'il fallait soigner davantage, Il ne fallait pas qu'on pût soupçonner Sigognac de n'être qu'un hobereau ruiné aux abois qui se met dans une troupe de comédien parce qu'il n'a plus autre chose à faire, ni Isabelle d'être une petite fille vertueuse par froideur de tempérament qui se laisse suivre sans en prendre grand souci.

Moins de Vallombrense et plus de tendresse amoureuse, mêlée à la vie de bohème du charriot de Thespis, voilà certainement ce qu'il aurait fallu pour faire de ce petit poème une comédie moitié bouffonne, moitié touchante, très agréable.

Une observation encore, une seule. Savez-vous quel est le plus gros défaut (oh! il n'est pas révoltant, il est même séduisant) de la pièce? C'est... c'est quelque chose qui passe généralement pour une qualité, c'est l'unité du ton.

M. Bergerat parle comme sa langue naturelle, cette

langue bariolée, fantasque et inattendue, que l'on peut appeler *grosso modo*, la langue burlesque, et rien n'était plus convenable, sans doute, à un « roman comique » du temps de Louis XIII que la langue burlesque. Mais M. Bergerat, parce qu'il parle cette langue trop facilement, la donne indistinctement à tous ses personnages.

Vous nous rappelez la « convention » qui régnait au théâtre, au point de vue du style, vers 1860. Il était entendu, pour qu'on ne s'ennuyât pas trop au théâtre, que tous les personnages auraient de l'esprit et feraient de jolis « mots », les imbéciles authentiques comme les hommes d'esprit à titre d'emploi. C'est Jean Giraud, par exemple, qui est un cuistre, qui disait : « Les affaires, c'est l'argent des autres » ; et c'est le père Durieu, qui est une oie, qui disait : « Il est mort, je sais... comme il a vécu ». Etc.

Vous observerez qu'à cette convention singulière en a succédé une autre qui l'est peut-être moins, mais qui, aussi, est moins aimable. Maintenant, tous les personnages d'une pièce, indistinctement aussi, sont idiots. Je ferai remarquer que cette convention nouvelle a cela de bon qu'elle est très favorable à l'auteur.

Eh bien, M. Bergerat, par une convention analogue, fait parler à tous ses personnages, indistinctement, la langue burlesque la plus chatoyante, la plus pailletée, la plus fantasque et la plus clownesque qui se puisse.

Remarquez donc que Scarron lui-même, dans son

immortel *Japhet d'Arménie* ne faisait *burlesquiser* que don Japhet.

J'exagère un peu, comme font tous les critiques, par noire malignité. Les personnages sérieux, c'est-à-dire les amoureux, il faut s'entendre, parlent sans doute, dans la pièce de M. Bergerat, d'un ton un peu plus sage ; mais encore ils retombent de temps en temps, comme malgré eux, dans le style bouffe, que j'adore du reste, mais à sa place, comme toute chose ; ou bien, quand décidément ils s'en écartent, ils ont l'air d'en être tout gênés, et de se contenir, et de se maintenir, et de se retenir, et de se tenir à quatre pour n'y point donner.

Remarquez, de plus, que le Vallombreuse, qui est une espèce d'assez vilain drôle, et coquin, jusqu'à conversion, de très haute futaie, parle de ce style, et peut-être en l'outrant, et très longtemps, dans les premières scènes, où nous faisons connaissance avec lui. Il en résulte naturellement, ce qui est grave, que nous nous méprenons un tantinet sur lui, et que nous le prenons d'abord pour un olibrius, une manière de coquecigrue, une figure à nazardes, un Guy-Gontran-Gaston du dix-septième siècle, et que cela ne nous prépare pas, ne nous introduit pas du tout à ce qui va suivre.

J'en ai fini avec mes critiques, qui, du reste, commencent à m'ennuyer ; car avec tout cela, et encore que tout cela soit vrai, la pièce est amusante. On la lit allègrement et complaisamment. Elle a de la verve et de la variété. Les personnages secondaires y sont drôles et bien venus. Il font l'effet de silhouettes falottes très bien enlevées, et ils ont bien, Zerbine aussi bien que Léandre, Chiquita aussi bien que Blazius, Agostino aussi bien que Léonarde, le Matamore aussi bien que Hérode, Séraphita aussi bien que Pierre, leur physionomie particulière.

Quant à la langue dont j'ai parlé, quant à cette langue burlesque, que, certes, je ne recommande à personne, que même je crains de trop aimer personnellement, mais dont, enfin, je ne veux pas, et tant s'en faut, dégoûter ceux chez qui elle est un tour d'esprit et un vrai don de nature, j'en ai été souvent tout à fait ravi. Je trouve que quelquefois, nonobstant le don naturel de M. Bergerat, elle sent un peu l'effort, ou un commencement au moins d'application. Mais, à l'ordinaire elle est tout à fait spontanée, copieuse, abondante et jaillissante comme par fusées. Il faut bien que je vous en donne un exemple. En voici un, pris au hasard. C'est M. Hérode que je vous présente, M. Hérode, directeur de l'*Inclite Théâtre*, ou de quelque chose d'approchant. Voici de ses solennelles balivernes :

Votre hospitalité nous touche jusqu'à l'âme,
Monsieur. — Comédiens bannis par les canons
De l'Eglise, chrétiens baptisés de faux noms,
Méprisés, déclassés, jugés bon pour la corde,
Nous errons sur la terre, à la miséricorde
De Celui qui mourut pour tous et pour chacun ;
Mais non pour nous. Pourtant ce Dieu, s'il n'en est qu'un,
Ne sépare pas plus l'acteur de son poète

Qu'un jardinier ne fait l'essieu de sa brouette ;
Et si l'on doit le marbre à monsieur de Rotrou,
Pourquoi ses Wenceslas sont-ils jetés au trou ?
Quoi ! Mairet, Cyrano, Garnier et Théophile
Entrent droit dans le ciel, et moi je m'y faufile ;
Et je suis chez les boucs placé par Jésus-Christ
Pour avoir déclamé le vers qu'ils ont écrit,
Tandis qu'ils vont parmi les brebis immortelles !
L'Évangile est obscur si les choses sont telles,
Et celui qui nous pait n'est pas le bon berger !
— Mais il l'est, puisque vous daignez nous héberger,
Et je voulais prouver, d'une façon plus courte,
Que l'honneur vous revient d'attaquer cette tourte.

Le *Capitaine Fracasse* est d'une lecture très agréable, et la représentation n'en serait pas, tant s'en faut, sans intérêt. Je souhaite qu'il soit représenté quelque part. — J'oubliais de vous dire qu'il est précédé d'une préface qui, tout en étant très spirituelle, est très modeste et pleine de tact. Il y a de l'inattendu dans ce petit volume.

FIN.

INDEX

DES TROIS PREMIÈRES SÉRIES

(1888-1889-1890)

INDEX PAR TITRES DE PIÈCES

(La mention 1888 renvoie à la première série ; la mention 1889 renvoie à la seconde série ; la mention 1890 renvoie au présent volume).

A

AGE CRITIQUE : 1890, page 324.
ALAIN CHARTIER : 1889, pages 182, 203.
AMI DES FEMMES : 1889, page 58.
ANTOINE ET CLÉOPATRE : 1890, page 298.
ANTONY : 1889, page 8.
ANCIEN (l') : 1889, page 133.
ART DE TROMPER LES FEMMES : 1890, page 275.
ATHALIE : 1888, page 297.
AVENTURIÈRE (l') : 1890, page 13.
AVEU (l') : 1888, page 40.

B

Bain de la Mariée : 1888, page 251.
Baiser (le) : 1888, page 116.
Belle-Maman : 1889, page 96.
Betzy (Monsieur) : 1890, page 95.
Bucheronne : 1889, page 269.

C

Capitaine Fracasse : 1890, page 441.
Chamillac : 1888, page 15.
Chance de Françoise : 1888, page 371.
Chevaliers du Brouillard : 1888, page 195.
Chien de garde : 1889, page 170.
Clef du Paradis : 1890, page 128.
Commandante : 1888, page 189.
Comtesse Romani : 1890, page 56.
Comte Witold : 1889, page 185.
Comtesse Sarah : 1888, page 57.
Conspiration du général Mallet : 1889, p. 226.
Coquin de Printemps : 1888, page 147.
Cor fleuri : 1888, page 380.
Course au jupon : 1890, page 70.
Crime et Chatiment : 1888, page 259.

D

Danicheff (les) : 1890, page 17.
Député Leveau : 1890, page 285.
Dernier Amour : 1890, page 348.
Deux Gentilshommes ou le Patriotisme français :
    1888, page 201.

Divorce de Juliette : 1889, page 305.
Divorçons : 1889, page 205.
Docteur Jojo : 1888, page 19.
Don Juan : 1888, page 351.
Dora : 1888, page 50.
Douze femmes de Japhet : 1890, page 398.
Duc Job : 1890, page 251.

E

École des veufs : 1889, page 296.
Empire des Femmes : 1888, page 190.
Enlèvement de Sabine : 1890, pages 129, 131.

F

Famille (une) : 1890, page 189.
Famille patriote : 1888, page 206.
Famille du temps de Luther : 1888, page 163.
Farce du Cuvier : 1888, page 166.
Faux Bonshommes : 1889, page 148.
Fermière : 1889, page 257.
Ferdinand le Noceur : 1890, page 407.
Fiammina : 1890, page 388.
Feu Toupinel : 1890, pages 85, 88.
Fille de Roland : 1890, page 218.
Filles de Marbre : 1889, page 80.
Fin de Lucie Pellegrin : 1888, page 159.
Fin de Siècle : 1890, pages 70, 76.
Flibustier : 1888, page 101.
Francillon : 1889, page 58.
François le Champi : 1888, page 273.

Frères Zemganno : 1890, page 85.
Forge de Sainte-Clair : 1888, page 139.

G

Gabrielle : 1889, pages 120, 132.
Garçonnière : 1888, page 317.
Gendre de M. Poirier : 1888, page 19.
Germinie Lacerteux : 1888, page 398.
Gilette de Narbonne : 1890, page 265.
Grande Marnière : 1888, page 57.

H

Henri III et sa Cour : 1889, page 1.
Horace (de Corneille) : 1890, page 8.

I

Idées de madame Aubray : 1889, page 62.
Infidèle (L') : 1890, page 153.
Inséparables : 1889, pages 140, 296.
Isoline : 1888, page 411.

J

Jalousie : 1888, page 386.
Jean Baudry : 1889, page 211.
Jeanne d'Arc : 1890, page 5.
Jeunes Amours : 1889, page 253.
Joyeusetés de l'Année : 1888, page 244.
Juarez : 1889, page 227.
Juge d'Instruction : 1888, page 306.

L

Légataire universel : 1889, page 291.
Lucienne : 1890, page 367.
Lutte pour la Vie : 1889, page 239.

M

Macbeth : 1889, page 241.
Ma Cousine : 1890, page 310.
Madame de Montarcy : 1889, page 10.
Madame Mongodin : 1890, pages 398, 401.
Madeleine : 1889, page 134.
Mahomet : 1890, page 246.
Maitre (Le) : 1890, page 103.
Maitre de Forges : 1888, page 56.
Maitre Guérin : 1888, pages 31, 57.
Maitresse Légitime : 1890, page 257.
Margot : 1890, page 32.
Mariage d'Olympe : 1889, page 91.
Marquise : 1889, page 67.
Matapan : 1888, page 86.
Ménages Parisiens (Les) : 1890, page 144.
Mission de Jeanne d'Arc : 1888, page 132.
M. Alphonse : 1889, page 54.
M. Bute : 1890, page 359.
M. Lamblin : 1888, page 153 ; 1889, page 296.
Mort du duc d'Anguien : 1888, page 377.
Myrane : 1890, page 229.

N

Noel : 1890, pages 382, 390.

O

Obstacle (L') : 1890, page 412.
Œdipe Roi : 1888, page 215 ; 1889, page 8.
On le dit : 1888, page 71.

P

Pain d'Autrui : 1891, pages 17, 26.
Parfum (le) : 1888, page 358.
Paria : 1890, page 5.
Parisienne (la) : 1890, page 335.
Patrie en danger : 1889, page 109.
Pelote (la) : 1888, pages 26, 55.
Pépa : 1888, page 321,
Peur de l'être (la) : 1889, page 190.
Père prodigue : 1889, page 58.
Philoctète : 1889, page 8.
Porteuse de Pain : 1889, page 16.
Premier Baiser : 1889, page 181.
Prix Montyon : 1890, pages 367, 378.
Prose (la) : 1888, page 156.
Prise de la Bastille : 1888, page 202.
Puissance des Ténèbres : 1888, page 1.

Q

« Quatorze Juillet » au théâtre : 1888, page 198.
Quatorze Juillet : 1888, page 204.
Question d'Argent : 1889, page 58.

R

Reine Fiamette : 1889, page 28.
Résignés : 1889, page 40.
Respectables : 1889, page 280.
Revenants (les) : 1890, page 205.
Révoltée : 1889, page 120.
Roger la Honte, 1888, page 285.
Roman d'un jeune homme pauvre : 1888, page 59.
Ronces du chemin : 1888, page 179.

S

Secret de Gilberte : 1390, page 239.
Secret de la Victime (le) : 1890, page 177.
Sécurité des Familles : 1888, page 381.
Serge Panine : 1888, page 57.
Shylock : 1889, page 319.
Sommeil de Danton : 1888, page 230.

T

Tante Léontine : 1890, page 162.
Trop Aimé : 1889, page 162.
Tout est bien qui finit bien : 1800, page 265.

U

Une Gaffe : 1888, page 77.

V

Vie a deux (la) : 1890, page 137.
Vincenette : 1888, page 115.
Vocation de Marius : page 114.

INDEX

DES TROIS PREMIÈRES SÉRIES

(1888-1889-1890)

INDEX PAR NOMS D'AUTEURS

[La mention 1888 renvoie à la première série, la mention 1889 renvoie à la seconde série; la mention 1890 renvoie au présent volume.]

A

Alexis (Paul) : 1888, page 159 ; 1890, page 95.
Ancey (Georges) : 1888, page 153 ; 1889, pages 141, 296.
Arène (Paul) : 1888, page 65.
Artois (Armand d') : 1889, page 257.
Astruc : 1888, page 251.
Augé de Lassus : 1889, page 227.
Augier (Emile) : 1888, page 13 ; 1889, pages 91, 120, 132.

B

Balzac (Honoré de) : 1888, pages 27, 237.
Banville (Théodore de) : 1888, page 117.
Barbier (Jules) : 1890, page 5.
Barrière (Théodore) : 1889, pages 80, 148.
Becque : 1890, page 348.
Bergerat (Emile) : 1889, page 181 ; 1890, pages 229, 242.
Biollay (Maurice) : 1890, page 359.
Blum : 1888, page 359 ; 1890, pages 76, 398.
Bisson (Alexandre) : 1890, page 85.
Bodin : 1890, page 163.
Boniface : 1890 : page 163.
Bonnetain (Paul) : 1888, page 26.
Boniface (auteur du *Marquis Papillon*) : 1888, page 99 ; 1890, page 162.
Bouchor : 1890, page 383.
Borelli (de) : 1889, page 182.
Bornier (de) : 1890, pages 217, 426.
Bourget : 1888, page 195.
Brésil : 1890, page 177.
Brunetière (Ferdinand) : 1889, page 291.
Byl (Arthur) : 1890, page 324.

C

Capendu (Ernest) : 1889, page 149.
Carré (Albert) : 1888, page 19.
Carré (Fabrice) : 1888, page 80 ; 1890, page 114.
Céard (Henry) : 1889, page 40.

Chantavoine (Henry) : 1889, page 252.
Chivot : 1890, page 128.
Cladel (Léon) : 1889, page 133.
Corneille : 1888, page 37.

D

Dallières : 1888, page 132.
Daudet (Alphonse) : 1889, pages 239, 413.
Davyl : 1890, page 257.
Debelly : 1890, page 114.
Delavigne (Casimir) : 1888, page 162.
Descaves (Lucien) : 1888, page 26.
Desforges-Maillard : 1888, page 211.
Deslandes (Raimond) : 1889, page 96.
Desvallières : 1890, page 398.
Dornay : 1889, page 17.
Dostoïevski, 1888, page 259.
Dumas (Alexandre) : 1889, page 1.
Dumas fils : 1889, page 54 ; 1890, pages 17, 57.
Duru : 1890, page 128.
Duval (Georges) : 1888, page 147.

E

Edmond (Charles) : 1889, page 269.
Ennery (d') : 1888, page 195.

F

Fabre d'Olivet : 1888, page 205.
Feuillet (Octave) : 1889, page 305.
Figuier (Louis) : 1888, page 139.

G

Ganderax : 1888, page 320.
Gandillot : 1890, pages 70, 128, 398.
Gassies des Brulies : 1888, page 166.
Goncourt (Edmond de) : 1888, pages 109, 399.
Ginisty (Paul) : 1888, page 259 ; 1890, page 85.
Gramont (Louis de) : 1888, p. 335 ; 1890, p. 367.
Grizier : 1888, page 285.
Grenet-Dancourt : 1889, page 162.
Guérin : 1890, page 85.

H

Haraucourt (Edmond de) : 1889, page 319.
Hennique : 1888, page 376.
Hugues (Clovis) : 1888, page 230.

I

Ibsen : 1890, page 204.

J

Jaime : 1888, page 147.
Jalin (de) Dumas fils) : 1890, page 57.
Janvier de la Motte (Ambroise) : 1889, page 280.
Jullien (Jean) : 1890, page 103.

L

La Beaumelle : 1888, page 211.
Lamartine : 1888, page 114.
Lavedan : 1890, page 189.
Laya (Léon) : 1890, page 250.
Legrand de Soissons : 1888, page 201.

Lemaître (Jules) : 1888, page 350 ; 1889, page 120 ; 1890, page 285.
Le Roux (Hugues) : 1888, page 259.

M

Mars (Antony) : 1890, page 398.
Mary (Jules) : 1888, page 284.
Marthold : 1888, page 306.
Médina : 1888, page 317.
Meilhac (Henri) : 1888, p. 320 ; 1890, p. 32, 311.
Mendelsohn : 1888, page 297.
Mendès (Catulle) : 1888, page 411 ; 1889, page 29.
Messager : 1888, page 411.
Méténier : 1890, pages 85, 95.
Molière : 1888, page 350.
Montépin : 1889, page 17.
Moreau (Emile) : 1888, page 86 ; 1889, page 190 ; 1890, page 299.

N

Najac (de) : 1888, page 71 ; 1889, page 204.

O

Ohnet (Georges) : 1888, page 56.

P

Pagat (Henri) : 1889, page 257.
Parein (Pierre-Mathieu) : page 202.
Porto-Riche (Georges de) : 1888, page 380 ; 1890, page 152.

R

Racine : **1888**, pages 37, 297.
Raymond (Charles) : **1888**, page 71.
Richepin (Jean) : **1888**, page 101 ; **1889**, page 170.
Rzewuski : **1889**, page 184.

S

Saint-Albin : **1888**, page 244.
Salandri (Gaston) : **1888**, page 157.
Sand (George) : **1888** : page 272.
Sarah Bernhardt : **1888**, pages 41, 46.
Sardou : **1888**, page 51 ; **1889**, pages 67, 96, 204 ;
    1890, page 299.
Scarron : **1888**, page 95.
Scholl : **1890**, page 359.
Shakspeare : **1888**, page 37 ; **1889**, page 319.
Sophocle : **1888**, page 214.
Soulaine : **1888**, page 251.

T

Taylor : **1888**, page 178.
Thiboust (Lambert) : **1889**, page 80.
Toché : **1888**, page 359 ; **1890**, pages 76, 398.
Tolstoï (Cte) : **1888**, pages 1, 259.
Tourguénief : **1890**, page 26.

U

Uchard (Maris) : **1891**, page 382.

V

Valabrègue : 1888, page 380 ; 1890, pages 144, 367.
Valdagne : 1889, page 190.
Vacquerie (Auguste) : 1888, page 356 ; 1889, p. 211.
Vaquez : 1888, page 190.
Varnier : 1890, page 177.
Viteau (Paul) : 1888, page 189.
Voltaire : 1888, page 117.

W

Wallady (Matias) : 1889, parge 162.
Welchinger : 1888, page 200.

Z

Zola (Emile) : 1889, page 134.

TABLE

		Pages.
I.	JEANNE D'ARC, drame de Jules Barbier....	5
II.	LES DANICHEFF.—LE PAIN D'AUTRUI, drame de Tourguénief. — EN DÉTRESSE, pièce de Henri Fèvre	17
III.	MARGOT, comédie de Meilhac.............	33
IV.	LA COMTESSE ROMANI, drame de M. de Jalin (Dumas fils)........................	55
V.	LA COURSE AU JUPON, comédie de Léon Gandillot. — FIN DE SIÈCLE, comédie de Blum et Toché........................	70
VI.	FRÈRES ZEMGANNO, de MM. de Goncourt, Métivier et Alexis. — DEUX TOURTEREAUX, pièce en un acte de MM. Guérin et Ginisty. — FEU TOUPINEL, vaudeville d'Alexandre Bisson	85
VII.	MONSIEUR BETSY, comédie de Métivier et Alexis.................................	93
VIII.	LE MAITRE, pièce de M. Jean Jullien.......	103

		Pages.
IX.	La Vocation de Marius, vaudeville de MM. F. Carré et Albert Débelly	114
X.	La Clef du Paradis, vaudeville de MM. Chivot et Duru. — L'Enlèvement de Sabine, comédie de M. Gandillot	128
XI.	La Vie a Deux, comédie de MM. de Courcy et Bocage	137
XII.	Les Ménages Parisiens, pièce de M. Valabrègue	144
XIII.	L'Infidèle, pièce de M. de Porto-Riche	152
XIV.	La Tante Léontine, pièce de MM. Boniface et Bodin	162
XV.	Le Secret de la Victime, drame de MM. Léon Brésil et Valéry Varnier	177
XVI.	Une Famille, comédie de M. Henri Lavedan	189
XVII.	Les Revenants, de M. Henri Ibsen	204
XVIII.	La Fille de Roland, de M. Henri de Bornier	217
XIX.	Myrane, drame de M. Emile Bergerat	229
XX.	Le Secret de Gilberte, comédie de M. Théodore Massiac	239
XXI.	Le Duc Job, comédie de Léon Laya	250
XXII.	La Maîtresse Légitime, comédie de Louis Davyl	217
XXIII.	Gillette de Narbonne, opérette de MM. Chivot et Duru	264
XXIV.	L'Art de Tromper les Femmes, comédie de MM. Paul Ferrier et de Najac	274
XXV.	Le Député Leveau, comédie de M. Jules Lemaitre	285
XXVI.	Antoine et Cléopatre, drame de MM. Sardou et Emile Moreau	298
XXVII.	Ma Cousine, comédie de Henri Meilhac	311

LE THÉATRE CONTEMPORAIN

Pages.

XXVIII. L'Age critique, drame de M. Arthur Byl.. 324
XXIX. La Parisienne, comédie de M. Henri Becque 235
XXX. Le Dernier Amour, drame de M. Georges Ohnet 348
XXXI. Monsieur Bute, drame de M. Maurice Biollay. — Amant de sa Femme, comédie de M. Aurélien Scholl.................. 359
XXXII. Lucienne, drame de M. Louis de Gramont. — Un Prix Montyon, comédie de MM. Valabrègue et Hennequin 367
XXXIII. La Fiammina, comédie de M. Mario Uchard. — Noel, mystère de M. Maurice Bouchor.................................... 382
XXXIV. Les Douze Femmes de Japhet, de MM. Antony Mars et Maurice Desvallières. — Madame Mongodin, comédie de MM. Blum et Toché. — Ferdinand le Noceur, de M. Gandillot 396
XXXV. L'Obstacle, pièce de M. Alphonse Daudet. 412
XXXVI. Mahomet, drame de M. Henri de Bornier.. 426
XXXVII. Le Capitaine Fracasse, comédie de M. Emile Bergerat 441
Index des trois premières séries........ 457

Typ. A. Siret. — La Rochelle.

12 Perrin 16

EN VENTE A LA MÊME LIBRAIRIE

DANS LA

NOUVELLE BIBLIOTHÈQUE LITTÉRAIRE

Les Contemporains : *Etudes et portraits littéraires*, par JULES LEMAITRE.
  PREMIÈRE SÉRIE. Un vol. in-18 jésus, 15ᵉ édition, broché **3 50**
  DEUXIÈME SÉRIE. Un beau volume in-12, 11ᵉ édition, broché **3 50**
  TROISIÈME SÉRIE. Un beau volume in-12, 9ᵉ édition, broché **3 50**
  QUATRIÈME SÉRIE. Un beau volume in-11, 8ᵉ édition, broché **3 50**
  Ouvrage couronné par l'Académie Française

Impressions de Théâtre, par LE MÊME.
  PREMIÈRE SÉRIE. Un joli volume in-18 jésus, 7ᵉ édition, broché **3 50**
  DEUXIÈME SÉRIE. Un joli volume in-18 jésus, 5ᵉ édition, broché **3 50**
  TROISIÈME SÉRIE. Un joli volume in-18 jésus, 5ᵉ édition, broché **3 50**
  QUATRIÈME SÉRIE. Un joli volume in-18 jésus, 4ᵉ édition, broché **3 50**
  CINQUIÈME SÉRIE. Un joli volume in-18 jésus, 4ᵉ édition broché ... **3 50**

Corneille et la poétique d'Aristote, par LE MÊME.
  Une brochure in-18 jésus **1 50**

Dix Septième siècle, *Etudes littéraires et dramatiques*, par EMILE FAGUET.
  Un fort volume in-18 jésus, 9ᵉ édition, broché **3 50**

Dix huitième siècle, *Etudes littéraires*, par LE MÊME.
  Un très fort vol. in-18 jésus, 9ᵉ édition, broché **3 50**

Dix neuvième siècle, études littéraires par LE MÊME.
  Un volume in-18 jésus, 9ᵉ édition, broché **3 50**
  Ouvrage couronné par l'Académie Française

Victor Hugo, *l'Homme et le Poète*, par ERNEST DUPUY.
  Les quatre âges. — Les quatre cultes. — Les quatre inspirations
  Un beau volume in-18 jésus, 2ᵉ édition, broché **3 50**

Les Grands Maîtres de la littérature russe au XIXᵉ siècle,
par LE MÊME.
  Les prosateurs : Nicolas Gogol. — Ivan Tourguénef. — Comte Léon Tolstoï.
  Un joli volume in-18 jésus 2ᵉ édition, broché **3 50**

Shakespeare et les Tragiques grecs, par P. STAPFER.
  Un joli volume in-18 jésus **3 50**
  Ouvrage couronné par l'Académie Française

Madame de Sévigné, par R. VALLERY-RADOT.
  Un volume in-18 jésus **3 50**
  Ouvrage couronné par l'Académie Française

Esquisses et Impressions, par PAUL DESJARDINS.
  Un volume in-18 jésus, broché **3 50**

Aristophane et l'ancienne Comédie attique, par A. COUAT,
recteur de l'Académie de Lille.
  Un volume in-18 jésus, broché **3 50**
  Ouvrage couronné par l'Académie Française

TYP. A. SIRET — La Rochelle

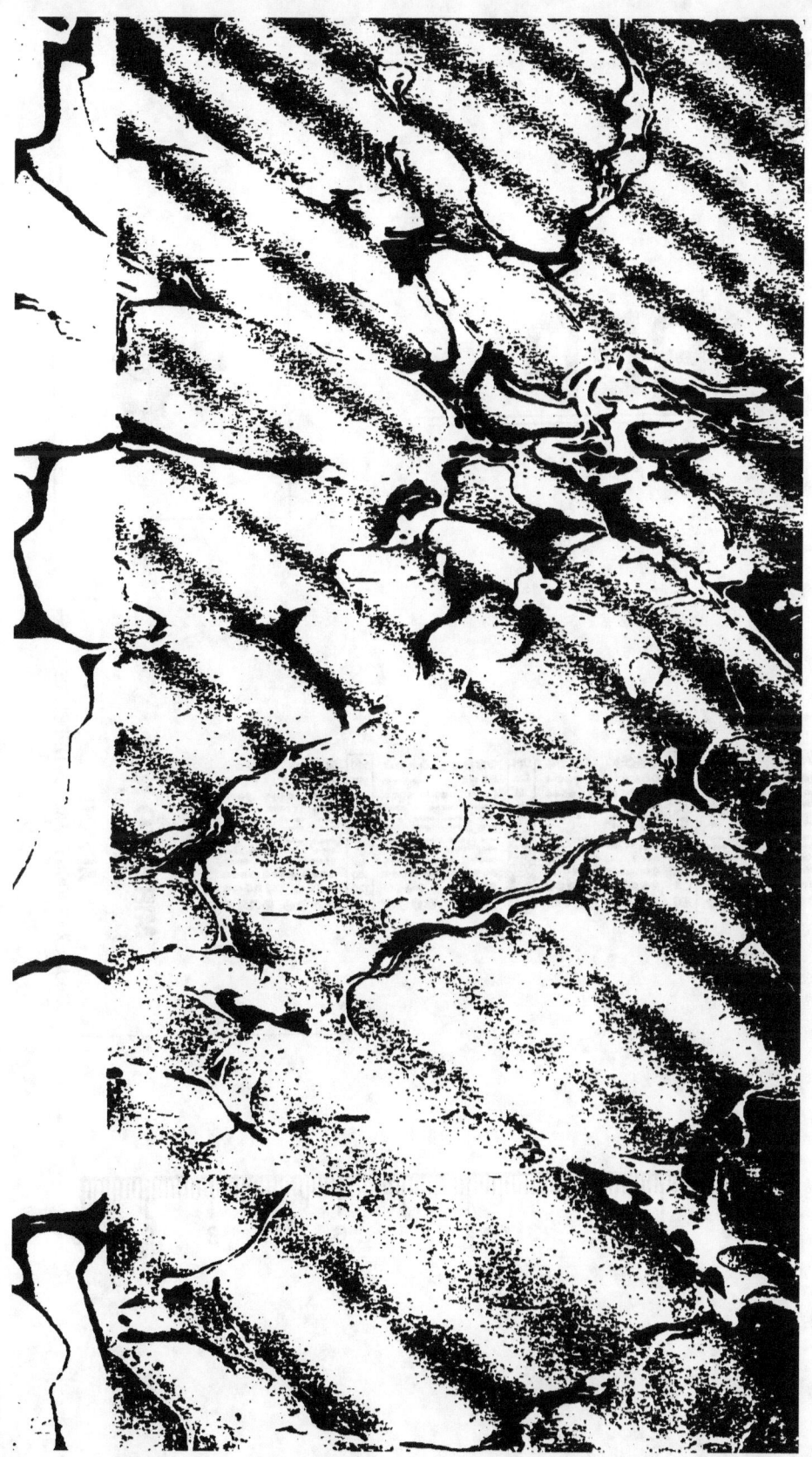

RÉD. :

18

MIRE ISO N° 1
NF Z 43-007
AFNOR
Cedex 7 - 92080 PARIS-LA-DÉFENSE

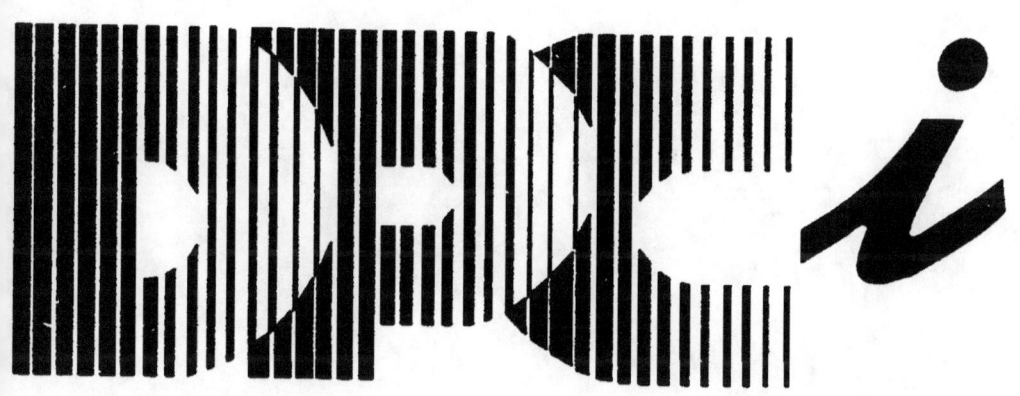

15, rue Jean-Baptiste Colbert
ZI Caen Nord - BP 6042
14062 CAEN CEDEX
Tél. 31.46.15.00

RCS Caen B 352491922

Film exécuté en 1992

www.ingramcontent.com/pod-product-compliance
Lightning Source LLC
Chambersburg PA
CBHW050248230426
43664CB00012B/1869